16	3	2	13
5	10	11	8
9	6	7	12
4	15	14	1

José Ramos Tinhorão

PEQUENA HISTÓRIA DA MÚSICA POPULAR
segundo seus gêneros

7ª edição revista

editora■34

EDITORA 34

Editora 34 Ltda.
Rua Hungria, 592 Jardim Europa CEP 01455-000
São Paulo - SP Brasil Tel/Fax (11) 3811-6777 www.editora34.com.br

Copyright © Editora 34 Ltda., 2013
Pequena história da música popular © José Ramos Tinhorão, 2013

A FOTOCÓPIA DE QUALQUER FOLHA DESTE LIVRO É ILEGAL E CONFIGURA UMA APROPRIAÇÃO INDEVIDA DOS DIREITOS INTELECTUAIS E PATRIMONIAIS DO AUTOR.

Capa, projeto gráfico e editoração eletrônica:
Bracher & Malta Produção Gráfica / Mariana Leme
Revisão:
Elisa Vieira

1ª Edição - 1974 (Editora Vozes), 2ª Edição - 1975 (Editora Vozes),
3ª Edição - 1978 (Editora Vozes), 4ª Edição - 1978 (Círculo do Livro),
5ª Edição - 1986 (Art Editora), 6ª Edição - 1991 (Art Editora),
7ª Edição - 2013 (1ª Reimpressão - 2015)

CIP - Brasil. Catalogação-na-Fonte
(Sindicato Nacional dos Editores de Livros, RJ, Brasil)

Tinhorão, José Ramos, 1928-
T492p   Pequena história da música popular:
segundo seus gêneros / José Ramos Tinhorão. —
São Paulo: Editora 34, 2013 (7ª Edição).
352 p.

ISBN 978-85-7326-509-5

1. Música popular - História e crítica.
2. Cultura popular - Brasil - Sécs. XVIII a XX.
I. Título.

CDD - 780.9

PEQUENA HISTÓRIA DA MÚSICA POPULAR
segundo seus gêneros

Nota à 7ª edição..	7
Preliminar...	9

Século XVIII

1. A modinha...	15
2. O lundu...	57

Século XIX

3. O maxixe..	71
4. O tango brasileiro.....................................	113
5. O choro..	119

Século XX

6. Música de carnaval...................................	129
7. A marcha e o samba..................................	139
8. A marcha-rancho......................................	153
9. O frevo..	161
10. O samba-canção......................................	175
11. O samba-choro..	183
12. O samba de breque..................................	187
13. O samba-enredo......................................	195
14. A música sertaneja...................................	211
15. Os gêneros rurais urbanizados..................	225
16. O baião..	251
17. A bossa nova e a canção de protesto.........	263
18. O tropicalismo..	283
19. Gêneros nacionalizados............................	309
20. A guarânia brasileira................................	311
21. A lambada dos carimbós..........................	319
Bibliografia..	339

NOTA À 7ª EDIÇÃO

Ao chegar à sua 7ª edição, ultrapassando o total de 50 mil exemplares vendidos desde o lançamento do livro em 1974 (com pico de 32 mil em 1978, quando de sua distribuição pelo Círculo do Livro para venda em bancas de jornal de todo o Brasil), esta *Pequena história da música popular segundo seus gêneros* aparece agora reformulada em sua feição editorial.

Alinhados conforme a época de seu aparecimento — o que vale dizer do século XVIII ao final do século XX —, os gêneros de música popular brasileira passam, ademais, com esta nova edição, a contar com os registros, ao pé de página, das fontes e documentos citados pelo autor a cada passo e, finalmente, a dispor de um índice geral bibliográfico das obras usadas como suporte para os pequenos ensaios históricos a que foram reduzidos os vários temas que compõem o livro.

José Ramos Tinhorão

PRELIMINAR

Por oposição à música folclórica (de autor desconhecido, transmitida oralmente de geração a geração), a música popular (composta por autores conhecidos e divulgada por meios gráficos, como as partituras, ou através da gravação de discos, fitas, filmes ou vídeos) constitui uma criação contemporânea do aparecimento de cidades com um certo grau de diversificação social.

No Brasil isso equivale a dizer que a música popular surge nas duas principais cidades coloniais — Salvador e Rio de Janeiro — no correr do século XVIII, quando o ouro das Minas Gerais desloca o eixo econômico do nordeste para o centro-sul, e a coexistência desses dois importantes centros administrativos de áreas econômicas distintas torna possível a formação de uma classe média urbana relativamente diferenciada.[1]

Nos primeiros duzentos anos da colonização portuguesa no Brasil, a existência de música popular se tornava impossível desde logo, porque não existia povo: os indígenas, primitivos donos da terra, viviam em estado de nomadismo ou em reduções

---

[1] Isso explica desde logo por que na zona das Minas Gerais, apesar da existência de cidades ricas e importantes como Tijuco (Diamantina), Vila Rica (Ouro Preto) e São João del-Rei, as criações culturais se restringiriam aos campos da arquitetura, da escultura, da pintura e da música religiosa. Como a exploração das minas excluía a possibilidade de diversificação econômica e dividia as classes entre trabalhadores escravos e nobreza proprietária-elite dirigente (doutores por Coimbra), todas as manifestações de cultura se originavam ou no campo folclórico (batuques de negros, danças e cantos ligados às festividades das irmandades religiosas) ou no campo erudito, tendo também a Igreja como centro, por representar essa instituição a ponte espiritual entre as duas classes.

administradas com caráter de organização teocrática pelos padres jesuítas; os negros trazidos da África eram considerados *coisas* e só encontravam relativa representatividade social enquanto membros de irmandades religiosas; e, finalmente, os raros brancos e mestiços livres, empregados nas cidades, constituíam uma minoria sem expressão, o que os levava a identificar-se culturalmente ora com os negros, ora com os brancos da elite dos proprietários dirigentes (os *homens bons*).[2]

Durante esses dois primeiros séculos de colonização, portanto, os únicos tipos de música ouvidos no Brasil seriam os cantos das danças rituais dos indígenas, acompanhados por instrumentos de sopro (flautas de várias espécies, trombetas, apitos) e por maracás e bate-pés; os batuques dos africanos (na maioria das vezes também rituais, à base de percussão de tambores, atabaques e marimbas, e ainda de palmas, xequerés e ganzás) e, finalmente, as canções dos europeus colonizadores. Estas, de fato mais próximas do que se poderia chamar de música popular, eram representadas por gêneros que remontavam, em muitos casos, ao tempo da formação dos primeiros burgos medievais, do século XII ao XIV, e que se conheciam por romances, xácaras, coplas e serranilhas. Fora esses tipos de música, só poderiam ser citados — e já como criações diretamente ligadas à cultura superior da elite dos colonizadores — o cantochão das missas e do hinário religioso católico (as salmodias cantadas em contraponto) e os toques e fanfarras militares.

Para que pudesse surgir um gênero de música reconhecível como brasileira e popular, seria preciso que a interinfluência de tais elementos musicais chegasse ao ponto de produzir uma re-

---

[2] Em um de seus poemas satíricos, o poeta baiano Gregório de Matos Guerra dá, em fins do século XVII, um testemunho desse intercâmbio dos brancos com a cultura negra, ao escrever, referindo-se aos quilombos, onde os africanos realizavam livremente seus rituais religiosos, que "não há mulher desprezada,/ galã desfavorecido,/ que deixe de ir ao quilombo/ dançar o seu bocadinho".

sultante, e, principalmente, que se formasse nas cidades um novo público com uma expectativa cultural passível de provocar o aparecimento de alguém capaz de promover essa síntese.

No campo da literatura, isso fora possível desde os fins do século XVII, com o advento de um poeta cujos versos — embora escritos de um ponto de vista elitista em relação ao meio social — denunciavam já a existência de uma consciência crítica das diferenças entre a colônia e a metrópole. Esse poeta era o doutor em leis Gregório de Matos Guerra, o "Boca do Inferno", que aliás tocava viola por ele mesmo fabricada, chegando a ser definido por um de seus biógrafos, Sílvio Júlio, como "negligente e obsceno tocador de viola".[3]

No que se referia ao processo de formação da cultura popular urbana, o primeiro compositor reconhecido historicamente como tal só veio a despontar pela metade do século XVIII na pessoa de um mulato tocador de viola: o carioca Domingos Caldas Barbosa, estilizador e divulgador da *modinha*.

---

[3] Em excelente estudo sobre Gregório de Matos Guerra e sua obra, o crítico cearense Araripe Júnior (1848-1911) chegou a chamar o poeta satírico baiano de "Homero do Lundu", atribuindo a Gregório de Matos o aperfeiçoamento daquele gênero de canção "nos engenhos do Recôncavo, ao som da célebre viola fabricada por suas mãos". Embora em outro ponto do mesmo trabalho Araripe Júnior tenha descrito o poeta como "um reles boêmio, quase louco, sujo, malvestido, a percorrer os engenhos do Recôncavo, de viola ao lado, tocando lundus e descantando poesias obscenas, para regalo, naturalmente, dos devassos e estúpidos mecenas da roça", a citação do lundu merece reparo. Como diz o próprio crítico biógrafo do poeta, pode muito bem ter acontecido que o "chiste das morenas, conchas dos seus quindins, ardilosas, partistas e faíscas, apoderou-se-lhe da viola e não deixou de guiá-lo, diverti-lo, inspirá-lo até morrer". Daí a afirmar, porém, que o tipo de canção produzido por Gregório de Matos com base nessa inspiração frascária fosse o lundu vai muita improbabilidade. O lundu-canção surgiu de estribilhos entremeados na dança do lundu, e esta só se destacou como gênero à parte do batuque dos africanos muito mais tarde, pelos meados do século XVIII.

Preliminar 11

Século XVIII

1.
A MODINHA

As informações sobre as origens da modinha — considerada até hoje como o primeiro gênero de canção popular brasileira — resumem-se a umas poucas citações de autores estrangeiros e literatos portugueses que tomaram conhecimento do novo gênero em Lisboa pela segunda metade do século XIX.

No Brasil, entretanto, desde os últimos anos do século XVII, pelo menos uma notícia indica que alguns brancos e mestiços da Bahia já cantavam certas coplas do tempo com características particulares, pois lhes acrescentavam contribuições pessoais que chocavam as pessoas mais conservadoras. Em um livro intitulado *Compêndio narrativo do peregrino da América*, cuja primeira edição é de 1718 ou 1725, um quase desconhecido escritor chamado Nuno Marques Pereira (que até hoje não se sabe se era português ou baiano) revelava escandalizado ter ouvido certa vez na Bahia um cantor de rua que ao terminar a copla dizia: "Oh! diabo!".[1]

Ora, se por boa música se entendia naqueles fins do século XVII, ainda segundo o supermoralista Nuno Marques Pereira, a que se cantava "em toada, e a compasso",[2] a interpolação daquela exclamação inesperada — que parece indicar um breque — devia soar como uma heresia não apenas pelo texto, mas pela inovação musical.

A canção a solo, aliás, era ainda pelos fins dos 1600 recebida com muita reserva pelas pessoas respeitáveis, porque, colocada

---

[1] Nuno Marques Pereira, *Compêndio narrativo do peregrino da América*, 6ª ed., Rio de Janeiro, Publicações da Academia Brasileira, 1939, 1º vol., p. 216.

[2] *Ibid.*, parte 2ª, p. 46.

a viola ao alcance da gente do povo, havia sempre a possibilidade de ganharem as músicas um tom pouco moral e muito sujeito a corromper as mulheres pela sugestão dos suspiros e dos versos amorosos. O próprio Nuno Marques mostrava-se, aliás, tão preocupado com essa possibilidade do relaxamento dos costumes pela sedução das "músicas lascivas", que em vários pontos de seu livro se refere a casos de castigos divinos provocados por abusos nesse perigoso campo da arte musical. E depois de contar no primeiro volume de seu *Peregrino da América* a história da filha de um fazendeiro que foge com seu professor de canto, procura no segundo volume assustar os tocadores de viola, citando pelo menos um caso fatal:

> "E por que não fiquem os músicos, e tocadores de violas, de toques e músicas lascivas, sem algum exemplo, contarei um entre muitos, que vos pudera repetir, e foi o caso: que houve um pardo por nome João Furtado, famoso músico e grande tocador destas modas profanas, assistente na freguesia de Nossa Senhora do Socorro, no Recôncavo da Bahia, o qual em certa ocasião pegou em uma viola, e se foi deitar na sua cama, e começou a cantar um tono, que se usava naquele tempo, e dizia a letra:
>
> 'Para que nascestes, Rosa,
> Se tão depressa acabastes', etc.
>
> Ouviram-no tanger e cantar os que na casa estavam. Porém, quando o foram acordar, estava em outra vida."[3]

Considerada a falta de informação sobre a vida musical brasileira nos primeiros duzentos anos da colonização, essas ingê-

---

[3] *Ibid.*, parte 2ª, p. 103.

nuas histórias de Nuno Marques Pereira revelam-se da mais alta importância. E isso porque, ao indicar a existência, na Bahia seiscentista, de músicos mestiços tocadores de viola, como o mulato João Furtado, mostra que seus "toques e músicas lascivas" podiam já adquirir acentos novos, como o irreverente estribilho "Oh! diabo!". Assim se começa a explicar o impacto provocado em Portugal, menos de um século mais tarde, pelo novo gênero de canção solista levado do Brasil com o nome de *modinha*.

De fato, quando a partir de 1775 um mulato carioca, Domingos Caldas Barbosa, aparece em Lisboa cantando e acompanhando-se à viola, o que mais choca os europeus da corte da Rainha Dona Maria I é exatamente o tom direto e desenvolto com que o trovador se dirigia às mulheres e a malícia dos estribilhos com que rematava seus versos.

O mais antigo documento sobre Caldas Barbosa e o aparecimento da própria modinha — os *Manuscritos* do português doutor em cânones Antônio Ribeiro dos Santos, de fins do século XVIII — revelam de maneira definitiva que a grande novidade do tipo de música lançada em Lisboa pelo mulato brasileiro era o rompimento declarado não apenas com as formas antigas de canção, mas com o próprio quadro moral das elites, representado pelas mensagens dos velhos gêneros, como as "cantilenas guerreiras, que inspiravam ânimo e valor".

Ao descrever as impressões de um sarau de meados do século XVIII na casa da Marquesa de Alorna (mulher de Dom Pedro de Almeida, o Conde de Assumar, que governou a Capitania de São Paulo e Minas do Ouro de 1717 a 1721, e reprimiu a insurreição em Vila Rica), Ribeiro dos Santos demonstra-se realmente impressionado é com o fato de "mancebos e donzelas" interpretarem "cantigas de amor tão descompostas", que — afirma em tom de pudor ofendido — "corei de pejo como se me achasse de repente em bordéis, ou com mulheres de má fazenda".[4]

---

[4] Ribeiro dos Santos, *Manuscritos*, citado em Teófilo Braga, *Filinto Elisio e os dissidentes da Arcádia*, Porto, Livraria Chardron, 1901.

Ora, se essas "cantigas amorosas de suspiros, de requebros, de namoros refinados, de garridices" — cujo surgimento na colônia se explicava pelas menores restrições morais existentes longe do atuante sistema de censura da metrópole — tinham começado desde logo a fazer sucesso em Lisboa, isso indicava que tais canções vinham atender às novas condições da vida cortesã.

Na verdade, o ouro das minas brasileiras, carreando para o tesouro real em Lisboa uma riqueza acima de qualquer previsão, permitia desde meados do século XVIII uma tal ampliação do círculo das grandes famílias da burguesia e da nobreza, agrupadas à sombra do trono, que a vida da corte ganhava um colorido jamais imaginado.

A primeira atitude dessas novas camadas surgidas após um longo período de absolutismo e de sujeição às restrições impostas pela rigorosa moral da Inquisição ia ser, logicamente, a de aceitar com entusiasmo quaisquer expressões de uma vida mais liberta de preconceitos. E era isso que o severo Ribeiro dos Santos parecia querer demonstrar, ao queixar-se ainda em seus *Manuscritos*, referindo-se ao impacto causado pelas suspirosas modinhas de Domingos Caldas Barbosa:

> "Que grandes máximas de modéstia, de temperança e de virtude se aprendem nestas canções! Esta praga é hoje geral depois que o Caldas começou de pôr em uso os seus rimances, e de versejar para mulheres."[5]

A vivacidade das modinhas brasileiras de Caldas Barbosa era, porém, tão envolvente, que o próprio Ribeiro dos Santos não se furta ao elogio do compositor carioca, dizendo:

> "Eu admiro a facilidade da sua veia, a riqueza das suas invenções, a variedade dos motivos que toma

---

[5] *Ibid.*

para seus cantos, e o pico e a graça dos estribilhos e ritornelos com que os remata."

O que o sisudo doutor em cânones não podia tolerar, afinal, era justamente aquilo que a experiência de liberdade da colônia tinha de melhor para oferecer às novas camadas de cortesãos ávidos de libertação dos preconceitos: a forma direta no tratamento dos temas do amor sensual e — como escrevia Ribeiro dos Santos — "a maneira com que os trata e com que os canta".[6] Desde que Mário de Andrade escreveu em 1930, no prefácio de sua coleta *Modinhas imperiais*, que "a proveniência erudita europeia das modinhas é incontestável",[7] essa conclusão passou a ser aceita e repetida sem qualquer reexame. Basta, porém, que se conheça um pouco da vida de Domingos Caldas Barbosa — cujo nome se liga documentadamente ao aparecimento da modinha em Portugal — para que se revele a improbabilidade de tal afirmação.

O poeta e violeiro Caldas Barbosa, nascido na colônia do Brasil por volta de 1740, era filho de pai branco com uma negra de Angola, chegada ao Rio de Janeiro já grávida. Reconhecido pelo pai, o mulatinho chegou a estudar no Colégio dos Jesuítas, mas, logo por volta de 1760, estando em idade militar, certas queixas contra seus epigramas e versos satíricos provocaram seu envio como soldado para a Colônia do Sacramento, no extremo sul do Brasil. Ora, tanto na vida de estudante quanto na militar, ou ainda na de boêmia a que se entregou durante mais de dez anos, após sua volta ao Rio, em 1762, todos os contatos de Domingos Caldas Barbosa terão sido com mestiços, negros, pândegos em geral e tocadores de viola, e nunca com mestres de música eruditos (que, por sinal, nessa época praticamente não existiam no Brasil).

---

[6] *Ibid.*

[7] Mário de Andrade, *Modinhas imperiais*, São Paulo, Livraria Martins Editora, 1964, p. 8.

Assim, se a partir de 1775 Caldas Barbosa já aparece cantando suas modinhas em Lisboa, tais canções só podiam constituir autêntica música popular da colônia, o que por sinal o francês Link testemunha nas anotações de sua viagem a Portugal, de 1797 a 1799, ao distinguir as cantigas brasileiras das portuguesas, escrevendo que "as canções brasileiras nos encantaram pela maior variedade e pela jovialidade tão franca e ingênua quanto o país de onde provêm".[8]

Na verdade, além de nenhum dos contemporâneos ter posto em destaque qualquer qualidade eruditizante da modinha (e o poeta Nicolau Tolentino chegou mesmo a chamá-la de "vulgar modinha", com o sentido algo depreciativo de *cançãozinha* do vulgo, ou do povo), o próprio nome do gênero introduzido por Domingos Caldas Barbosa indica muito mais a superioridade condescendente com que os europeus receberam a nova moda.

Na segunda metade do século XVIII ainda era costume designar pelo nome genérico de *modas* as cantigas em geral. Quando, porém, Caldas Barbosa aparece cantando as suas com toda "a tafularia do amor, a meiguice do Brasil e em geral a moleza americana" — no dizer do Dr. Ribeiro dos Santos —, a insistência com que usava as frases curtas dos versos de quatro ou sete sílabas (típicos da poesia popular) levou muito explicavelmente as pessoas a referirem-se a tais *modas novas* usando o diminutivo *modinhas*. Em pouco tempo esse diminutivo genérico passaria a indicar especificamente o tipo de canção importada do Brasil, o que já em 1786 podia ser atestado no entremez intitulado "A rabugem das velhas", quando uma personagem louva perante a avó (que defende as velhas cantigas) "esta modinha nova que agora se inventou".[9]

---

[8] M. Link, *Voyage en Portugal*, citado em Mozart de Araújo, *A modinha e o lundu no século XVIII*, São Paulo, Ricordi Brasileira, 1963, p. 37, que transcreve o trecho no original francês.

[9] Mário de Andrade, especulando também um pouco nesta parte em

O próprio Lorde Beckford, que se supõe culturalmente qualificado pela sua condição de nobre inglês, quando em 1786 assiste na corte de Dona Maria I, em Lisboa, a uma reunião em que se cantaram modinhas, refere-se ao "*staccato* monótono da viola", o que indica muito mais o popular ponteio do que qualquer recurso erudito, numa época cuja música clássica supervalorizava a melodia em detrimento do ritmo. E nem era outra coisa que pela mesma época estaria querendo dizer o poeta satírico Nicolau Tolentino, ao referir-se ao lundu contemporâneo da modinha nos versos tão citados pelos historiadores da música brasileira:

"Em bandolim marchetado,
Os ligeiros dedos prontos,
Loiro peralta adamado,
Foi depois tocar por pontos
O doce Londum chorado."

Tocar por pontos (expressão que os citadores dos versos jamais se preocuparam em interpretar) era, nada mais, nada menos, do que produzir aquele som *staccato* a que se referia Lorde Beckford, apertando os dedos sobre determinados pontos indicados na representação gráfica dos trastos da viola ou do bandolim.

As próprias letras das cantigas de Caldas Barbosa, colecionadas nos dois tomos denominados *Viola de Lereno* (o primeiro editado em 1798, o segundo em 1826, 26 anos depois da morte do poeta, compositor e cantor), não autorizam de forma alguma a supor seu enquadramento numa moldura musical de estilo erudito. Em uma cantiga intitulada "Zabumba" (cujo título indica logo a preocupação onomatopaica do ritmo), Caldas Barbosa cantava, por exemplo:

---

seu livro *Modinhas imperiais*, sugere que "chamaram-lhes modinhas por serem delicadas". Inclusive por isso, caberia dizer.

A modinha 21

> "Tan, tan, tan, tan Zabumba
> Bela vida Militar;
> Defender o Rei e a Pátria
> E depois rir, e folgar."[10]

E se ainda fosse preciso novo argumento em favor do tom popular que a viola devia tomar nas mãos do mulato carioca, qual maior do que aquele por ele mesmo oferecido, ao afirmar numa pequena cantiga intitulada "Declaração de Lereno"?:

> "Eu sou Lereno
> De baixo estado,
> Choça nem gado
> Dar poderei."[11]

Confessar-se de *baixo estado* era afirmar sua origem de filho das camadas populares, o que explicava a pobreza de alguém sem *choça nem gado* e, portanto, sem qualquer possibilidade de acesso à cultura erudita do tempo (inclusive a musical), só passível de ser alcançada frequentando as universidades europeias reservadas à nobreza e à nascente alta burguesia de Portugal.

Assim, o que certamente aconteceu — para confusão dos pesquisadores, mesmo os mais atilados como Mário de Andrade — pouco mais de um século depois foi esta circunstância também documentada: como as modinhas populares de Domingos Caldas Barbosa alcançaram enorme sucesso no correr da segunda metade do século XVIII, quase todos os compositores eruditos do tempo desandaram a compor modinhas em Portugal.

Esse fato só foi levado em consideração no início da década de 1960 pelo musicólogo Mozart de Araújo, ao escrever em seu livro *A modinha e o lundu no século XVIII*:

---

[10] Domingos Caldas Barbosa, *Viola de Lereno*, Rio de Janeiro, Instituto Nacional do Livro, Imprensa Nacional, 1944, 1º vol., p. 31.

[11] *Ibid.*, p. 164.

"O exíguo material brasileiro que ilustra alguns livros de viagem ou que aparece no *Jornal de Modinhas* editado em Lisboa entre 1792 e 1795 é, por assim dizer, um material de segunda mão, algo deformado pelos acompanhamentos 'clássicos' dos mestres contrapontistas de então, ou já transfigurado pelo artificialismo das versões eruditas que esse material sofreu, ao ser transcrito para o pentagrama. Começaria, aliás, por essa época, a se pronunciar um outro fator de deformação: a italianização da modinha."[12]

Era natural que isso acontecesse, porque — como lembra ainda Mozart de Araújo — "a segunda metade do século XVIII é o período em que mais sensível se torna em Portugal a influência da ópera italiana", e "para a Itália eram enviados os melhores músicos e compositores portugueses".[13]

Quanto a Domingos Caldas Barbosa, pessoalmente, a mesma influência não teria razão de ser, pois além de sua formação ter transcorrido no acanhado meio urbano da colônia, se suas modinhas fossem eruditas não se explicaria depois sua vasta popularização no Brasil, como de fato aconteceu. Segundo o crítico e historiador da literatura brasileira Sílvio Romero, quando no início da segunda metade do século XIX começou a coletar por todo o nordeste do Brasil o repertório que incluiria em seu livro *Cantos populares do Brasil*, publicado em 1883, foram vários os informantes que lhe cantaram modinhas por ele identificadas como de Domingos Caldas Barbosa. Mais de cinquenta anos depois da morte de seu autor, portanto, elas continuavam na memória da gente das pequenas cidades, transmitidas oralmente como canções tradicionais.

---

[12] Mozart de Araújo, *op. cit.*, pp. 47-8.

[13] *Ibid.*, p. 48.

E é já o próprio Sílvio Romero, ainda surpreso diante dessa comprovação da sobrevivência de muitas modinhas setecentistas de Caldas Barbosa, quem escreve:

"O poeta teve a consagração da popularidade. Não falo dessa que adquiriu em Lisboa, assistindo a festas e improvisando à viola. Refiro-me a uma popularidade mais vasta e mais justa. Quase todas as cantigas de Lereno correm na boca do povo, nas classes plebeias, truncadas ou ampliadas."

E acrescentava então, fornecendo seu testemunho pessoal:

"Quando em algumas províncias do norte coligi grande cópia de canções populares, repetidas vezes recolhi cantigas de Caldas Barbosa como anônimas, repetidas por analfabetos."[14]

O que iria acontecer com a modinha, a partir dos últimos anos do século XVIII até a segunda metade do século seguinte, seria o fato de que, passando a interessar aos músicos de escola, o novo gênero acabaria realmente se transformando em canção camerística tipicamente de salão, precisando aguardar depois o advento das serenatas à luz dos lampiões de rua, nos últimos anos do século XIX, para então retomar a tradição de gênero popular pelas mãos dos mestiços tocadores de violão.

Enquanto isso não se deu, a modinha de salão — trazida de torna-viagem ao Brasil com a corte do Príncipe Dom João, a partir de 1808 — enfrentou durante mais de meio século o equí-

---

[14] Sílvio Romero, *História da literatura brasileira*, Rio de Janeiro, Garnier, 1888. 2ª ed., ainda por Garnier, 1902. 3ª ed., Rio de Janeiro, José Olympio, 1943. Sobre a vida e a obra de Caldas Barbosa, ver José Ramos Tinhorão, *Domingos Caldas Barbosa: o poeta da viola, da modinha e do lundu*, São Paulo, Editora 34, 2004.

voco dos compositores ligados à Capela Real e, a partir de 1841, ao Conservatório de Música da capital do Império, chegando a confundir-se com árias de óperas italianas, o que explica sua voga inclusive nos teatros, interpretada por cantores líricos estrangeiros, como a famosa soprano Augusta Candiani. Cantora que, aliás, veio da Itália para ser a diva da ópera *Norma*, de Bellini, no Teatro São Pedro de Alcântara do Rio, em 1844, e acabou ficando no Brasil até 1890, quando morreu no longínquo subúrbio carioca de Santa Cruz, quase na miséria.

Por essa época em que Candiani cantava para a elite do Segundo Império, como escreve o crítico Ayres de Andrade, "Rossini cede a Donizetti e Bellini a primazia que vinha ostentando nas temporadas". Ao que acrescentava, definindo em seu livro *Francisco Manuel da Silva e seu tempo* o que isso representava em termos de influência sobre a modinha de salão, em 1845:

> "O resultado foi que Bellini, com a melancólica suavidade das suas melodias, tão condizentes com a sensibilidade do brasileiro, passou a influenciar os trovadores do país, a tal ponto que no repertório da modinha brasileira não são raras aquelas que parecem provir diretamente das óperas de Bellini."[15]

A repopularização e a renacionalização dessa modinha elevada à condição de peça erudita, entretanto, começariam a ser preparadas quase ao mesmo tempo no Rio de Janeiro e na Bahia, paralelamente a essa fase de deformação do gênero lançado por Domingos Caldas Barbosa, graças à entrada em cena de uma nova geração de filhos da classe média urbana ligada ao desempenho das profissões liberais e ao cultivo da literatura.

---

[15] Ayres de Andrade, *Francisco Manuel da Silva e seu tempo, 1808-1865: uma fase do passado musical do Rio de Janeiro à luz de novos documentos*, Rio de Janeiro, Edições Tempo Brasileiro, 1967, vol. II, p. 8.

No Rio de Janeiro, esse movimento, por sinal enquadrado dentro do espírito dos primeiros poetas e escritores românticos, tinha seu centro na Tipografia de Paula Brito, do tipógrafo, livreiro, editor e poeta mulato Francisco de Paula Brito (1809-1891), que desde 1831 até sua morte manteve lojas nos números 44, 51, 64, 66, 68 e 78 da Praça da Constituição, hoje Praça Tiradentes.

Nessas lojas, onde Paula Brito ia alternando suas livrarias com litografias, papelarias e até com uma Loja do Chá (conhecida por Loja do Canto, por ocupar o prédio da esquina da Praça da Constituição com a Rua de São Jorge, hoje Gonçalves Ledo), reunia-se desde meados do século XIX a pioneira geração de literatos românticos do Rio, entre os quais estavam Gonçalves de Magalhães, Joaquim Manuel de Macedo, José de Alencar, Gonçalves Dias, Casimiro de Abreu, Machado de Assis e Laurindo Rabelo, apelidado de *Lagartixa*.

Numa cidade mal saída do acanhado quadro colonial, a loja de Paula Brito funcionava com o caráter até hoje reservado às boticas das pequenas cidades do interior do Brasil: era um ponto onde os chamados homens de espírito marcavam encontro, e onde — segundo Machado de Assis — "se conversava de tudo, desde o dó de peito do Tamberlick até os discursos do Marquês de Paraná".[16] Durante essas conversas, em que nasceu a ideia da criação de uma instituição sem estatutos, a Sociedade Petalógica (estranho nome feito para fazer rir, quando se explicava que "petalógica" vinha de *peta*, sinônimo de mentira), o poeta Laurindo Rabelo dava a nota popular, fazendo conhecer suas modinhas.

Isso não quer dizer, é claro, que a retomada do gênero popular de que os músicos de escola se haviam apropriado figurasse como obra exclusiva dos literatos da Sociedade Petalógica, liderados por Laurindo Rabelo. A modinha, embora destinada a dominar a historiografia musical da época apontada sempre

---

[16] Machado de Assis, crônica em *Diário do Rio de Janeiro*, 3/1/1865.

como peça clássica, pela circunstância de só chegar a ser impressa em partes para piano quando composta em nível de música de salão, continuava a ser cultivada anonimamente por cantores e músicos de rua.

O pintor francês F. Biard, instalado em 1858 no prédio do Paço Imperial (depois sede dos Correios e Telégrafos do Rio de Janeiro, na Praça XV de Novembro), conta em seu livro *Dois anos de Brasil* que "quando havia viração, ia aproveitá-la à noite, perto da janela, e de uma casa fronteira, toda acesa, saíam sons de violão e de flauta nem sempre harmonizados; duas vozes pouco agradáveis cantavam *romanzas* que mais pareciam cantos fúnebres. Esses cantores lúgubres enterneciam-se bastante e lançavam olhares lânguidos que ora baixavam ao chão ora subiam ao céu. O amor transbordava-lhes dos corações e esses idílios duravam até a madrugada".[17]

Diante da descrição de Biard, não é necessário dizer que se tratava de cantores de modinhas, acompanhados já em meados do século XIX pelos dois instrumentos que, unidos ao cavaquinho, formariam em pouco tempo o trio instrumental clássico do choro carioca.

Acontecia, porém, que na loja de Paula Brito (por sinal também compositor, chegando a editar em 1853 em sua tipografia o lundu "A marrequinha de Iaiá", com música do autor do "Hino nacional brasileiro", Francisco Manuel da Silva, 1795-1865) os intelectuais cultores da modinha situavam-se exatamente entre aqueles dois extremos. E assim, ligando-se a instrumentistas das camadas populares, livravam suas músicas dos preconceitos eruditos, embora sua condição de adeptos da poesia romântica em nível literário os levasse a requintar a parte da letra, através de um preciosismo que mais tarde seria responsável pela tradição de pernosticismo de várias gerações de letristas semianalfabetos da música popular brasileira.

---

[17] François Biard, *Dois anos de Brasil*, São Paulo, Companhia Editora Nacional, 1945, coleção Brasiliana, vol. 244, p. 45.

Em uma série de artigos intitulada "Serestas e seresteiros", publicada como parte da série "Brasil sonoro", que manteve durante vários anos no jornal *Diário de Notícias*, do Rio de Janeiro, a pioneira da historiografia da música popular Mariza Lira salientou esse papel de mediadores entre duas culturas desempenhado pelos literatos modinheiros reunidos à volta de Paula Brito, escrevendo:

> "A Petalógica do Rossio Grande [hoje Praça Tiradentes] não era apenas o centro de literatos da escola de Machado de Assis, mas também de trovadores, seresteiros e poetas. A lira melancólica e a sátira irreverente de Laurindo Rabelo eram musicadas por ele próprio ou pelos nomes mais em evidência entre os compositores da época. Daquele tempo é o 'Gosto de ti porque gosto', que Sátiro Bilhar cantava no tempo de Catulo, dizendo-se o autor. Os versos, não há a menor dúvida, são de Paula Brito, e a música parece que foi composta pelo Cunha dos Passarinhos, compositor muito querido morador no Beco do Cotovelo."[18]

No que se refere a Laurindo Rabelo — certamente herdeiro da musicalidade dos ciganos, dos quais era descendente —, se é verdade que tocava violão e cantava composições com versos seus, não é provável que fosse também autor das músicas

---

[18] Mariza Lira, "Serestas e seresteiros I", seção "Brasil sonoro", *Diário de Notícias*, 1/12/1957, Suplemento Literário, p. 7. Mariza Lira, como de costume, não cita a fonte onde obteve tal informação, mas de qualquer forma fornece uma pista que permite comprovar o tom realmente popular das modinhas compostas pelos literatos da livraria de Paula Brito. Essa modinha "Gosto de ti porque gosto", certamente da década de 1850, alcançou de fato o século seguinte na memória popular, chegando a ser gravada no início dos 1900 em disco Odeon, da Casa Edison, pelo cantor Cadete, sob número 108.504, e com o título de "Gosto de ti".

feitas para eles. Segundo Mello Moraes Filho, que foi seu amigo pessoal, nas festas às quais comparecia, Laurindo "cantava ao violão sentimentais modinhas e buliçosos lundus que traziam em aberta hilaridade os mais sisudos e responsáveis circunstantes".[19] O próprio Mello Moraes Filho, porém, em outro ponto de seu livro, depois de lembrar que Laurindo Rabelo costumava passar semanas inteiras na casa do "velho Almeida Cunha, apelidado o *Cunha dos Passarinhos*", descreve o poeta "a pilheriar, improvisar, cantar modinhas e lundus ao som do violão, com os rapazes da família, com o saudoso João Cunha, *que lhe fazia as músicas para as composições múltiplas*" (o grifo é nosso). E com a segurança de quem, embora romanceando, fala de alguém que conheceu na intimidade, Mello Moraes Filho acrescentava uma minúcia capaz de situar João Cunha, o *Cunha dos Passarinhos*, como o parceiro encarregado de musicar os poemas do chamado *Poeta Lagartixa*:

> "E Laurindo Rabelo, em ceroula e sentado na cama, de pernas cruzadas ou em pé, tangia o melodioso instrumento, e entusiasmado pelo *virtuose* que, inspirado, lhe interpretara o sentir dos versos, exclamava por vezes: — Estamos casados, João!"[20]

---

[19] Mello Moraes Filho, *Artistas do meu tempo*, Rio de Janeiro, H. Garnier, Livreiro e Editor, 1904, p. 171.

[20] *Ibid.*, p. 162. Flausino Rodrigues do Vale, em *Elementos de folclore musical brasileiro* (São Paulo, Companhia Editora Nacional, 1936, vol. 57, p. 132), porém, cita Laurindo Rabelo também como autor de música, pelo menos em uma de suas modinhas: "O referido poeta Laurindo Rabelo também compunha música e foi muito feliz quando pôs solfa em sua bela poesia: 'Se eu fora poeta'". Não temos condições de confirmar ou contrariar essa declaração. Existe, no entanto, informação de ter sido editado por volta de 1850, pelo editor de músicas V. Sydow & Cia., estabelecido à Rua dos Ourives, no Rio, um álbum de modinhas de Laurindo Rabelo com músicas de João L. de Almeida Cunha.

A modinha

O fato é que, renovada por músicos populares a serviço da inspiração de toda uma geração de poetas românticos — entre os quais o próprio biógrafo de Laurindo Rabelo, Mello Moraes Filho (autor da modinha "A mulata", com música de Xisto Bahia), Alvares de Azevedo ("Escuta", musicada pelo João L. de Almeida Cunha) e Guimarães Passos ("A casa branca da serra", música de Miguel Emídio Pestana) —, a modinha adaptou-se afinal ao violão, que substituía a viola desde meados do século XIX. E ganhando as ruas com os conjuntos de músicos de choro, que se encarregariam de estilizá-la definitivamente, dentro do estilo derramado do ultrarromantismo popular, acabaria no início do século XX voltando ainda uma vez aos salões sob o nome de *canção*.

Na Bahia, esse mesmo caminho seria percorrido pela modinha a partir da segunda metade do século XIX, não tardando — segundo escreve Afonso Rui em *Boêmios e seresteiros baianos* — "a tornarem-se parte obrigatória de todas as reuniões, aplaudidas calorosamente, canções e lundus, ora com letra do incomensurável Castro Alves ('O gondoleiro do amor'), o maior boêmio da Bahia, ora com música de Carlos Gomes ('Tão longe de mim distante'), o maior compositor do Império".[21]

Tal como no Rio de Janeiro, essa volta da modinha às suas raízes populares ia ser conseguida na Bahia pelo trabalho — às vezes paralelo, às vezes conjunto — de intelectuais e trovadores de violão de rua, unidos de qualquer forma pelo denominador comum do espírito boêmio. Como escreve Afonso Rui, confirmando essa conclusão para o caso da modinha na Bahia:

"Os trovadores baianos, nesse tempo, compunham dois agrupamentos distintos, inconfundíveis, apartados pelas convenções sociais e pelo exigente

---

[21] Afonso Rui, *Boêmios e seresteiros do passado*, Salvador, Livraria Progresso Editora, 1954, p. 11.

formalismo da época: cancioneiros a quem se abriam os salões em brilhantes saraus, e seresteiros a que, ostensivamente, se fechavam as portas. Uns tinham as palmas de uma assistência de escol, outros a repressão da polícia. No fundo eram todos boêmios. Por índole e por sentimento."[22]

Num comovido levantamento de nomes de muitos desses modinheiros baianos da segunda metade do século XIX, o musicólogo e historiador Flausino Rodrigues Vale escreveu em seu precioso livrinho *Elementos de folclore musical brasileiro*:

"A maior parte dos cantores de modinhas baianos era composta por hábeis tocadores de violão, como foi o notável Cazuzinha, filho de José de Souza Aragão, natural de Cachoeira; são dele 'A mulher cheia de encantos', 'Quero partir', 'A nebulosa', 'Os sonhos', 'Minha lira', 'Tarde, bem tarde', 'As baianas', etc. [...] Um espírito de poeta ilustre, cantor e compositor foi José Bruno Correia, autor de belíssimas páginas de modinhas, tendo logrado bastante fama as seguintes: 'Nada possuo neste mundo', 'A vingança dos anjos', etc. [...] Outros dignos êmulos dos trovadores e compositores precedentes são: Dalmácio Negrão, J. Alves de Melo, José da Cruz Muniz, Chico Sepúlveda, Quinquim Bahia, Joaquim do Bom Jesus, Custódio de Santo Amaro, Evaristo Ferreira de Araújo, etc. etc."[23]

Sobre todos esses criadores ia pairar, no entanto, a figura de um compositor completo, cuja ação, estendendo-se da Bahia ao

---

[22] *Ibid.*, p. 11.

[23] Flausino Rodrigues do Vale, *op. cit.*, pp. 130-1.

Rio de Janeiro, e cuja criação, aliando o popular às parcerias com intelectuais como Artur Azevedo, resumiriam toda a trajetória da modinha do plano erudito ao violão do povo. Tratava-se do ator, cantor e violonista Xisto Bahia.

Quando, por volta de 1860, o jovem boêmio baiano de voz abaritonada Xisto Bahia começa a se tornar conhecido entre os cantores de serenata, a modinha já circulava nos meios populares na voz daqueles "seresteiros a que, ostensivamente, se fechavam as portas".

De volta à Bahia nos fins dessa década de 1860, para exercer um cargo de secretário do governo da Província, França Júnior, o teatrólogo baiano criado no Rio de Janeiro, teria sua atenção de fixador de costumes populares despertada para esses tipos de modinheiros de rua de forma tão marcada que, anos depois, não deixaria de traçar-lhes o retrato numa crônica de jornal. Em um de seus folhetins da série iniciada em 1876 no jornal *Gazeta de Notícias*, do Rio de Janeiro, França Júnior pede ao leitor que o acompanhe à Bahia para conhecer o cantor de serenatas, em geral "um crioulo esbelto e inteligente", e descreve:

> "Amigo em excesso das instituições livres, ostenta na cabeça, perfeitamente traçada, a *estrada da liberdade*, que divide-lhe a hirsuta [cabeleira] como em dois morros. [...] O chapéu mal o resguarda do sereno, caindo-lhe sobre uma das orelhas, e deixando descoberta a outra. [...] Traja velho paletó, calças de cor duvidosa, e assenta os pés em vetustas chinelas de couro, que já foram outrora botinas. [...] Nunca vê-lo-eis só. [...] Reúne sob as janelas de sua Marília o maior número possível de confidentes, que o aplaudem com entusiasmo, dizendo em altas vozes:
>
> — Canta agora aquela do Trovador.
> — Não; canta a outra, que é mais bonita.
> — Cá para mim, não há como a da Lília.

— E onde fica aquela das 'Lembranças do nosso amor'?"[24]

Era já uma descrição que coincidia em tudo com a do cantor de modinhas carioca do fim daquele mesmo século XIX, que o memorialista Luís Edmundo ia também fixar em seu livro *O Rio de Janeiro do meu tempo*, ao escrever:

"O homem que dedilha o instrumento suavíssimo é um mulato de gaforinha densa e bipartida, um fraque de sarja, velho, fechado na altura do pescoço, preso por um alfinete de fralda, a ponta do charuto apagada e curta, metida, cuidadosamente, atrás da orelha, uma orelha suja e despegada do crânio. Faz ressoar os bordões sonoros e profundos do 'pinho' gemedor, mexendo a abotoadura das cravelhas. Depois, pigarreia. Depois cospe. Funga. E, então, começa:

'Não sabes que te amo e que te adoro,
Que vivo a padecer?
Não sabes dessas lágrimas que choro,
Do meu triste viver?'"[25]

---

[24] França Júnior, *Folhetins*, 4ª ed. aumentada, Rio de Janeiro, Jacinto Ribeiro dos Santos Editor, 1926, crônica XXI, intitulada "O cantor de serenatas", pp. 203-4. França Júnior anota ainda que "o cantor de serenatas é músico de orelha", e comenta: "ó vós, brasileiros degenerados, que executais ao lado de um piano árias de Rossini e de Verdi, pálidos arremedos de cantores italianos, ide à Bahia e perguntai ao capadócio como se canta. Vossas melodias não valem uma nota afinada ao som plangente do violão, sob a redoma daquele céu crivado de estrelas, e onde a lua cheia sabe ostentar em toda a sua poesia a face prateada" (p. 207).

[25] Luís Edmundo, *O Rio de Janeiro do meu tempo*, 2ª ed., Rio de Janeiro, Editora Conquista, s.d., 2º vol., p. 269. Luís Edmundo acrescenta que "a modinha da época guarda ainda a feição lamurienta que tinha já um ou

A modinha 33

No caso de Xisto Bahia, entretanto, a importância de cantor e compositor residia no fato de que, sendo pela origem um tocador de violão tão popular quanto qualquer desses negros ou mestiços de cabelo partido ao meio (e ele mesmo era um mulato filho de militar), sua decidida vocação de ator ia levá-lo a atuar no âmbito da classe média, servindo pois como um perfeito intermediário entre os literatos compositores da primeira metade do século XIX e aqueles cantores de rua que ainda alcançariam o século XX.

Embora a bibliografia, no que se refere à modinha popular, seja muito escassa, a maioria dos depoimentos existentes coincide no reconhecimento dessa importância do ator e compositor baiano.

No mesmo livro em que cita Xisto Bahia como "o maior cantador de modinhas do século passado", o musicólogo Flausino Rodrigues do Vale lembra que o historiador italiano da música brasileira Vincenzo Cernicchiaro definira o baiano como "espírito de harmoniosa graça, inimitável pela maneira especial com que sabia cantar tanto as próprias modinhas como as de alheio punho", acrescentando:

"E era de ver-se como este músico ingênito, apesar de não conhecer uma nota de música, sabia comover todo um auditório."[26]

Isso queria dizer que, apesar da condição de representante das camadas mais baixas do povo, Xisto Bahia — tal como mais tarde aconteceria no Rio de Janeiro com Catulo da Paixão Cearense — conseguia superar com a força de sua personalidade a

---

dois séculos atrás. Ainda é uma coisa monótona e plangente, que se arrasta aos soluços, aos lamentos e aos ais. A melodia é triste, triste é o ritmo, triste o cantador; tristes até aqueles que, enlevados, a escutam" (p. 269).

[26] Flausino Rodrigues do Vale, *op. cit.*, p. 129.

marca de classe, impressionando as camadas médias e a própria elite com a beleza da música e a dignidade que emprestava à interpretação de suas modinhas.

De fato, ao apresentar-se na cidade paulista de Piracicaba em 1888 — quando já percorria o Brasil como ator consagrado —, Xisto Bahia, citado pela *Gazeta de Piracicaba* como o ator que "cantou ao violão as *modinhas do capadócio*, sendo ruidosamente aplaudido pela plateia" (o que dá a entender pela escolha do termo "capadócio" o preconceito do comentarista contra o gênero da música), tem sua participação pessoal ressalvada pela observação:

"Xisto é um cavalheiro extraordinário: reúne ao dom de uma fisionomia, um aspecto, singulares, fortes, um tom de melancolia, que cativa e no sexo amável abre uma brecha imensa, como a uma muralha de pedra não o faria a maior artilharia."[27]

Para o longo processo de retomada da modinha como gênero popular — embora sempre sujeita ao talento individual dos modinheiros, ao contrário das demais canções populares passíveis de interpretação coletiva, como seria mais tarde o caso do samba —, a importância assumida pela figura de Xisto Bahia era fundamental.

O fato de Xisto Bahia ter livre trânsito entre os intelectuais, depois que sua parceria com o maranhense Artur Azevedo tornou-o praticamente coautor da comédia em um ato *Uma véspera de Reis* (representada pela primeira vez no Teatro São João, da Bahia, a 15 de julho de 1875), ia fazer com que vários poetas se dignassem escrever versos especialmente para serem por ele transformados em modinhas.

---

[27] Crônica "Xisto Bahia", publicada no jornal *Gazeta de Piracicaba* de 31/5/1888 sob a assinatura de "O Dilettanti", conforme reproduzida na *Revista de Teatro* da SBAT, nº 329, de set.-out. de 1962, p. 31.

Animadas pelo prestígio de Xisto Bahia perante o público dos teatros, figuras da elite, como o Visconde de Ouro Preto, o cronista Mello Moraes Filho e o poeta bacharel pernambucano Plínio de Lima, transformaram-se em autores de modinhas como aquela famosa "'A casa branca da serra', que, em 1880, Guimarães Passos compôs e cantou numa memorável noite de boêmia".[28]

Quem melhor distinguiu esse traço de ligação estabelecido através de Xisto Bahia entre a segunda geração de poetas românticos e os cantadores de modinhas do povo foi o historiador da música brasileira Guilherme de Melo. Baiano como o próprio Xisto (que conheceu e ouviu cantar na cidade de Salvador), Guilherme de Melo lembra em seu livro *A música no Brasil* com exatidão:

> "O que se dava com relação a Laurindo [Rabelo] no Rio, reproduzia-se na Bahia com Xisto Bahia, ator e aprimorado trovador que arrebatava auditórios, cantando modinhas próprias ou alheias, interpretando e cantando como artista, que era, engraçadíssimos lundus, aos repinicados do violão."[29]

E após salientar que o mais admirável no autor baiano "era a pujança do seu estro musical sem conhecer uma só nota de música", Guilherme de Melo entrava na análise da modinha "Quis debalde varrer-te da memória", anotando:

> "Não haverá decerto no mundo artista nenhum que desdenhe assinar o seu 'Quis debalde', uma vez que no gênero ele em nada é inferior aos seus similares. [...]

---

[28] Afonso Rui, *op. cit.*, p. 36.

[29] Guilherme de Melo, *A música no Brasil*, Rio de Janeiro, Imprensa Nacional, 1947, p. 229.

Como '*Nel cor più non mi sento*', de Paisiello, sobre o qual Beethoven, o mais sublime dos mestres, não desdenhou fazer diversas variações; como o 'Carnaval de Veneza', que é o canto mais popular do mundo inteiro e que tem servido de tema a centenas de variações de artistas distintos como Liszt, Paganini e outros; como o '*Ah, che la morte ognora*', do *Trovador* de Verdi, que quanto mais cantado mais lindo se torna, assim o 'Quis debalde' de Xisto Bahia, sendo uma composição essencialmente pura e bela como as supracitadas, há de atravessar o perpassar dos tempos, conservando sempre o mesmo encanto e a mesma frescura, como se fosse escrito na atualidade."[30]

E como antecipando-se à tese da mediação dos literatos românticos na repopularização da modinha eruditizada a partir do sucesso de Domingos Caldas Barbosa em Portugal no século XVIII, Guilherme de Melo escrevia mais adiante, estendendo a participação dos poetas a São Paulo e Recife:

"Enquanto no Rio de Janeiro o velho Heliodoro, Antônio Rocha, o pardo Anselmo, Chico Albuquerque, João Cunha, J. Alves, Juca Cego extasiavam a sociedade fluminense com os sons maviosos de sua lira e, nas capitais de Pernambuco e São Paulo, França Júnior, o desembargador Palma, Fagundes Varela, João Antônio de Barros, Moura Carijó, Domingos Marcondes, Plinio de Lima, Peçanha Póvoa, Venâncio Costa e mais estudantes distintíssimos, aprimorados poetas e exímios tocadores de violão, davam, nas frases do Dr. Mello Moraes, serenata à lua no seu trono de meia-noite, na Bahia, terra clássica dos trovadores

---

[30] *Ibid.*, pp. 229-30.

brasileiros, berço onde se acalentaram as primeiras modinhas nacionais, tão impropriamente chamadas de Minas, em cada lar onde se celebrava um casamento, batizado ou aniversário, em cada recesso onde se abrigava um amigo, uma visita ou um parente, em cada rua, largo ou esquina em que se comemorava uma festa de igreja ou nacional, havia um altar erigido a Euterpe, Erato ou Polímnia, a Vênus ou Cupido, onde verdadeiros sacerdotes das musas entoavam os seus salmos de louvores ou seus cânticos de amores. [...] Daí as duas classes de trovadores: trovadores de rua e trovadores de salão."[31]

A rigor, do ponto de vista da criação — e embora não se discuta a inegável aceitação da modinha entre as camadas populares —, em matéria de trovadores só existiram praticamente os de salão, porque entre os cultores da modinha das camadas mais baixas só havia menestréis.[32]

Foi isso que, de uma forma certamente apaixonada e exagerada, o crítico sergipano Sílvio Romero quis dizer em sua *História da literatura brasileira*, ao afirmar:

"A *modinha* é a mais rica das formas por que se manifesta a inspiração de nosso povo. [...] É isto inexato. A modinha nem é a forma mais rica do nosso lirismo popular, nem é a forma mais perfeita do nosso lirismo culto. [...] A forma mais rica da poesia popular

---

[31] *Ibid.*, pp. 232-3.

[32] Essa afirmação leva em conta o conceito histórico medieval das palavras "trovador" e "menestrel": o primeiro era geralmente o nobre ou poeta e músico palaciano que compunha seus romances; o segundo era o artista de rua que apenas cantava as composições dos outros acompanhando-se ao som de seu instrumento.

são os *romances*, as *xácaras*, as *orações*, os *reisados*, as *cheganças*, os *versos-gerais*. O povo não faz, nunca fez modinhas."³³

Por isso, muito mais próximo da verdade ficaria o também crítico José Veríssimo, ao escrever que "a modinha é a forma popular e chã (diminutiva, pudéramos dizer) da velha e aristocrática moda portuguesa. É a *xácara* dos trovadores e castelãos guitarristas transformada pelo povo", concluindo corretamente:

"O canto popular brasileiro, de que a modinha é uma forma, não podia deixar de ser o que é: simplesmente o produto de uma inspiração pessoal e, por assim dizer, uniforme, embora assimilada pelo povo — o que a faz tomar a denominação de popular."³⁴

O exagero de Sílvio Romero estava em que — como lembrou Vicente Salles — "embora dialético hegeliano, estabeleceu [o crítico sergipano] em termos absolutos a dicotomia: popular *x* erudito, considerando popular o anônimo, isto é, o folclórico, e erudito toda a produção dos literatos conhecidos".³⁵

Em sua conclusão de fins do século XIX, Sílvio Romero esquecia, pois, o papel de mediador entre as culturas de elite e populares exercido por figuras como a de Xisto Bahia, e, logo depois (e isto o crítico não era de fato obrigado a adivinhar), como a do pernóstico trovador urbano Catulo da Paixão Cearense.

---

³³ Sílvio Romero, *História da literatura brasileira*, 5ª ed., Rio de Janeiro, José Olympio, 1953, capítulo "Novas contribuições para o estudo do folclore brasileiro", tomo I, p. 211. A 1ª edição é de 1888.

³⁴ José Veríssimo, *Estudos brasileiros*, Belém, s.e., 1889, p. 165.

³⁵ Vicente Salles, "José Veríssimo e o folclore", *Revista Brasileira de Folclore*, nº 29, jan.-abr. 1971, p. 95.

Na verdade, tão logo a modinha de música composta por tocadores de violão do povo, com letra escrita por poetas de melhor nível literário da época, espalhou-se pelas camadas mais humildes em fins do século XIX e início do século XX, na voz de boêmios e seresteiros, o romantismo de seus versos sofreu um processo de adaptação cultural que faria tal gênero de canção merecer mais do que nunca a classificação de popular. Impressionados com o vocabulário requintado dos poetas autores das modinhas dos tempos de Laurindo Rabelo, e mais tarde de Mello Moraes Filho, os músicos e boêmios mestiços, já agora não apenas do Rio e da Bahia, mas de muitos outros centros em processo de urbanização, desandaram a imitar os literatos da geração romântica no que tinham todos de mais preciosístico. Como, porém, a maioria desses novos criadores se enquadrava nos tipos de tocadores de violão de rua descritos por França Júnior e Luís Edmundo, o que nos poetas eram construções raras passava a imagens de um pernosticismo cômico. Isso se explicava porque, sendo o cantor de modinhas das camadas populares quase sempre um mestiço da cidade, transformado, pelo fato de tocar violão, num artista de seu meio, o emprego das palavras difíceis valia por uma inocente forma ostensiva de ascensão cultural, no sentido de que — distanciando-o da linguagem comum — aproximava--o da ideia que seus humildes admiradores tinham dos grandes poetas cultos.

Esse conceito que liga o falar difícil à conquista de cultura em nível erudito (responsável pela fama de discursadores empolados como Rui Barbosa, e até hoje vigente entre os compositores de escolas de samba, como se verifica pelas letras dos sambas--enredo) chegava já no fim do século XIX a provocar o aparecimento de modinhas como a intitulada "A mulher", cujo autor anônimo fazia cantar:

"A mulher, esse dragão da humanidade
Que a obra mais perfeita maculou,

Não é dado do crime abstrair-se,
Pois ferrete fatal a indigitou."[36]

Assim, quando a partir de 1902 apareceu o disco no Brasil, e o velho pioneiro Frederico Figner começou a gravar modinhas em sua famosa Casa Edison, cantores como Baiano, Eduardo das Neves e Mário Pinheiro puderam tornar de uma vez por todas nacional a fase mais popularmente pernóstica e sub-romântica do gênero lançado 150 anos antes na Europa pelo violeiro Domingos Caldas Barbosa.

No prefácio que escreveu em 1902 para sua coleção de "modinhas brasileiras, lundus, recitativos, monólogos, cançonetas, tremeliques e choros da Cidade Nova", intitulado *Trovador da malandragem*, o famoso palhaço, cantor e compositor Eduardo das Neves (1874-1919) revelava que sua carreira de cantor exclusivo da Casa Edison começara exatamente porque muitos duvidavam ser ele o autor das modinhas que cantava (provavelmente devido à sua condição de negro de origem humilde):

> "Por que motivo duvidais, isto é, não acreditais, quando aparece qualquer *choro*, qualquer composição minha, que agrada, que cai no gosto do público, e é decorada, repetida, cantada por toda a gente, e em toda a parte — desde nobres salões, até nas esquinas, em horas mortas da noite?! E, no entanto, apesar das minhas pobres composições nada prestarem, há por aí uns tipos ainda mais ignorantes do que eu, que se intitulam pais de meus filhos, autores das minhas obras, como se dá com 'O aumento das passagens', 'O 5 de novembro', 'A gargalhada do Biela', etc. [...]

---

[36] "A mulher", em *Lira do trovador: coleção de modinhas, recitativos, lundus, canções, etc.*, 3ª ed., Rio de Janeiro, Livraria de J. G. de Azevedo, 1896, dois volumes em um, p. 35.

Como, porém, não entendem do riscado, estropiam tudo horrorosamente. [...] Ainda não há muito, ouvi um fonógrafo repetindo 'O 5 de novembro', mas, de tal modo, com tantos erros, tão adulterado, que nada se entendia. [...] Dirigi-me, então, ao Sr. Fred Figner, e cantei em um dos fonógrafos do seu estabelecimento comercial algumas modinhas. S. Sa. gostou tanto, que firmou comigo contrato para eu cantar todas as minhas produções nos aparelhos que expõe à venda. [...] Faço esta declaração... para evitar dúvidas... O seu, a seu dono."[37]

Uma das razões do sucesso de Eduardo das Neves era, a julgar pelos títulos das composições citadas, a de ter lançado a novidade de compor modinhas e lundus sobre acontecimentos da atualidade, o que explicava ainda no prefácio ao *Trovador da malandragem*, escrevendo:

"O muito merecimento que têm (e é por isso que tanto sucesso causam) é que eu as faço segundo a oportunidade, à proporção que os fatos vão acontecendo, enquanto a coisa é nova e está no domínio público. É o que se chama 'bater o malho, enquanto o ferro está quente...'"[38]

---

[37] "Declaração", prefácio de Eduardo das Neves à sua coletânea *Trovador da malandragem*, Rio de Janeiro, Livraria Quaresma Editora, p. 4, conforme reproduzido na edição de 1926. O editor Quaresma não numerava as sucessivas edições do *Trovador da malandragem*, nem a "Declaração" de Eduardo das Neves está datada, mas como ele figura juntamente com o cantor Baiano entre os primeiros artistas a gravar discos no Brasil, e os versos que abrem a coleção estão datados de Pernambuco, setembro de 1902, não há dúvida de que a primeira edição do livrinho é de fins daquele ano.

[38] *Ibid.*, p. 4.

De fato, uma dessas modinhas sobre acontecimentos da atualidade — "A conquista do ar" —, dedicada "ao arrojado aeronauta brasileiro Santos Dumont", exprimiria por essa época de maneira tão brasileiramente pretensiosa e ufanista o feito do inventor brasileiro, contornando num balão dirigível em 12 de julho de 1901 a Torre Eiffel, em Paris, que os primeiros versos comemorativos dessa proeza jamais deixariam de ser lembrados:

"A Europa curvou-se ante o Brasil,
E clamou parabéns em meigo tom;
Brilhou lá no céu mais uma estrela:
— Apareceu Santos Dumont!"

As modinhas oscilavam, pois, pelo fim do século XIX, entre as velhas composições românticas transformadas em peças de pernosticismo ingênuo, e essas canções de temas da atualidade, do tipo das de Eduardo das Neves, quando aparece nos meios de seresteiros do Rio de Janeiro um tipo curioso: o maranhense criado no interior do Ceará que atendia pelo nome original de Catulo da Paixão Cearense.

Filho de um ourives de pequenas posses, mas dado à leitura de autores clássicos (o que indicava um evidente desejo de ascensão social), Catulo chegou ao Rio em 1880 com dezessete anos, e, a duras penas, enquanto trabalhava como estivador nos trapiches da Gamboa, estudou um pouco de francês e um tanto mais de português, o que na época significava decorar regras de gramática e procurar sinônimos de *palavras difíceis* no dicionário.

De posse dessa pretensa superioridade cultural sobre os demais compositores modinheiros da época e de uma grande vocação para apresentar-se diante de pessoas importantes, Catulo da Paixão Cearense podia aparecer, já a partir dos últimos anos do século XIX, numa posição absolutamente original: a de um poeta do povo que, submetido a um mal-entendido cultural, pretendia fazer voltar a modinha ao nível da produzida pelos primeiros românticos.

Sem talento criativo para a música, mas tocando violão e cantando com estilo muito próprio ("Quando canta", descrevia o historiador Rocha Pombo, "tem uns arremessos para a frente, uns ímpetos de ir para cima..."), o que aliava a uma grande facilidade em encaixar versos em melodias alheias, Catulo passou a produzir letras com uma prolixidade fora do comum.[39]

Vítima, ainda jovem, de uma farsa digna de um conto de Boccaccio (surpreendido no quarto de uma moça deflorada por outro, foi obrigado a comparecer a uma igreja e casar-se, vindo a descobrir anos mais tarde que nada tinha ficado assentado nos livros, e portanto continuava solteiro), Catulo — vaidoso e megalômano — sentiu-se na obrigação de contrair um amor impossível pela filha do senador por Goiás, Hermenegildo de Morais, o que passou a justificar a superafetação romântica de seus versos.

Assim, teria sido para essa filha do senador — moça conhecida pelo apelido de *Coleira*, por acentuar sua elegância usando uma gargantilha — que Catulo teria encaixado em uma música do maestro Anacleto de Medeiros, "Yara" (por sinal incorporada pelo maestro Villa-Lobos à sua obra sob o novo título de "Rasga o coração"), esta letra hiperbólica:

> "Se tu queres ver a imensidão
> do céu e mar,
> refletindo a primatização
> da luz solar,
> rasga o coração,
> vem te debruçar

---

[39] Entre as músicas para as quais Catulo fez versos podem ser citadas: "Talento e formosura" (Otávio Ferreira), "Rasga o coração", "Implorando", "Vem" e "O que tu és" (todas de Anacleto de Medeiros), "Ontem ao luar" (Pedro de Alcântara), "Tu passaste por este jardim" (Alfredo Dutra), "Os olhos dela" (Irineu de Almeida, o *Batina*), "Uma religiosa" (Mário Alves), "Flor amorosa" (Calado), "Só para moer" (Viriato) e "Morena" (Abdon Milanez).

sobre a vastidão
do meu penar!"

Com a onda de valorização de temas regionais surgida no início do século XX, na crista do interesse despertado pela verdadeira tomada de consciência das possibilidades econômicas nacionais representada pela Exposição Comemorativa do I Centenário da Abertura dos Portos, no Rio de Janeiro, em 1908, o sentido oportunista do trovador urbano ia levá-lo a uma aproximação maior com as figuras da elite e à abertura de uma fase na temática da modinha.

Desde os primeiros anos do século XX, Catulo passava a oferecer a modinha popular como um espetáculo curioso ante o público das grandes famílias dos bairros aristocráticos do Rio de Janeiro, apresentando-se com seu violão, vestido de casaca. Em retrato cheio de malícia, o memorialista carioca Luís Edmundo assim descrevia o Catulo dessa época:

> "Há quem afirme que devemos a Catulo, embora isso muito mais tarde, a queda do preconceito que vedava a entrada da modinha em uma casa de família de certa distinção. Que de 1906, em diante, vamos encontrar o poeta de 'Luar do sertão' cantando nos salões de Botafogo e das Laranjeiras, de tal sorte reabilitando a canção patrícia e popular, vilipendiada pelo preconceito desnacionalizador. A princípio a alta roda ouviu Catulo por excentricidade, um Catulo incompreensivelmente smokingado, quase elegante, perguntando a Mme. Azeredo, em curva de bodoque, o violão debaixo do braço: — V. Exa. conhece a minha última produção 'Palma de martírio'?:
>
> 'Quando um Deus cruento,
>   Vem sangrar meu sentimento

E em tormento
Põe-me as cordas a vibrar?'"[40]

Pois em 1908, percebendo o momento favorável às criações regionais, que se abria com o clima de entusiasmo da exposição, Catulo consegue do diretor do Instituto Nacional de Música, o maestro cearense Alberto Nepomuceno (que era, aliás, pioneiro da pesquisa de temas folclóricos, e por isso deve ter recebido a ideia com simpatia), a licença especial para realizar sua famosa audição na sala de concertos daquela instituição: "Foi uma das maiores enchentes daquela casa", contaria mais tarde com exagero o próprio Catulo, no prefácio da primeira edição de seu livro *Mata iluminada*, de 1922, acrescentando com vaidade:

"Fiz, como já disse o grande Hermes Fontes, uma grande reforma na modinha, civilizando-a."

Na verdade, o que Catulo tinha conseguido a essa altura era projetar-se como uma figura estereotipada de artista popular aceito oficialmente (ele, pessoalmente, se intitulava "trovador dos humildes"), o que lhe permitiria — ao longo de uma carreira de cantor à disposição da curiosidade das elites — apresentar-se para nada menos que quatro presidentes da República: Nilo Peçanha (1909-1910), Hermes da Fonseca (1910-1914), Epitácio Pessoa (1919-1922) e Artur Bernardes (1922-1926).

Quanto ao que Catulo chamava "a reforma da modinha", não chegaria a ser uma reforma, mas sua adaptação ao gosto pelo *exótico nacional*, que desde a primeira década do século XX o público dos salões começou a cultivar, numa atitude que punha em moda o *folclórico*.

---

[40] Luís Edmundo, "O Rio de Janeiro do meu tempo", suplemento do jornal *Correio da Manhã*, Rio de Janeiro, 27/6/1937, p. 1.

A partir de sua ligação com o violonista de origem rural nordestina João Pernambuco (com quem lança em 1913 o sucesso de carnaval "Caboca de Caxangá"), Catulo começa a compor longos poemas em versos supostamente sertanejos, transformando o que era a modinha romântica sentimental em verdadeiros romances no sentido medieval, o que lhe permitia cantar com estrutura modinheira:

"Tu não tá vendo a lagoa
Naquela baixa, acolá?
Enquanto tu tá olhando
Ela tá sempre a te olhá;
Mas quando tu te arretira
Gorogogó, nem siá.
Aquilo que faz contigo
Faz com outro que vinhé.
Apois, olha, essa lagoa
É o coração da muié."

Transformado em poeta popular da moda, dentro do equívoco de nacionalismo regionalista (que contaminava inclusive a literatura com os sertanejos bem-falantes de Afonso Arinos, os caipiras de anedota de Valdomiro Silveira e os gaúchos rocambolescos de Alcides Maia), Catulo passa a ser apresentado aos visitantes estrangeiros no Rio de Janeiro como o maior intérprete do que se convencionava chamar *poesia do caboclo brasileiro*.

Para os modernos intelectuais, que no fundo desprezavam os seresteiros e cantores de modinhas das camadas populares por terem se apropriado sem cerimônia da herança de seus venerados poetas românticos, o oportunista Catulo ganhou a importância de uma exceção, o que permitia a um acadêmico de nome ilustre como Egas Moniz Barreto de Aragão escrever, louvando o trovador de salão para depreciar os tocadores de violão do povo:

"Catulo revolucionou tudo isso: transformou o acompanhamento, dando-lhe modulações imprevistas; metrificou com uma polifórmica os ritmos arrebatadores; descobriu sugestivos *leitmotivs*, há muito em latência no coração popular; entrou nos salões e obteve calorosos aplausos, revelando, destarte, a verdadeira beleza do violão brasileiro, neles entronizando de novo a nossa modinha, lamentavelmente oclocratizada pelas espeluncas."[41]

A escolha da palavra *oclocratizada* era sintomática do espírito elitista com que Catulo era aceito pelos literatos, políticos e ricaços nas casas dos quais se exibia: o adjetivo era formado da palavra *oclocracia*, que os dicionários definiam como "governo da populaça".

Era, porém, no âmbito da populaça que a modinha vivia nesse início do século XX seu último grande momento de gênero de canção popular, cantada à luz da lua em serenatas nas pequenas cidades do interior, pelos bairros mais pobres e subúrbios distantes dos grandes centros.

Alguns nomes desses cultivadores da modinha vindos do fim do século XIX passariam à crônica do Rio de Janeiro lembrados pelo cronista Luís Edmundo, que chegou a conhecer e ouvir muitos deles, e que em seu artigo "O Rio de Janeiro do meu tempo", de 1930, escrevia:

"Possuía a modinha, por sua vez, notáveis intérpretes: Quincas Laranjeiras, o famoso Quincas, homem que molha de lágrimas a voz, quando canta; Coelho Guét, Veloso, contramestre da banda de música da Escola Militar; José Rabelo, Francisco Borges, Tafi, cantor e acompanhador notável, que quando morre,

---

[41] Citado em Carlos Maul, *Catulo: sua vida, sua obra, seu romance*, Guanabara, Livraria São José, 1971, p. 144.

mais tarde, deixa como último desejo que o enterrem com seu querido violão; Jãojoca, Cipriano de Niterói, Paiva Gama, Breyner, possuindo voz de espantosa sonoridade; Horácio Talberg, Carlos de Menezes, Álvaro Nunes, Benjamin de Oliveira, Neco, Ventura, Careca, Sátiro Bilhar, boêmio, desregradíssimo, mas funcionário exemplar da Estrada de Ferro Central do Brasil; Eustáquio Alves, depois um dos fundadores de *A Noite*, senhor de notável execução, quiçá um pouco envergonhado da sua virtuosidade, com a mania de tocar clássicos, de tal sorte tentando internacionalizar o instrumento patrício; Artidoro da Costa, Mário Cavaquinho, Leal, o que foi professor de esgrima da Escola Militar; Frutuoso e Castro Afilhado."[42]

Ao lado desses artistas populares citados por Luís Edmundo, e de mais de duzentos outros, recenseados em 1935 só no Rio de Janeiro pelo velho carteiro Alexandre Gonçalves Pinto em seu livro *O choro: reminiscências dos chorões antigos*, milhares de tocadores anônimos em todo o Brasil reviravam do avesso o vasto repertório de modinhas românticas, contribuindo até com seus equívocos para um trabalho de recriação que algumas vezes parecia alcançar o nível do folclore.

Em importante depoimento, o citado cronista Luís Edmundo confirmava essa conclusão ao observar:

"Pouco se imprimem, outrossim, essas originais cantigas, o que não impede que corram, logo, de boca em boca de cantador. O que aconteceu com isso é haver, por vezes, delas, variações descabidas e até cômicas. Há o verso da famosa modinha, por exemplo, escrito assim:

---

[42] Luís Edmundo, *op. cit.*

'Tu tens o tipo da mulher que fascina'

que muito se canta, no entanto, desta forma:

'Tu tens o tipo da mulher que faz cenas'..."[43]

Exatamente por muito poucas vezes a música do povo chegar a ser impressa, isto é, editada em partituras, esse repertório de modinhas dos seresteiros de fins do século XIX e de inícios do século XX ficaria perdido, não fora uma circunstância salvadora. A partir de 1902, a Casa Edison do Rio de Janeiro, de propriedade do introdutor das chamadas "máquinas falantes", Frederico Figner, o Fred Figner, começa a gravar em discos o vasto repertório dos cantores de rua.

Os artistas felizmente recrutados entre os próprios tocadores de violão e seresteiros do tempo, como o Baiano (que segundo João do Rio sabia mais de mil modinhas de cor), o palhaço Eduardo das Neves, Mário Pinheiro (que mais tarde chegou a estudar *bel canto* na Itália), Geraldo, Cadete, Roberto Roldan, Paraguaçu e muitos outros, podem então perpetuar no disco — na maioria das vezes, sem indicação de autoria — algumas centenas de composições do gênero modinha consagradas pelo gosto popular.[44]

O mais popular e influente de todos esses primeiros cantores profissionais do disco foi certamente o palhaço de circo, soldado do Corpo de Bombeiros e empregado da Estrada de Ferro Central

---

[43] *Ibid.*

[44] O levantamento das modinhas gravadas no início do século XX — não apenas em discos Odeon, da Casa Edison, mas da Casa Faulhaber (Favorite Record), Victor (gravação de um lado só), Columbia selo verde, Phoenix e em outros selos menos conhecidos — constitui um trabalho importante, ainda por fazer. A falta de catálogos das fábricas (muito raros) obrigará a realizar esse recenseamento recorrendo a colecionadores de discos do Brasil.

do Brasil Eduardo das Neves. Apresentado em prefácio de 1905 por Quaresma & Cia., editores de sua coleção de "modinhas brasileiras" intitulada *Mistérios do violão*, como "poeta popular, bardo do povo", Eduardo das Neves era comparado aos maiores cançonetistas do *vaudeville* francês, o que indicava a importância de sua participação como artista de picadeiro e de palcos de cafés-cantantes e teatros do início do século: "Como Aristides Bruant no Chat-Noir", escrevia o editor Quaresma,

> "como Jean Rictus, como Xavier Privas, como Paulus, como centenas de artistas, que se fazem ouvir nos teatrinhos de *banlieue*, nos cabarés artísticos de Montmartre, nas cenas do Boul'Miché, Eduardo das Neves tem-se feito aplaudir nos circos de cavalinhos, nos cafés-cantantes, no Parque Rio Branco, em todas as casas de diversão desta capital e dos Estados. [...] As suas canções, cantigas, cançonetas, poesias, modinhas, são célebres, decoradas, repetidas em várias casas, pelos nossos tocadores de violão e também pelos fonógrafos e gramofones."[45]

A importância de Eduardo das Neves, como se vê, estava no fato de que, dirigindo-se a camadas heterogêneas, como o povo humilde frequentador de circo e o público médio dos teatros, ele ainda estendia sua ação a vários Estados brasileiros, viajando com circos e companhias teatrais, e espalhando seus discos por todo o país, através da eficiente distribuição da Casa Edison, que tinha sucursal até em Belém do Pará.

Para a evolução da modinha, essa importância de Eduardo das Neves se estenderia ainda às modificações que o gênero de

---

[45] Prefácio da coletânea de "modinhas brasileiras" *Mistérios do violão*, Rio de Janeiro, Livraria do Povo/Quaresma & Cia./Livreiros Editores, 1905, assinado por Quaresma & Cia.

canção, aparecido no século XVIII, ia sofrer no início do século XX, ao impacto das valsas cantadas e cançonetas francesas e espanholas que chegavam desde fins do século XIX com as companhias de revistas, operetas e zarzuelas europeias, representantes do despreocupado espírito burguês do *vaudeville*.

Como artista de palco, Eduardo das Neves precisava contentar o gosto geral, o que equivalia a abrir seu repertório a todos os gêneros da época. Assim, às suas modinhas e lundus do fim dos oitocentos, Eduardo das Neves juntou no início do século XX um grande número de *arranjos cômicos*, desafios sertanejos, marchas, cateretês, canções sertanejas, cançonetas e canções modernas que — como observou Mariza Lira em seu livro *Brasil sonoro* — nada mais representavam do que "a estilização da modinha": "Nos cancioneiros modernos", escrevia Mariza Lira, "há o desejo de criar uma nova forma sentimental que satisfaça às exigências do momento, *influenciados talvez pelas músicas estrangeiras*". E acrescentava, citando um exemplo de canção do fim do século anterior: "Logo de início, o ritmo e os temas musicais confundiam-na [a canção] com a modinha, como se nota na 'Canção do boiadeiro', que conta muito mais de meio século" (Mariza Lira escrevia no fim da década de 1930):

"Ai que triste vida passa o boiadeiro,
Sempre o dia inteiro em tamanha lida,
Cercando a boiada, bezerros e bois,
Apanhando um e lhe fugindo dois.

Oh! Que triste vida (*estribilho*)
Ai que sorte amarga;
Eu trabalho mais
Que um burro de carga!..."[46]

---

[46] Mariza Lira, *Brasil sonoro*, Rio de Janeiro, Editora A Noite, s.d. p. 191.

Na verdade, a escolha do nome *canção* visava apenas libertar os compositores do espírito exclusivamente lamuriento e sentimental em que a modinha se estruturara, permitindo voltar às vezes com esse nome novo de canção às pequenas árias de sabor quase erudito (como era o caso da canção "A casinha pequenina"), adotar temas mais engraçados como o da "Canção do boiadeiro", citada por Mariza Lira, ou ainda aproveitar a onda dos temas regionais em músicas como a canção "Faceira", de Chiquinha Gonzaga, que receberia mais tarde letra supostamente sertaneja do revistógrafo e caricaturista carioca Luiz Peixoto, sob o novo nome de "Casa de caboclo", depois de harmonizada por Hekel Tavares e gravada em disco, em 1928, pelo cantor Gastão Formenti.

A influência pessoal de Eduardo das Neves terminaria em 1919, quando chega a gravar alguns sambas pioneiros do gênero que ia predominar na música popular até a segunda metade do século XX. Em coincidência, porém, com o aumento de interesse pelo teatro de revista — cujos espetáculos começaram a ser adaptados para divertir as plateias dos cinemas nos intervalos de projeção de filmes, quando no correr da década de 1920 surgiram os chamados *cine-teatros* —, uma nova geração de compositores ia retomar a tradição da modinha, já agora sob o nome de canção.

Em São Paulo aparecem ao lado de compositores de canções como o engenheiro Fernando Lobo (famoso com o pseudônimo de Marcelo Tupinambá) cantores como Jaime Redondo e Paraguaçu, este já nacionalizando com o apelido indígena sua origem de filho de imigrantes italianos da era industrial, pois seu verdadeiro nome era Roque Ricciardi. O Rio de Janeiro — transformado definitivamente em centro lançador de música popular, através da ação nacional de seu teatro de revista, cujas companhias viajavam por todo o Brasil — começa a revelar artistas dos Estados. E entre eles estarão o paulista de Santos Eduardo Souto (autor que já misturava canções e *foxtrots*), o alagoano Hekel Tavares (mais tarde dedicado à música erudita) e inclusive cariocas como Freire Júnior (autor das famosas canções "Luar de Paquetá", com letra do poeta Hermes Fontes, e "Malandrinha") e, finalmente, o negro Cândido das Neves, o *Índio*, filho e continuador da arte de Eduardo das Neves.

Essa nova geração, que chegaria à fase de expansão do rádio, a partir da década de 1930, se tornaria responsável pela continuidade do gênero das modinhas, que contavam agora com cantores de veleidades operísticas como Vicente Celestino (introdutor das canções neorromânticas de caráter trágico, tipo "Coração materno"), Francisco Alves, Orlando Silva, famoso por suas gravações de canções de Cândido das Neves ("A última estrofe"), e Sílvio Caldas (criador e parceiro nos maiores sucessos do último compositor especialista em canções seresteiras que eram autênticas modinhas, Orestes Barbosa — "Serenata", "Chão de estrelas" e "Suburbana").

Durante os vinte anos que medearam entre esse despontar do rádio como novo lançador de música em âmbito nacional, em 1930, e o aparecimento da televisão, a partir de 1950, as mais puras modinhas ainda podiam ser ouvidas com frequência, escondidas por detrás das mais diferentes indicações do gênero: canção, canção sertaneja, valsa-canção, tango-canção.

A voga da modinha e das canções românticas de melodia rebuscada tinha na verdade passado, cedendo lugar aos sambas-canções sentimentais que atendiam duplamente ao interesse das novas camadas das cidades por servirem como música para cantar e também para dançar.

Ainda assim, porém — e talvez até por isso mesmo —, o gênero volta a partir dessa época a interessar aos poetas e músicos mais requintados, o que permite à modinha alcançar os últimos trinta anos do século XX, embora como criação eventual.

Depois de interessar o jovem poeta romântico J. G. de Araújo Jorge nos fins da década de 30 (canção "Confessando que te adoro", com música de José Carlos Burle, em 1937), a velha modinha volta pelo menos uma vez em sua pureza no início da década seguinte, quando o músico paraense Jaime Ovalle toma como parceiro o poeta pernambucano Manuel Bandeira na composição "Modinha", de 1943, e novamente de uma forma menos ortodoxa em 1957, quando o poeta carioca Vinicius de Moraes (por sinal neto do compositor de modinhas do século XIX Mello Moraes Filho) lança sua "Serenata do adeus".

Do fim da década de 60 ao início da de 70, afinal, já em plena fase da música de ritmo massificado, pelo menos em três oportunidades a presença da modinha ainda se faria sentir, numa demonstração inesperada do vigor de um gênero supostamente destinado a perecer numa era de negação da melodia rebuscada em favor do ritmo atordoante. A partir de 1960, o compositor Juca Chaves se apresenta, quase duzentos anos depois de Caldas Barbosa, como renovador do gênero, compondo excelentes modinhas de sabor moderno como "Por quem sonha Ana Maria" (1961) e "Verinha" (1962), e o jovem jornalista e compositor Sérgio Bittencourt classificava sua "Modinha" no último Festival de Música da TV Excelsior, no Rio de Janeiro, enquanto o também jovem Chico Buarque de Hollanda revelava uma predileção especial pela velha canção dos poetas românticos, lançando composições como "Até pensei", de 1967.

E finalmente, em 1971, quando a modinha como forma de criação musical parecia circunscrita ao capricho da inspiração romântica dos últimos poetas, a trilha sonora do filme norte-americano *Love Story* transforma de repente em escândalo público uma coincidência musical em que muitos chegam a enxergar um plágio declarado: a música motivo do filme, assinada pelo compositor francês Francis Lai, revelava-se praticamente a mesma da composição do flautista chorão Pedro de Alcântara intitulada "Dores do coração", de 1907. A mesma música que, depois de receber o novo título de "Choro e poesia", fora cantada em todo o Brasil a partir da primeira década do século XX, com letra do poeta Catulo da Paixão Cearense, sob o nome de "Ontem, ao luar".

2.
O LUNDU

O tipo de canção denominada lundu — que era também o nome de uma dança derivada das rodas de batuque dos negros africanos — constitui hoje, mais de duzentos anos depois de seu aparecimento, um dos maiores desafios para os estudiosos da história da música popular brasileira.

A própria variedade de grafias da palavra — lundu, lundum, landu, landum, londu, londum, loudum — tem servido para uma série de especulações semânticas e históricas, chegando o maestro Batista Siqueira a levantar a tese da existência de duas espécies de lundus: o *lundum*, que seria "dança dramático-religiosa, que evoluiu para a dança picaresca conforme a interpreta, em lâmina, o famoso Rugendas"; e o *lundu*, esta uma "canção urbana do Brasil, nascida de um equívoco provocado pela semelhança entre termos dissilábicos de origem diferente".[1]

Na verdade, as referências ao lundu, principalmente como gênero de música cantada, são tão raras até meados do século XIX, que a partir dos dados históricos disponíveis tudo o que se pode realmente construir são suposições.

Um fato incontestável, no entanto, é que, sob a grafia mais frequente de *lundum*, existiu desde o fim do século XVIII um tipo de cantiga cuja letra indicava uma inegável procedência brasileira.

---

[1] Batista Siqueira, "Lundum e lundu: dois termos, duas ideias", *Revista CBM* (Conservatório Brasileiro de Música), nºs 53-6, anos de 1968 a 1969, publicados em um só volume em 1970, pp. 63-7.

Tal como no caso da modinha, a mais antiga notícia do lundu-canção é encontrada na coletânea de versos musicados pelo mulato carioca Domingos Caldas Barbosa e publicada em dois volumes: o primeiro em 1798, ainda em vida do autor (o poeta e tocador de viola morreu em 1800), o segundo em 1826. Coincidência ou não, no primeiro volume dessa coletânea, intitulada *Viola de Lereno* (ao ser admitido à Arcádia de Roma, Caldas Barbosa adotou o nome poético de *Lereno Selinuntino*), o nome lundu não aparece uma única vez indicando o gênero de qualquer das canções cujas letras são publicadas, o que poderia parecer um reforço à tese do maestro Batista Siqueira. No entanto, em uma das seis composições expressamente citadas como *lundus* no segundo volume da coleção, uma referência de Domingos Caldas Barbosa mostra que ele já cultivava esse gênero de canção desde seus primeiros tempos de trovador palaciano em Lisboa, a partir de 1775. Nos versos da resposta a uma quadra intitulada simplesmente "Lundum", o poeta Lereno, assumindo por galanteria sua condição de mulato filho de escravo perante a "Nhanhazinha" a que se dirige, diz na altura da sexta quadrinha da canção:

> "Se não tens mais quem te sirva
> O teu moleque sou eu,
> Chegadinho do Brasil
> Aqui está que todo é teu."[2]

Parece evidente que, se esse lundum fosse dos últimos anos de vida do poeta — que desapareceu aos sessenta anos de idade, no início do século XIX —, ele não se apresentaria como um moleque chegadinho do Brasil.

Assim, como não foi descoberta até hoje qualquer anotação musical própria das composições de Domingos Caldas Barbosa, é nos versos desses seus primeiros lundus, seguramente dos últi-

---

[2] Domingos Caldas Barbosa, *op. cit.*, 2º vol., p. 44.

mos trinta anos do século XVIII, que se deve procurar a possível origem desse gênero popular contemporâneo da modinha.

A análise das cantigas de Lereno, às vezes intituladas *lunduns de cantigas vagas*, outras simplesmente *lunduns*, revela pelo menos duas características mais tarde confirmadas pelos compositores de lundus do século XVIII: a aceitação pessoal ou indireta do caráter negro e a preocupação humorística dos temas tratados. Ao contrário das *cantigas* — nome com que mais frequentemente intitulava suas modinhas —, Caldas Barbosa não se apresenta em seus lundus como o Lereno que canta o Amor com A maiúsculo, louva a beleza de Marílias, Luandas, Lílias e Anardas, e queixa-se de indiferenças amorosas em versos líricos. Numa evidente alusão à origem negra do ritmo necessariamente estilizado que devia utilizar à viola, no acompanhamento de seus lundus, Caldas Barbosa colocava-se risonhamente na posição psicológica do moleque apaixonado (o que conferia às suas declarações de prisioneiro de amor uma dobrada delicadeza, pois "moleque" era o nome que os senhores davam aos escravos jovens):

"Eu tenho uma Nhanhazinha
De quem sou sempre moleque;
Ela vê-me estar ardendo,
E não me abana c'o leque.

Ai Céu! (*estribilho*)
Ela é minha iaiá,
O seu moleque sou eu."[3]

No estribilho de outro *lundum*, este de *cantigas vagas* (nome pelo qual o poeta parece designar a canção de quadras soltas e independentes), Caldas Barbosa reassumia psicologicamente a condição de escravo e cantava:

---

[3] *Ibid.*, p. 29.

"Nhanhá eu digo a você
Diga-me você a mim,
Estou morrendo de Amor
Estará você assim?

(*estribilho*)
Diga nhanhá
Serei feliz?
Eu tenho dito
Você que diz?"[4]

Quanto ao fato de as cantigas intituladas *lundum* constituírem um gênero de canção diferente das modinhas cultivadas pelo próprio Caldas Barbosa, é o título de uma dessas composições que o comprova. No "Lundum em louvor de uma brasileira adotiva", o poeta tocador de viola de cordas de arame, além de deixar clara a indicação do gênero de sua composição, revelava que a dança do lundu era praticada em Lisboa nos fins do século XVIII — ao menos pela senhora portuguesa louvada naqueles versos — com a mesma desenvoltura com que era dançada na colônia pelas brasileiras.

Após mostrar sua admiração por esse fato nos versos:

"Quem me havia de dizer
Mas a coisa é verdadeira;
Que Lisboa produziu
Uma linda brasileira",

Caldas Barbosa acrescentava:

"Tomara que visse a gente
Como nhanhá dança aqui;
Talvez que o seu coração

---
[4] *Ibid.*, pp. 123-4.

Tivesse mestre d'ali.

Ai companheiro
Não será ou sim será
O jeitinho é brasileiro",

para concluir com uma descrição do que julgava constituir esse *jeitinho brasileiro* revelado pela moça lisboeta na dança do lundu:

"Uns olhos assim voltados
Cabeça inclinada assim,
Os passinhos assim dados
Que vêm entender com mim."[5]

Aliás, para não deixar dúvida quanto à superioridade que enxergava nessa dança brasileira, ao compará-la às europeias de seu tempo, era ainda Caldas Barbosa quem, nessa mesma canção, afirmava, empregando desde logo uma onomatopeia indicativa da agilidade rítmica do acompanhamento:

"Ai rum rum
Vence fandangos e gigas
A chulice do lundum."[6]

A *chulice*, no sentido com que o poeta empregava o termo, era o mesmo que denguice: a *moleza brasileira* que os europeus denunciavam no caráter da gente da colônia portuguesa da América, e que na verdade ficaria como uma marca psicológica de um povo sempre sujeito a certa ternura melosa.

Apesar de todas essas conclusões, há um ponto que até hoje não foi possível esclarecer, e à discussão do qual os historiadores

---

[5] *Ibid.*, pp. 51-4.
[6] *Ibid.*, p. 51.

da música no Brasil têm fugido sempre: o de saber se, de fato, a dança do lundu inspirou o tipo de cantiga do mesmo nome, e como se deu essa passagem daquilo que era ritmo e coreografia para aquilo que viria a ser canção solista. Os estudiosos do folclore musical brasileiro, como Mário de Andrade, concordam de uma maneira geral em que o lundu obedece a uma estrutura rítmica que deixa transparecer claramente movimentos coreográficos. Ao registrar um "Lundu com ganzá" recolhido em São Paulo de alguém que "ignorava a letra e não precisou o Estado nordestino em que escutara o documento", Mário de Andrade observou, no final da década de 1930: "Este lundu tem um movimento muito coreográfico. A palavra 'lundu' está desaparecendo. Aqui no centro do país indica especialmente uma cantiga praceana de andamento mais vivo que o da modinha e com texto de caráter cômico, irônico, indiscreto".[7]

O que precisaria ser explicado, pois, é como as palavras começaram a integrar-se à música da dança do lundu a ponto de, num determinado momento, alguém poder lembrar-se de transformar em canção solista o que devia logicamente constituir até então um canto coletivo.

As descrições da dança do lundu — cuja referência mais antiga, usando esse nome de lundu, é de 1780 — deixaram sempre claro que, se seu ritmo de acompanhamento básico era o da percussão dos batuques dos negros escravos, sua coreografia imitava em grande parte a da dança espanhola denominada *fandango*.

Em sua sátira intitulada *Cartas chilenas*, o poeta Tomás Antônio Gonzaga, descrevendo sob o nome de *batuque* a cena de uma dança noturna nos bastidores do palácio do governador de Minas, Cunha Menezes, nos últimos vinte anos do século XVIII, após indicar a semelhança com o fandango na figura do dançarino que, "pondo uma mão na testa, outra na ilharga", dá

---

[7] Mário de Andrade, *Ensaio sobre a música brasileira*, São Paulo, Livraria Martins Editora, 1962, p. 143.

estalos com os dedos "seguindo das violas o compasso", mostra que a contribuição negra estava na umbigada. E concluía revelando que, até algum tempo antes dançado apenas "nas humildes choupanas", por negras e mulatas que batiam "sobre o chão o pé descalço", essa dança de umbigada começava então a ter acesso aos meios dos brancos.

Ora, se essa descrição concordava em tudo com a do comerciante inglês Lindley, feita pouco mais de vinte anos depois na Bahia, segundo a qual os almoços oferecidos nas casas de família baianas terminavam com "danças inspiradas dos negros brasileiros", a transição da dança exclusivamente rítmico-coreográfica para a canção estaria na inclusão de uma pequena novidade, que o viajante inglês, aliás, não esqueceria de registrar:

> "Os espectadores colaboram com a música, num coro improvisado, e batem palmas, apreciando o espetáculo com indescritível entusiasmo."[8]

De fato, ao descrever em seu romance *Memórias de um sargento de milícias* as várias modalidades da dança do fado (que no início do século XIX não passava de uma variante do lundu), o romancista carioca Manuel Antônio de Almeida anotaria com precisão:

> "A música é diferente para cada uma, porém, sempre tocada em viola. Muitas vezes o tocador canta em certos compassos uma cantiga às vezes de pensamento verdadeiramente poético."[9]

---

[8] Thomas Lindley, *Narrativa de uma viagem ao Brasil*, São Paulo, Companhia Editora Nacional, 1969, coleção Brasiliana, vol. 343, p. 181.

[9] Manuel Antônio de Almeida, *Memórias de um sargento de milícias*, Rio de Janeiro, Instituto Nacional do Livro, Biblioteca Popular Brasileira XIX, Imprensa Nacional, 1944, p. 40.

Assim, o que o romancista queria dizer é que, para cada modalidade da dança — uma pessoa de cada vez na roda, um casal ou "muitas pessoas, interrompendo certos compassos com palavras e com um sapateado às vezes estrondoso e prolongado" —, o tocador de viola propunha um estribilho diferente, após o qual cantaria de qualquer maneira sua cantiga ou chula de pensamento poético correspondente às estrofes.

E era exatamente para acentuar essa intenção poética dentro do ritmo cadenciado que o tocador de viola procurava fazer as cordas *chorarem*, isto é, chegarem sonoramente a um efeito expressivo capaz de acentuar a intenção do texto.

No que se refere ao lundu ou lundum, o poeta português Nicolau Tolentino de Almeida (1740-1811) indicara essa mesma característica, como se viu no capítulo sobre a modinha, ao referir-se ao "louro peralta adamado" (certamente um êmulo de seu contemporâneo brasileiro, o mulato Caldas Barbosa), que em seu bandolim tocava "por pontos/ O doce lundum chorado".

Assim, o que se depreende é que, estruturados aqueles estribilhos dentro da marcação rítmica particular de um batuque adaptado a determinada sequência de desenhos da dança, a tendência natural — quando tais estribilhos eram executados à viola, fora dos terreiros — era a de pedirem uma parte cantada mais extensa, em que pudessem ser encaixados como arremate.

Quando esse processo de criação de uma canção a partir da dança começou a se desenvolver, em execuções à viola, a influência da percussão do batuque ia se revelar na entoação de chulas "de ritmo cadenciado onomatopaico" (como bem observou Guilherme de Melo em seu livro *A música no Brasil*), ao final das quais se acrescentava o estribilho, que traduzia a parte cantada em coro, com acompanhamento de palmas.

É pelo menos assim que se explica a conclusão da musicóloga e folclorista Oneyda Alvarenga, após uma análise estritamente musical do lundu-canção do século XIX: "A música, em compasso binário, apresenta muitas vezes uma parte de estrutura declamatória, com valores rápidos e intervalos curtos (estrofe), a que se segue uma outra de caráter coreográfico nítido, e sincopada (refrão)".[10]

A impressão produzida pelo toque da viola à base desses "valores rápidos e intervalos curtos" servia desde logo para estabelecer uma diferença reconhecível por qualquer ouvido entre a batida do lundu-canção e o som do batuque propriamente dito, que animava a dança com suas palmas e instrumentos de percussão.

O alemão Von Martius, comentando a vida popular do Pará de 1820, após registrar que os mulatos de Belém se entregavam aos prazeres da música, do jogo e da dança "com a mesma leviandade dos seus congêneres do sul", estabeleceu de maneira clara essa distinção ao notar a agitação de tais mestiços "aos sons monótonos, sussurrantes, do violão, no lascivo lundu, ou no desenfreado batuque".[11]

E como para reforçar as diferenças entre o batuque, exclusivamente dançado, e o lundu, pouco a pouco transformado em música para ser cantada, o próprio Von Martius já havia observado em Ilhéus, na Bahia, um baile "com o requebrado lundu e o quase imoral batuque". O que talvez explique, desde logo, o sentido da distinção feita mais de 25 anos antes em Minas pelo poeta Gonzaga, ao referir-se em suas *Cartas chilenas* ao "quente lundum e o vil batuque".

A verdade é que, surgido o tipo de canção solista popular denominada lundu por sua evidente ligação de origem com a dança de mesmo nome, verificou-se uma curiosa dissociação. O lundu-dança continuou a ser cultivado pelos negros e mestiços (e até por brancos das camadas mais baixas), apoiado apenas nos estribilhos curtos, ou incluindo eventualmente a intercalação de

---

[10] Oneyda Alvarenga, *Música popular brasileira*, Porto Alegre, Editora Globo, 1960, p. 151.

[11] Von Martius, *Viagem pelo Brasil*, Rio de Janeiro, Imprensa Nacional, 1938, 3º vol., p. 22.

uma ou outra chula. O lundu-canção, graças ao *exotismo* de sua origem popular, passou a interessar, de um lado, aos compositores cultos — que acabariam por desfigurá-lo a ponto de poder ser confundido nos fins do século XVIII com a modinha de sabor erudito —, e, de outro, aos músicos de teatro, que viam no casamento de um texto engraçado com a malícia da dança uma boa atração para o público de brancos amantes das emoções eróticas.

As informações sobre o lundu nos teatros do Rio de Janeiro, da Bahia e de Pernambuco aparecem todas, coincidentemente, ao despontar da década de 1820.

Introduzido o teatro no Brasil pelos moldes portugueses, era costume intercalar nos intervalos das representações de tragédias, dramas, farsas ou comédias, pequenos quadros cômicos com música e dança aos quais se dava o nome de *entremez*. O entremez encerrava sempre um pretexto para que dois ou três personagens estabelecessem diálogos sobre temas engraçados, criando situações que terminavam invariavelmente em danças e cantorias.

Assim, quando a nova variante da aculturação branco-negra no campo das danças batucadas se tornou popular com o nome de lundu, os autores de entremezes não tiveram dúvida em levar a novidade para os palcos, embora causando escândalo a uma minoria do público branco.

Tal como aconteceria pouco mais de meio século depois com o maxixe, criado por sugestão da maneira de dançar dos mestiços das camadas populares do Rio de Janeiro, era a própria coreografia do lundu, à base de umbigadas, que impunha essa dança como um número teatral.

Enquanto, porém, esse lundu de teatro, feito para ser cantado e dançado, ganhava letras engraçadas, envolvendo as relações entre negros e brancos, ou ironizando a situação dos próprios escravos em versos inspirados na algaravia da fala dos africanos, os músicos de escola — animados pelo sucesso do novo gênero musical — não hesitaram em apropriar-se da criação popular. O que permitiria, por exemplo, ao cantor e concertista Cândido

Inácio da Silva compor em 1834 o *lundu brasileiro* intitulado "Lá no Largo da Sé", em que a letra do poeta Araújo Porto Alegre já não precisava incluir os negros como tema.

Dessa forma, enquanto na área dos entremezes de teatro (que atendia ao gosto de um público mais heterogêneo e ligado ao povo) o lundu se transformava numa canção de brancos para ser cantada em *língua de negro*, explorando a graça da posição especial dos escravos na sociedade patriarcal, nos salões das elites o lundu sofria o mesmo processo de distorção experimentado também pela modinha, para terminar, no plano musical, por transformar-se, no Segundo Império, em canções ainda risonhas, mas de estrutura erudita, para cravo ou piano.

Menos de meio século passado das criações do pioneiro Caldas Barbosa, o gênero lundu-canção começava a ganhar uma estrutura de cançoneta de palco, para canto e dança, quando em 1844 o Brasil é invadido por uma dança saltitante, de compasso binário, que vem provocar um verdadeiro impacto em sua evolução.

Esse tipo revolucionário de dança de par enlaçado, capaz de permitir a aproximação dos corpos dos bailarinos sem a espontânea canalhice da umbigada, era a polca.

Introduzida por artistas de companhias de teatro francesas, que encontravam no Rio de Janeiro de inícios do Segundo Império uma boa base de público na própria colônia francesa, então bastante numerosa, a polca trazia para os salões, com a chancela de criação europeia e civilizada, um livre consentimento que o lundu jamais conseguira obter inteiramente.

Embora os depoimentos de visitantes estrangeiros comprovem que a dança do antigo lundu de terreiro, com seus movimentos de umbigada já muito estilizados, tivesse entrada em casas de família cariocas e baianas nos primeiros vinte anos do século XIX, era no teatro que ela encontrava seu melhor ambiente, valendo-se exatamente daquilo que tinha de mais atrevido e de exótico aos olhos do público curioso, mas tímido demais para encampar sua quase *canalhice* popular.

Quando, pois, a partir da segunda metade do século XIX, a polca vence as barreiras da censura familiar e se transforma numa espécie de loucura coletiva no âmbito da incipiente classe média urbana brasileira (chegou a ser criado, então, o verbo *polcar*), a semelhança de ritmo com o lundu permite uma fusão que poderia às vezes ser apenas nominal, mas que garante ao gênero de dança saído do batuque a possibilidade de ser, afinal, admitido livremente nos salões sob o nome mágico de *polca-lundu*. Os próprios franceses, aliás, segundo garante o maestro Batista Siqueira em seu livro *Três vultos históricos da música brasileira* (embora sem citar a fonte), já teriam mesmo começado a interessar-se pelo lundu de teatro, criando uma variante da dança que intitularam *lundu de mon roy*.[12]

Enquanto isso acontecia com o ritmo do lundu cantado e dançado dos entremezes de teatro, o lundu-canção solista dos tempos de Caldas Barbosa, "confundido lamentavelmente com a cançoneta francesa, pela identidade maliciosa dos versos, leveza do canto dialogado e das sátiras velhacas", tal como observou ainda o maestro Batista Siqueira, caminhou para a fase final de sua estruturação como gênero de música humorística, ligando-se já então ao teatro de revista. E foi sob essa forma que o lundu — embora confundido às vezes com o maxixe — alcançou ainda com sucesso o início do século XX, cantado em circos de todo o Brasil e em casas de chope do Rio de Janeiro por artistas populares, como o palhaço Eduardo das Neves, responsável pela gravação de vários lundus em discos da pioneira Casa Edison.

---

[12] "A partir do momento, porém, em que apareceu, por influência ainda da colônia francesa, a dança *lundu de mon roy*, isto é, desde abril de 1839, o verdadeiro lundu dramático entrou em pleno declínio nas mãos de curiosos e diletantes", afirma Batista Siqueira na p. 72 de seu livro *Três vultos históricos da música brasileira* (Guanabara, Edição do autor, 1969).

Século XIX

3.
O MAXIXE

O aparecimento do maxixe, inicialmente como dança, por volta de 1870, marca o advento da primeira grande contribuição das camadas populares do Rio de Janeiro à música do Brasil. Nascido da maneira livre de dançar os gêneros de música em voga na época — principalmente a polca, a *schottisch* e a mazurca —, o maxixe resultou do esforço dos músicos de choro em adaptar o ritmo das músicas à tendência aos volteios e requebros de corpo com que mestiços, negros e brancos do povo teimavam em complicar os passos das danças de salão.

Nesse sentido, o maxixe representou a versão nacionalizada da polca importada da Europa pela classe média na primeira metade do século XIX, e afirmou a presença de novas camadas populares surgidas com o incremento do trabalho livre (a importação de escravos fora proibida em 1850), coincidindo com o surto comercial e industrial resultante da aplicação de antigos capitais negreiros e de novas rendas provenientes da cultura do café.

De fato, quando a polca surgiu em 1845, apresentada pela primeira vez no Teatro São Pedro, do Rio de Janeiro — o que desde logo indicava o nível social mais ou menos elevado do público a que se dirigia —, ainda não se poderia falar na existência de povo nas cidades brasileiras, no sentido moderno da palavra. Os trabalhadores livres nas chamadas profissões mecânicas (artífices e artesãos) eram muito poucos, e o grosso da camada mais baixa da população era formado por pretos escravos que cultivavam a música no estágio primitivo dos batuques e dos lundus de terreiro. Assim, é compreensível que o novo ritmo da polca, criado na Europa por exigência das primeiras gerações urbanas, filhas da Revolução Industrial, tenha servido inicialmente, no Brasil, à expansão da classe média, sujeita à sensaboria de contradanças e gavotas, tão presas ainda ao contido maneirismo das elites.[1] Na verdade, a polca inaugurava nos salões dos ricos e nas salas de visita dos remediados o ritmo do 2/4 em *allegretto*, o que comunicava aos dançarinos uma vivacidade inédita, tão coerente com o momento de euforia econômica, destinado a culminar no *superavit* da balança comercial brasileira a partir de 1860. Essa vivacidade de ritmo — que por si só já denunciava uma explosão de individualidade absolutamente nova — vinha sendo anunciada desde o início do século XIX pelas quadrilhas.[2] Como o próprio nome indica, porém, a quadrilha, de origem inglesa, ainda na categoria das contradanças (*country danses*), se organizava coreograficamente em grupos de quatro dançarinos. A polca, ao contrário, vinha reforçar a intimidade proporcionada pela valsa, que já era dança de par unido, mas trazia contribuição nova na substituição dos volteios alados em 3/4, pelo puladinho sobre as pontas dos pés. Era o movimento de avanço do pé esquerdo, estacando obliquamente para a esquerda, o pé direito avançando até ele, que logo deslizava outra vez para adiante, permitindo ao dançarino de polca levantar o pé direito, antes de recomeçar a série de três passos novamente com o pé esquerdo.[3]

---

[1] Em seu livro *Salões e damas do Segundo Reinado* (São Paulo, Livraria Martins Editora, 1942), o historiador Vanderlei Pinho, falando do salão do Barão de Cotegipe, escreve à p. 156 que à valsa lenta de Strauss "outros preferiam a mazurca mesureira, a gavota espetaculosa".

[2] "Mas todos, mal dois galopes batidos anunciavam os lanceiros ou a quadrilha, aventuravam-se às danças coletivas, onde errar é graça e galanteria", escreveu ainda Vanderlei Pinho em seu livro *Salões e damas do Segundo Reinado*, descrevendo o clima algo desinibido que começava a prevalecer nos bailes da elite.

[3] Uma pormenorizada descrição das danças mais em voga na segunda metade do século XIX, no Brasil, é encontrada no livro *Arte da dança de sociedade ou Completa e novíssima explicação ilustrada dos passos, marcas, compassos e figuras das principais quadrilhas francesas, contradanças*

O sucesso da polca foi tamanho que o escritor Machado de Assis — cujos romances, contos e crônicas tiram seus temas da vida carioca da segunda metade do século XIX — ia referir-se a ela em nada menos que oito de suas obras: em crônicas de 1878, 1887 e 1894, nos romances *Ressurreição* (de 1872), *Memórias póstumas de Brás Cubas* (de 1881) e *Quincas Borba* (de 1891), e em dois contos. Em um destes, intitulado "Um homem célebre", do volume *Várias histórias*, de 1896, Machado de Assis conta o drama de um compositor chamado Pestana, que testava obstinadamente a sorte como autor erudito, mas só conseguia sucesso com suas músicas transformadas em polcas. Nesse conto, aliás, o escritor carioca contribuiria para dar uma ideia do verdadeiro impacto causado pela novidade da nova dança. Após escrever que a polca "Não bula comigo, Nhonhô", publicada vinte dias antes, já era conhecida em toda a cidade, Machado faz seu personagem Pestana tocá-la ao piano num sarau na casa da viúva Camargo, na Rua do Areal (atual Moncorvo Filho, no Rio de Janeiro), e comenta que, logo aos primeiros compassos, correra pela sala "uma alegria nova", entrando os pares "a saracotear a polca da moda". E ainda mais: ao sair tarde da noite da casa da viúva Camargo, dobrando a esquina da Rua Formosa (hoje General Caldwell), Pestana ouviria por aquelas imediações da Cidade Nova sair "de uma modesta, à direita", "as notas da composição do dia, sopradas em clarineta". Com essa simples frase, Machado de Assis — que situava sempre suas histórias na área das elites ou da alta classe média da época — queria dizer que a popularidade da polca estava alcançando as classes mais baixas, soprada nas clarinetas que indicavam a presença dos músicos populares denominados *chorões*.

---

brasileiras e estrangeiras, valsas, mazurcas, schottisches, habaneras e outras danças figuradas e o cotilhão com setenta e duas marcas escolhidas com o capricho por um professor de dança, Rio de Janeiro/São Paulo, Laemmert & Cia. Editores-Proprietários, s.d., mas seguramente publicado no fim do Segundo Império.

Na verdade, seria exatamente dessa descida das polcas dos pianos dos salões para a música dos choros, à base de flauta, violão e oficlide, que iria nascer a novidade do maxixe, após vinte anos de progressiva amoldagem daquele gênero de música da dança estrangeira a certas constâncias do ritmo brasileiro. Esse curioso processo de sincretismo, realizado ignoradamente ao longo da evolução cultural das camadas mais baixas da população do Rio de Janeiro, na segunda metade do século XIX, está ligado à história do choro carioca e só pode ser compreendido com o conhecimento de suas particularidades.

Os grupos de músicos conhecidos como *chorões*, por seu estilo de tocar na base de um solo acompanhado de contracanto e modulações, eram de certa maneira os herdeiros do que se chamara nos fins do século XVIII e inícios do século XIX de *música de senzala*. Essa música ou ritmo de senzala era a música instrumental produzida pelas pequenas bandas formadas nas fazendas por negros escravos, com beneplácito dos senhores, ou nas cidades pela chamada *música de barbeiros*, a cargo de músicos escravos ou livres, também especialistas em raspar barbas e aplicar ventosas.[4]

Esses conjuntos, com o fim do predomínio da vida rural na área do Rio de Janeiro, por volta de meados do século XIX, iam transmitir seu estilo aos grupos de brancos e mestiços da baixa classe média urbana (pequenos funcionários públicos, músicos de bandas militares e burocratas), que se encarregavam de animar as festas nas casas onde não chegava o piano distintivo de um *status* social mais elevado.

Quando esses conjuntos de choro eram chamados a tocar em casas de família *respeitáveis* (embora modestas), as polcas,

---

[4] Sobre bandas de fazendas e música de barbeiros, ver os livros de José Ramos Tinhorão: *Música popular: de índios, negros e mestiços*, Petrópolis, Editora Vozes, 1972; *Os sons do Brasil: trajetória da música instrumental*, São Paulo, SESC, 1991; e *História social da música popular brasileira*, São Paulo, Editora 34, 2002.

valsas e mazurcas ainda soavam com uma certa contenção, muito próxima da execução que tinham à vista das partituras, nos salões onde imperavam os pianos. Se, porém, o mesmo grupo tocava em bailes de algum clube popular ou em casas de porta e janela de gente mais heterogênea da Cidade Nova (o bairro carioca surgido após o aterramento dos antigos alagadiços vizinhos do canal do Mangue, por volta de 1860), aí a interpretação tinha que ser diferente. O bairro da Cidade Nova, situado na paróquia de Santana, era, pelo recenseamento de 1872, o mais populoso da cidade, com seus 26.592 habitantes, e revelava uma particularidade: 22.931 desses habitantes, a quase totalidade, se declaravam fluminenses, o que explicava muita coisa. Como a decadência da cultura do café no Vale do Paraíba estava no auge, isso queria dizer que o excedente de mão de obra era atraído pelo centro urbano mais importante, que era o da corte, e sua chegada correspondia ao período de formação de uma Cidade Nova, pobre e fedorenta, nascida dos manguezais. E tanto isso era verdade que, nessa população, nada menos que 3.836 eram negras, sendo 1.440 africanos livres e 1.396 ainda escravos, empregados por seus senhores em serrarias, em construções e em fundições de metais.

A mestiçagem que logo se estabeleceu nesse núcleo de população urbana pobre também poderia ser claramente explicada pelos dados colhidos nesse primeiro censo nacional de 1872: na área da Cidade Nova havia 8.010 portugueses, o que indicava a presença de imigrantes recentes, levados logicamente a morar ao lado dos negros pela comodidade dos aluguéis.

A promiscuidade que daí resultaria ia explicar em pouco mais de vinte anos o aparecimento de uma área do Rio de Janeiro perfeitamente diferenciada e portadora de características de comportamento social e de cultura próprias, entre as quais se incluiria um gênero de música e de dança em tudo e por tudo original.

A primeira criação foi a da dança. Tão presa ainda ao ritmo dos batuques que os negros cultivariam ali, em terrenos baldios, ao lado dos lundus dançados com umbigadas por mestiços e brancos, a gente da Cidade Nova seria levada a adaptar o miudinho dos sapateados daquelas danças de roda à rígida marcação dos três passos básicos da polca. Ora, esse sapateado, acompanhado de negaças, de tiradas de corpo para o lado e de volteios com os braços erguidos, ajudava — no caso das mulheres — a acentuar o tremor de quadris que se estendia por alguns segundos, como uma espécie de provocação de fêmea, e de repente se desarmava num movimento mais amplo de requebrado.[5]

Quando a novidade da dança de par permitiu o enlaçamento dos corpos, a tendência dos bailarinos foi a de estilizar esses movimentos através da criação de uma série de passos mais tarde conhecidos por nomes como *cobrinha*, *parafuso*, *balão caindo* e *corta capim*, todos bastante expressivos para darem ideia de quão coleante, remexido, balouçante e ágil de pés viria a ser o maxixe.

De fato, quando o viajante português João Chagas visita o Rio de Janeiro dos últimos anos do século XIX, já pode assim descrever em seu livro *De bond: alguns aspectos da civilização brasileira* um maxixe dançado em um dos clubes carnavalescos da cidade (e que, aliás, lhe aparecera como o "enlace impudico de dois corpos"):

> "Os pares enlaçam-se pelas pernas e pelos braços, apoiam-se pela testa num quanto possível gracioso movimento de marrar e, assim unidos, dão a um tempo três passos para diante e três para trás, com lentidão.

---

[5] Há quem veja aí, nessa coreografia da dança do lundu primitivo (inclusive ante o estalar rítmico dos dedos na hora de erguer os braços), uma possível reminiscência de danças espanholas. É preciso não esquecer, porém, que a influência negra na península Ibérica vem de meados do século XV (o primeiro carregamento de escravos para Portugal é de 1441), e por volta de 1770, como se viu, o mulato brasileiro Domingos Caldas Barbosa já podia cantar em Lisboa: "Ai rum rum/ Vence fandangos e gigas/ A chulice do lundum".

Súbito, circunvoluteiam, guardando sempre o mesmo abraço, e, nesse rápido movimento, dobram os corpos para a frente e para trás, tanto quanto o permite a solidez dos seus rins; tornam a dobrar-se, e, sempre lentamente, três passos à frente, três passos atrás, vão avançando e retrocedendo, como a quererem possuir-se."[6]

Diante de tal maneira de dançar, qual comportamento se poderia esperar dos músicos de choro, sendo eles também naturalmente inclinados a esses transbordamentos de dengo, de malícia e de lascívia, tão próximos estavam dessa gente pela origem? Claro que só podia ser a transformação progressiva da execução das polcas no tido daqueles "movimentos amplos, acentuações exageradas, desenhos melódicos ondulantes e ritmos quebrados" que Luciano Gallet encontraria nos maxixes, ao lhes fazer a análise musical.[7]

---

[6] Nesse capítulo de seu livrinho tão importante para a história dos costumes do Rio de Janeiro do fim do século XIX (*De bond: alguns aspectos da civilização brasileira*, Lisboa, Livraria Moderna, 1897), João Chagas chama o maxixe de *machiche*, o que levou o maestro Batista Siqueira a admitir, num artigo intitulado "O maxixe na Cidade Nova" (*Guanabara em Revista*, nº 13, 1968), que essa grafia poderia indicar a origem do nome como derivado de "é macho iche!". Esta, por sua vez, teria sido a exclamação de "certa retirante cearense, radicada na Cidade Nova", que como reação à descoberta da identidade de um travesti pronunciara a frase *é macho, virgem!* "naquele jeito peculiar de estropiar a linguagem; saiu, pois, *é macho iche!*". Sabendo-se, entretanto, que o livro de João Chagas foi editado em Portugal, onde a palavra se escrevia mesmo com ch, e conhecendo-se ainda a própria imprecisão da grafia do nome maxixe no Brasil, a suposição do maestro Batista Siqueira passa a constituir uma das muitas propostas de explicação para o nome da dança, como a divulgada pela folclorista Mariza Lira, segundo a qual poderia vir de machice, dança de macho ("O maxixe", *Diário de Notícias*, Rio de Janeiro, 30/12/1958, suplemento Letras e Artes, p. 5).

[7] Luciano Gallet, *Estudos de folclore*, Rio de Janeiro, Carlos Wehrs & Cia., 1934, edição póstuma com introdução de Mário de Andrade.

Isso, aliás, concorda com o que escreveu Renato de Almeida em sua *História da música brasileira*, quando define o maxixe como "uma adaptação de elementos que se fixaram num tipo novo, com uma coreografia cheia de movimentos requebrados e violentos, muitos deles emprestados ao batuque e ao lundu". Concorda também com a observação de Mário de Andrade em meio ao estudo "Cândido Inácio da Silva e o lundu", no qual escreve que os próprios lundus cantados, como o "Chô Araúna" (aliás, chamado de tango nas partituras), se transformaram em verdadeiros maxixes pela década de 1880.[8]

Transformada a polca em maxixe, via lundu dançado cantado, através de uma estilização musical efetuada pelos músicos dos conjuntos de choro para atender ao gosto bizarro dos dançarinos das camadas populares da Cidade Nova, a descoberta do novo gênero de dança ia chegar ao conhecimento das demais classes sociais do Rio de Janeiro da segunda metade do século XIX quase simultaneamente com sua criação. E os veículos para a tomada de conhecimento da nova dança do povo pelas classes mais elevadas seriam os bailes das sociedades carnavalescas e os quadros de canto e dança do teatro de revista.

Os clubes carnavalescos — mais tarde chamados de grandes sociedades, pelo aparato com que patrocinavam desfiles de carros alegóricos no terceiro dia de carnaval — constituíam ainda, conforme anotou com precisão no fim do século XIX o viajante português João Chagas, "espécie de associações de recreio fundadas por indivíduos do comércio, para dançarem durante o ano e saírem aparatosamente nos dias épicos do Entrudo".

O que o autor português não chegou a dizer é que tais clubes começaram a surgir vinte e poucos anos antes, quando a ampliação da vida urbana carioca forçou o relaxamento do rígido esquema de vida patriarcal, a ponto de permitir aos homens a criação

---

[8] Mário de Andrade, "Cândido Inácio da Silva e o lundu", *Revista Brasileira de Música*, vol. X, 1944, pp. 17-39.

de formas de diversão fora do âmbito da família. Numa época de tantos preconceitos, em que até nas aulas de dança treinavam homens com homens (a primeira escola de danças com moças é de 1877), esses "indivíduos do comércio", que representavam a nova burguesia citadina, trataram de arranjar as coisas de molde a afastar de seus clubes as esposas e as filhas. Assim, ao mesmo tempo em que, na Rua da Vala (hoje Uruguaiana, no Rio), o empresário francês Joseph Arnaud criava num galpão o Alcazar Lyrique, trazendo francesas para dançarem e cantarem o chamado *gênero alegre*, aqueles senhores respeitáveis do comércio marcavam reuniões noturnas para tratar de carnaval e de política (os clubes tiveram papel saliente na campanha da Abolição), mas faziam-nas terminar sempre em jantares, danças e bebedeiras com as amantes, *francesas* e mulheres livres em geral.

Dessa forma, tão logo esses honestos chefes de família tomaram conhecimento de que, para os lados da Cidade Nova, negros, mestiços e brancos das últimas camadas cultivavam uma dança que lhes permitia empernar as mulheres com toda a liberdade, não é de estranhar que tivessem procurado logo seguir-lhes literalmente os passos. Ora, uma vez que os bailes desses clubes eram animados por bandas, e não por pequenos conjuntos de flauta, violão, cavaquinho e oficlide, como nos choros, é possível que o maxixe — ainda mal estruturado como música — tenha ganho aí uma segunda versão mais estilizada, dando razão então ao maestro Guerra Peixe, quando nota que "os músicos de banda tendiam a adaptar com relevo a *baixaria* do violão nas introduções dos *tangos*, salientando-a com os instrumentos de tessitura grave (trombone, bombardino, tuba), a ponto de caber por alguns momentos aos instrumentos restantes uma significação secundária na estrutura do trecho musical".[9]

O fato é que, nos bailes do povo, ao som dos choros, e nos bailes das sociedades carnavalescas, ao som das bandas, o maxixe

---

[9] Guerra Peixe, "Variações sobre o maxixe", *O Tempo*, São Paulo, 26/9/1954, p. 18.

ganhou uma tal popularidade como estilo de dança livre e exótica, que passou a interessar à primeira geração de revistógrafos do teatro carioca como número de atração e comicidade para o público de classe média.

O problema inicial foi que o maxixe estava tão intimamente ligado às suas origens negras e mestiças da Cidade Nova e ao seu cultivo suspeito por *homens do comércio* e mulheres de vida airada, nos clubes carnavalescos, que a simples enunciação do nome maxixe feria a sensibilidade feminina como um desrespeito.

O próprio nome de *maxixe* que a dança tomara pela década de 1870 era usado ao tempo para tudo quanto fosse coisa julgada de última categoria. Talvez até porque o maxixe, fruto comestível de uma planta rasteira, fosse comum nas chácaras de quintal dos antigos mangues da Cidade Nova, onde nasceu a dança, e também não tivesse lá grande valor. O certo é que, quando em 1884 um grupo de apaixonados por corridas de cavalos fundou nos antigos alagadiços da Vila Guarani, na praia Formosa, o Prado Guarani, a má qualidade dos animais inscritos, e das próprias pistas e arquibancadas, levou o povo a apelidá-lo imediatamente de *maxixe*.[10]

O escritor Machado de Assis, tão pródigo de cenas de danças em seus romances, contos e crônicas (como se viu por suas várias referências às polcas), refletia, aliás, seu horror de colaborador do *Jornal das Famílias* ao termo grosseiro, não se referindo ao maxixe uma única vez em toda a sua obra. E, no entanto, por curiosa coincidência, é enquanto Machado de Assis completa sua primeira fase literária publicando contos no *Jornal das Famílias*, de 1864 a 1878, que o maxixe também se forma e surge, decisi-

---

[10] Cássio Costa, "O turfe de outrora", revista *Vida Turfística*, Rio de Janeiro, 1961. A descrição das condições precárias das instalações está na p. 63. Quem revela que o prado da Vila Guarani era chamado depreciativamente de maxixe é Melo Barreto Filho, em seu livro *Onde o mundo se diverte...* (Rio de Janeiro, Edição da Casa dos Artistas, 1940, capítulo "Esportes", p. 59).

vamente, como legítima criação de uma cultura popular — que o escritor sempre ignorou.

É muito compreensível, pois, que para ele ser aproveitado no teatro — mesmo com as desculpas do pitoresco e da condescendência para com tais *coisas do povo* — os autores de peças tivessem que usar de certos cuidados. O primeiro a dançar um maxixe no teatro, para um público de nível médio, foi ao que tudo indica o ator Vasques. Filho de uma viúva com um homem casado, que o reconheceu no registro, em 1842, Francisco Correia Vasques fora obrigado a trabalhar com doze anos como empregado subalterno da alfândega do Rio de Janeiro, e imediatamente entrou em contato com o teatro, levado por seu irmão Martinho Vasques, que trabalhava com João Caetano. Revelador, desde cedo, de espantosa veia cômica e de uma grande capacidade de imitação de pessoas, Vasques — como era conhecido — não deixou de perceber o valor caricatural de uma dança que, por seus requebros e contorções, lhe permitiria causar um grande efeito cômico no palco. Assim, quando em 17 de abril de 1883 Francisco Correia Vasques realizou no Teatro Santana um espetáculo em seu benefício, incluiu uma cena cômica de sua autoria intitulada "Aí, caradura!", cuja maior atração eram trechos cantados e dançados de maxixe.

O personagem Caradura, que Vasques apresentava como um fenômeno social novo, dando, aliás, a palavra como criada pelos capadócios (que eram os desocupados das camadas mais baixas da época), era por ele mesmo definido como o tipo que "tira partido de tudo e sabe levar a água ao seu moinho".

O caradura, figura típica do desocupado de uma estrutura econômico-social urbana incapaz de aproveitar plenamente a força de trabalho posta à sua disposição, era "o rapaz fino e de boa educação" que, "quer na alta, quer na baixa sociedade, aproveita todas as situações e não deixa passar camarão por malha". O caradura não pagava o alfaiate, não perdia festas de aniversário, e era especialista em levantar brindes. E eis como, após traçar-lhe cuidadosamente a personalidade com ditos engraçados, o ator

Vasques focaliza o caradura saudando o dono da casa "numa reunião de segunda ordem", e acrescenta: "Isto é saudado com uma gargalhada geral, e quando começa a flauta, o violão e o cavaquinho, não há moça que não queira dançar com ele".

Esboçando esse ambiente típico de uma festa de família da camada popular (como indica a presença do conjunto de choro, com sua clássica combinação de flauta, violão e cavaquinho), Vasques imagina o dono da casa aproximando o caradura da "moça mais sacudida da roda", para provocá-lo com um desafio às suas reconhecidas qualidades de malandro dançarino: "Vamos, Seu Manduca, não me seja mole; eu quero ver isso de maxixe!".

Com essa frase denotadora da novidade — "eu quero ver isso de maxixe" — estava armada, pois, a situação para Vasques mostrar ao público dos teatros, pela primeira vez, com todas as letras, a dança que estaria a essa altura espicaçando a curiosidade da classe média carioca.

E de fato, após indicar no roteiro que a orquestra devia atacar uma *polca-tango* (o que desde logo mostrava como o maxixe se disfarçava também com esse nome), o ator Vasques começava a dançar. E depois de algumas evoluções, evidentemente para dar uma ideia da variedade de passos da nova dança, passava a cantar, sempre imitando com exagero o estilo popular:

"No maxixe requebrado
Nada perde o maganão!
Ou aperta a pobre moça,
Ou lhe arruma beliscão!"[11]

---

[11] O ator Procópio Ferreira dá o texto integral da cena cômica "Aí, caradura!" em seu livro *O ator Vasques: o homem e a obra* (São Paulo, Oficina de José Magalhães, 1939). O próprio ator Vasques publicou essa sua cena cômica pela primeira vez no folhetim que mantinha no jornal *Gazeta da Tarde*, do Rio, confessando candidamente nessa data de 24 de janeiro de 1884: "À falta de assunto, impinjo aos leitores a última cena cômica representada em meu benefício em abril do ano passado". A transcrição pode ser encontrada às pp. 84-90 do citado *O ator Vasques: o homem e a obra*.

Na verdade, a dança do maxixe já devia ter sido apresentada no palco muitas vezes pelo próprio Vasques ou por outros atores, embora sem a indicação expressa do nome e sem seu enquadramento no meio social devido, como fazia então com seu "Aí, caradura!". E a prova disso seria ainda o próprio Vasques quem a daria, ao comentar um acidente ocorrido durante uma representação teatral em dezembro de 1883. Em uma de suas crônicas de fins de dezembro daquele ano, no jornal *Gazeta da Tarde*, do Rio de Janeiro, Vasques contava que, durante a encenação da peça natalina *Cabana de Belém*, em um dos teatros da cidade, a atriz que fazia papel de anjo "despencou-se das bambolinas" e caiu no porão, quebrando braços e pernas. E concluía:

> "Quem perdeu com o desastre foi o público, que vai ficar por muito tempo privado de ver a *Cabana de Belém* e o grande maxixe bem dançado pelo João Minhoca. Tem paciência, Batista, para outra vez não deixes os anjos caírem assim com tanta facilidade."[12]

Além dessas provas, se tomarmos como certo que o verbo *quebrar* esteve sempre associado à ideia da dança do maxixe, pela frequência com que seria empregado como palavra de estímulo aos dançarinos e pela própria natureza dos passos, que obrigavam a quebrar os quadris, caberia ainda ao ator Vasques a primazia na apresentação do novo estilo de dança no teatro. É que em sua paródia à ópera *Orfeu no inferno*, representada pela primeira vez no Teatro Fênix Dramática, a 31 de outubro de 1868, sob o título de *Orfeu na roça*, Francisco Correia Vasques prepara para o final cômico um fado ao som de violão, guitarra, adufos e pandeiros, e faz os atores dançarem cantando:

---

[12] *Ibid.*, p. 293.

"Quebra, quebra bem quebrado
O fadinho brasileiro.
Numa roda deste fado,
Tudo fica prisioneiro.

Manuel João:
Eu sou homem muito sério,
Estas coisas não atiço,
Mas ouvindo o violão,
Caio logo no serviço.

Coro:
Quebra, quebra, etc. etc. (*dançam*)"[13]

Estava aí, pois, com 36 anos de antecedência, o aproveitamento da ideia de quebrar de quadris que, na revista *Cá e lá*, de 1904, o ator Marzulo e a atriz Pepa Delgado cantariam e dançariam no quadro intitulado "O maxixe aristocrático", repisando o estribilho:

"Quebra, quebra, quebra
E requebra,
Vamos de gosto quebrar
Vamos de gosto quebrar."

Quanto ao fato de o ator Vasques ter-se referido no *Orfeu na roça* a um *fadinho*, não afasta a hipótese: fado, aí, nada tem a ver com o fado português, mas apenas dá nome a uma maneira particular de tocar os gêneros populares aparentados com o lundu.

Tal como já registrara o comediógrafo Martins Pena em sua peça *O juiz de paz na roça*, de 1842, ao fazer dizer o juiz na

---

[13] *Ibid.*, pp. 248-9.

última cena: "Senhor escrivão, ou toque, ou dê a viola a algum dos senhores. Um fado bem rasgadinho... bem choradinho...". E ainda fazia constar logo depois, como indicação ao diretor da peça: "(Um dos atores toca a tirana na viola; os outros batem palmas e caquinhos, e os mais dançam)".

Se a ordem, pois, era tocar uma *tirana*, o que o juiz de paz pedia com "um fado bem rasgadinho... bem choradinho..." era uma interpretação bem brasileira, bem influenciada já pelo lundu e por seu sincopado. E é isso, aliás, o que parece indicar o próprio estribilho da tirana com que os personagens de *O juiz de paz na roça* terminam a cena:

> "Se me dás que comê
> Se me dás que bebê,
> Se me pagas as casas,
> Vou morar com você."[14]

Tal exemplo, por sinal, vem muito a propósito para revelar a pouca importância que se dava aos nomes dos gêneros de dança, até bem dentro do século XX. Assim como um fadinho podia ser um lundu — aliás chamado por Martins Pena de tirana, para indicar que deveria ser dançado por vários personagens, em clima de encontrões e confusão (o juiz estimulava os dançarinos dizendo "Assim, meu povo! Esquenta, esquenta!...", enquanto outro personagem gritava "Aferventa!...") —, a polca-tango pedida pelo Vasques para acompanhar a dança do maxixe poderia ser tanto uma polca quanto um lundu amaxixado, pois ambos eram muitas vezes chamados também simplesmente de tango.

---

[14] Texto completo da comédia em um ato *O juiz de paz na roça*, segundo o manuscrito de 1837, assinado com as iniciais L. C. P. do autor, Luís Carlos (Martins) Pena, pode ser lido no volume I, "Comédias", do *Teatro de Martins Pena*, editado no Rio de Janeiro pelo Instituto Nacional do Livro do Ministério da Educação e Cultura, em 1956, com anotações do professor Darci Damasceno.

Realmente, essa imprecisão na designação de músicas que não viessem já estruturadas da Europa (como a valsa, a quadrilha, a mazurca, a *schottisch* ou a própria polca) estava destinada a permitir que a palavra *tango* servisse durante muito tempo para encobrir — embora sem exclusividade — o tipo de música que mais se adaptava à dança do maxixe.

Para começar, o próprio nome *maxixe*, devido à sua origem popular de última categoria, estava, como se viu, de tal maneira ligado à noção de coisa reles e imoral, que sua indicação ostensiva implicava necessariamente o desagrado e o veto dos compradores de partituras para piano, que eram gente da classe média para cima.

Ainda antes de o ator Vasques ter ousado pronunciar o nome proibido no teatro, o cronista França Júnior, em uma de suas crônicas em *O Globo Ilustrado*, do Rio de Janeiro, publicadas de 1881 a 1882, aponta o nome *maxixe* como gíria, sinônimo de *forrobodó* e *chinfrim*, e significando baile em "habitação modesta".[15]

Assim, nada mais explicável que, depois de ter sido polca-tango na cena cômica "Aí, caradura!", de Francisco Correia Vasques, o maxixe (já transformado em canção ou cançoneta de teatro) tenha voltado ao palco em 1885 com o nome de tango, com que seria consagrado.

Esse *tango* — que não passava de um lundu definitivamente amaxixado — chamava-se "Araúna", tinha como autor o músico e ator Xisto Bahia, e era o mesmo que Mário de Andrade recolheria folclorizado no nordeste em 1929 com o nome de "Chô Araúna", e do qual dizia (sem indicar documento) ter tido "vida

---

[15] França Júnior, "De Petrópolis", crônica XII da série "Notas de um vadio", publicada no jornal *O Globo Ilustrado*, de 1881 a 1882. Em *Folhetins*, 4ª ed. aumentada, Rio de Janeiro, Jacinto Ribeiro Santos Editor, 1926, p. 395.

intensa e mesmo histórica entre os negros de 1871 a 1880, no Rio de Janeiro".[16]

A revista de teatro lançadora desse *tango* "Araúna" fora a intitulada *Cocota*, de autoria dos maranhenses Artur Azevedo e Moreira Sampaio, e estreada no Teatro Santana a 6 de março de 1885. Nessa revista, um dos atores — que provavelmente dançava o maxixe "Araúna" disfarçado de tango — era nada mais nada menos do que Vasques.

O fato é que o agrado do "Araúna" (no caso valorizado pela letra, que permitia fixá-lo na memória como canção) ia lançar Artur Azevedo como pioneiro do maxixe cantado. Na verdade, apesar de o maxixe voltar ao teatro duas vezes em 1866 como número da peça *Mulher-homem* (a primeira vez a 15 de janeiro sob a forma do *tango* "Bilontra da Cidade Nova", a segunda a 15 de fevereiro, com o quadro mudado para "Um maxixe da Cidade Nova"[17]), seria com o *tango* "As laranjas da Sabina", de Artur Azevedo, na peça *República*, de 1890, que o novo gênero de música popular voltaria a se transformar num sucesso do momento.[18]

---

[16] Uma prova da impressionante resistência desse velho lundu-canção na memória coletiva foi obtida pelo pesquisador Vicente Salles, da Campanha de Defesa do Folclore Brasil, com sede no Rio de Janeiro, ao gravar na pequena cidade de pescadores de Vigia, no Pará, ainda em 1968, o mesmo "Chô Araúna" cantado por uma menina de doze anos (conforme comunicação pessoal ao autor deste livro). O "Chô Araúna" teve pelo menos uma gravação em disco: a de Marino Gouvea, no selo Continental (nº 15.257B) em 1946. No selo do disco o moderno adaptador do "Chô Araúna" escreveu: "Maxixe (1870-1880)".

[17] Informações colhidas no artigo "O maxixe da Cidade Nova", do maestro Batista Siqueira (*Guanabara em Revista*, nº 13, 1968).

[18] O tango "As laranjas da Sabina" foi inspirado numa rebelião de estudantes de medicina cariocas em defesa de uma negra vendedora de laranjas, e sua história está contada em pormenores no livro *Música popular: teatro & cinema*, de José Ramos Tinhorão (Petrópolis, Vozes, 1972).

Essa primazia de Artur Azevedo como introdutor definitivo do maxixe no teatro de revista foi reconhecida pela própria compositora pioneira de *tangos* Chiquinha Gonzaga em depoimento à folclorista e estudiosa de música popular Mariza Lira, embora sem poder precisar a peça (e que vimos ter sido a *Cocota*).[19]

Depois do sucesso nacional de "As laranjas da Sabina", o maxixe inicia uma longa carreira de pelo menos quarenta anos nos palcos, como quadro obrigatório das revistas da Praça Tiradentes, no Rio de Janeiro, fazendo a fama de artistas como a mulatinha Júlia Martins, Maria Lino e, já a partir da década de 1920, Araci Cortes, a mulher que criaria legenda de charme e de malícia em quase trinta anos de atividade ininterrupta no teatro musicado.

Até 1892, quando na peça *Tintim por tintim* a atriz espanhola Pepa Ruiz apareceria vestida de baiana cantando um *tango* intitulado "Mungunzá", os maxixes ainda não haviam sido estilizados por compositores de maior pretensão. Eles eram incluídos nos quadros das cenas cômicas e revistas — como se viu nos casos do "Aí, Caradura!", do ator Vasques, e no "Araúna", da revista *República* — aproveitando *polcas-tangos* e *lundus* ou *tangos* populares, provavelmente anônimos.

A partir de 1897, porém, quando na revista *Zizinha Maxixe*, de Machado Careca, a compositora Chiquinha Gonzaga lançou seu *tango brasileiro* "Gaúcho", apontando-o, gratuitamente, como "dança do corta-jaca", os maestros de teatro e compositores semieruditos sentiram que era chegado o momento de aproveitar as particularidades do maxixe na criação de um gênero novo de música popular, capaz de interessar aos milhares de compradores de partituras para piano de todo o Brasil.

O primeiro compositor a estilizar o ritmo do maxixe, sintetizado pelos conjuntos de choro a partir da polca e do lundu,

---

[19] Mariza Lira, "O maxixe", artigo da série "Brasil sonoro", *Diário de Notícias*, Rio de Janeiro, 30/11/1958, Suplemento Literário, pp. 5-6.

foi o pianista Ernesto Nazareth. Filho de uma família da classe média do Rio de Janeiro, ele se apresentava — juntamente com Chiquinha Gonzaga — como uma das pessoas mais indicadas a transportar para o piano o novo estilo de interpretação que os chorões populares lhe entregavam pronto. Ernesto Nazareth nascera em 1863 no morro do Nheco, depois morro do Pinto, no limite extremo da Cidade Nova, e sua primeira produção, aos catorze anos, a polca-lundu "Você bem sabe", indicava já em 1877 a atenção com que o aluno de piano ouvia em seu bairro a música produzida pelos conjuntos de choro. Tanto assim que, ao compor em 1879 a polca "Cruz, perigo!" e, em 1893, a polca-lundu "Cayubinha" (contemporânea do tango "Brejeiro", o primeiro a levar essa designação em sua obra), essas músicas já soariam quase tão amaxixadas quanto a série de tangos com que, a partir da composição "Nenê", de 1895, o compositor ia inundar sem interrupção o comércio de partituras de música popular. Entretanto, uma exagerada preocupação em requintar suas composições, apelando para o virtuosismo pianístico na falta de maior cultura musical (a ideia de mandá-lo estudar na Europa, aos vinte anos, fracassou por falta de dinheiro), ia fazer com que Ernesto Nazareth jamais conseguisse ser um compositor de maxixes inteiramente populares. Nesse sentido, a ideia de mascarar o aproveitamento do maxixe com o nome de *tango* ia mesmo constituir, no caso especial de Ernesto Nazareth, uma verdade imprevista. Embora muitos compositores da época, como a própria Chiquinha Gonzaga, tivessem chamado seus maxixes de tango para garantir a circulação de suas partituras nas casas de família, os tangos de Nazareth seriam na verdade os únicos que mereceriam esse nome, como distintivo de uma criação particular.[20] Aliás, foi talvez a incompreensão desse fato que levou

---

[20] Mariza Lira em seu citado artigo "O maxixe" afirma que "foi Chiquinha Gonzaga e não Ernesto Nazareth quem começou a chamar o maxixe de tango", acrescentando: "Chiquinha é muito anterior a Ernesto Nazareth".

Mário de Andrade a cunhar a célebre definição do maxixe, na qual o dá como gênero proveniente "da fusão da habanera, pela rítmica, e da polca, pela andadura, com adaptação da síncopa afro-lusitana".[21] Embora Mário de Andrade tivesse ressalvado argutamente (como sempre) que "Ernesto Nazareth não é representativo do maxixe, que nem Eduardo Souto, Sinhô, Donga e o próprio Marcelo Tupinambá", seu erro foi não ter atentado para este dado fundamental: quem sofreu influência da habanera cubana não foi a "dança urbana genuinamente brasileira", e sim o compositor Ernesto Nazareth.

Na verdade, ao contrário do que aconteceu com a polca, cuja influência foi duradoura e marcante, a habanera constitui sempre um fenômeno musical episódico na área popular, no Bra-

---

Mas o exemplo que dá a seguir, o do tango "Gaúcho", composto para um número da chamada dança do corta-jaca da peça *Zizinha Maxixe*, de Machado Careca, de 1897, não corrobora sua afirmação: o tango "Brejeiro", de Ernesto Nazareth, é de 1893. E afinal, como se verá no capítulo seguinte, sobre o tango brasileiro, o introdutor do termo *tango* para um novo gênero de música no Brasil não foi nem Ernesto Nazareth nem Chiquinha Gonzaga, mas o maestro e compositor Henrique Alves de Mesquita.

[21] Essa definição de maxixe, que viria a constituir a conclusão talvez mais repetida de toda a historiografia da música popular brasileira, sem qualquer tentativa de reestudo, foi cunhada por Mário de Andrade em conferência sobre Ernesto Nazareth na Sociedade de Cultura Artística de São Paulo, em 1926, cujo texto foi publicado no livro *Música doce música*, vol. XII das *Obras completas de Mário de Andrade* (São Paulo, Livraria Martins Editora, 1963). No entanto, quatro anos mais tarde, em artigo intitulado "Originalidade do maxixe", publicado na revista *Ilustração Musical* (Rio de Janeiro, ano I, nº 2, set. 1930, p. 45), o próprio Mário de Andrade se encarregaria de modificar aquela conclusão, ao escrever: "O que parece mais acertado afirmar é que o maxixe é uma resultante de processos afro-americanos de musicar. Mas esses processos não são exclusividade nossa..." (nem dos cubanos criadores da havanera ou habanera, diríamos nós). Como, entretanto, esse artigo não chegou a ser incluído nas *Obras completas de Mário de Andrade* do editor Martins, todos os que escrevem sobre música popular brasileira ainda continuam com a primeira opinião daquele autor.

sil, e jamais dominou "fortemente aqui na segunda metade do século XIX", como afirmou Mário de Andrade em sua *Pequena história da música*.[22] A documentação reunida para a história dos chorões e, principalmente, o levantamento de seu repertório tão rico em gêneros da época (valsas, mazurcas, *schottisches*, quadrilhas e polcas) nunca revelaram a existência de habaneras. Já na obra de Ernesto Nazareth, pelo contrário, essa forma de música popular urbana de Cuba, quase contemporânea do maxixe carioca, aparece repetidas vezes, e em duas delas até expressamente indicada: no "Tango-habanera", deixado em manuscrito inédito e sem data (Coleção Eulina Nazareth), e no *tango brasileiro* "Plangente", em cuja partitura, editada por Eduardo Souto & Cia. no início da década de 1920, consta a indicação "com estilo de habanera".[23]

O interessante, aliás, é que o próprio Mário de Andrade concorda de maneira implícita com essa conclusão ao escrever — analisando a obra de Ernesto Nazareth — que, embora ela revele processos e lugares-comuns encontráveis entre compositores de maxixes, "por vezes também essa obra se encontra paredes-meias com a habanera, que nem no pedal de dominante

---

[22] Mário de Andrade, *Pequena história da música*, vol. VIII das *Obras completas de Mário de Andrade*, São Paulo, Livraria Martins Editora, s.d. (mas é de 1944), p. 188.

[23] Dados colhidos com base na plaqueta "Ernesto Nazareth", editada pela Biblioteca Nacional do Rio de Janeiro em 1963 como catálogo da Exposição Comemorativa do Centenário do Nascimento de Ernesto Nazareth — 1863-1934 (Ministério da Educação e Cultura, 66 p.), com retrato do compositor e capa reproduzindo desenho de Kalixto em uma das partituras de Nazareth. Note-se ainda que o próprio Ernesto Nazareth chegou a explicar a Oscar Rocha, amigo de Brasílio Itiberê, que "ele ouvia muito as polcas e lundus de Viriato, Calado, Paulino Sacramento e sentiu desejo de transpor para o piano a rítmica dessas polcas-lundus" (citado em Brasílio Itiberê, "Ernesto Nazareth na música brasileira", *Boletim Latino-Americano de Música*, Rio de Janeiro, Instituto Interamericano de Musicologia, tomo VI, abr. 1946, pp. 309-21).

O maxixe

do 'Reboliço', e na terceira parte do 'Digo'". Ao que acrescenta: "Então o 'Pairando', desque executado mais molengo, se torna havanera legítima".[24]

Tudo somado, a conclusão é de que, na realidade, não houve uma criação, mas duas criações: uma popular — a do maxixe surgido aos poucos, na área dos músicos chorões, como síntese de uma forma de acompanhar um estilo de dança espevitada — e outra semierudita — a do tango de Ernesto Nazareth, composto para piano com requintes de virtuosismo técnico, e possivelmente influenciado pela habanera, sempre mais aproveitada pelos músicos eruditos do que o maxixe nacional.[25]

A prova maior, porém, poderia ser dada com as diferenças de impacto popular conseguidas pelos tangos de Ernesto Nazareth e de Chiquinha Gonzaga, pianista sujeita como seu contemporâneo às mesmas influências decorrentes da iniciação na teoria musical. Enquanto Ernesto Nazareth figurou sempre como um compositor de posição singular, situado pela natureza de seus trabalhos entre a música popular e a erudita, Chiquinha Gonzaga — obrigada por necessidade a tocar em bailes populares ao lado de chorões como Calado, Silveira, Viriato e Luisinho — tornaria

---

[24] Mário de Andrade, conferência "Ernesto Nazareth", reproduzida em *Música doce música*, cit., pp. 126-7.

[25] O maestro Batista Siqueira, em seu livro *Três vultos históricos: Mesquita, Calado e Anacleto*, traz importantes achegas a respeito da luta pela "nacionalização" do tango na área dos compositores com tinturas de erudição musical, mostrando que, ante o impacto das madrilenhas, calipsos e havaneras (estas lançadas pelo cômico francês Lucien Boucquet no Alcazar Lyrique do Rio de Janeiro sob o nome híbrido de "tango-chanson-havanera"), chegou a travar-se uma disputa entre Henrique Alves de Mesquita e Joaquim Antônio da Silva Calado. O primeiro, mais influenciado pela música europeia, insistindo em batizar suas composições de tangos, o segundo, mais ligado às camadas populares cariocas, preferindo classificar suas produções de polcas ou lundus-polcas, o que não deixava de ser muito significativo, levando-se em conta a posição de cada um diante da fonte de criação popular do tempo.

seus tangos muito mais aceitos pelo povo, como aconteceu com o maxixe disfarçado de dança do corta-jaca intitulado "Gaúcho", de 1897, ou o tango "Não se impressione", feito especialmente para a revista *Forrobodó*, de Luís Peixoto e Carlos Bittencourt — que por sinal focalizava um baile na Cidade Nova. Na verdade, como logo se verificaria, essa diferença ia ficar marcada pelo fato de os tangos de Nazareth se transformarem em peças exclusivas de piano, para serem ouvidas, enquanto os tangos de Chiquinha Gonzaga, mais próximos de sua origem popular, receberiam letras que todos cantavam ("É tão bom como cocada/ É melhor que o pão de ló/ Forrobodó de massada/ Gostoso como ele só"), passando a integrar o repertório dos conjuntos de dança que, no início do século XX, iam permitir ao maxixe transformar-se numa atração mundial.

Realmente, se a maneira exagerada de dançar polcas, *schottisches*, mazurcas e lundus levou progressivamente os compositores da segunda metade do século XIX à descoberta de um gênero musical novo, essa criação do *tango* (na realidade, o maxixe emancipado) ia permitir uma segunda contribuição popular: a fixação da dança do maxixe com estilo reconhecível e características próprias.

A dança denominada *maxixe*, da mesma forma que a música e a canção nascidas por sua sugestão, estruturou-se ao longo de muitos anos, à maneira que os frequentadores dos bailes das classes mais baixas estilizavam e incorporavam ao estilo de dança de salão os passos, volteios, requebros e negaças dos batuques e danças de roda ainda não desaparecidos na época. Dessa forma, constituindo uma criação coletiva e necessariamente anônima, quando a dança do maxixe começou a ser mostrada às demais camadas da sociedade, no início da década de 1880, através do teatro de revista, ela já estava estruturada e possuía, inclusive, cultores famosos.

Segundo o escritor militar Umberto Peregrino, em seu livro *Vocação de Euclides da Cunha*, descrevendo a vida dos alunos da antiga Escola Militar da Praia Vermelha, baseado nas *Re-*

miniscências do General Alfredo Monteiro, um desses grandes dançarinos de maxixe, por volta de 1886, era o cadete Reis, apelidado de *Reis Maxixe*.[26] A fama de dançarinos de maxixe como esse cadete Reis, ou como a de um frequentador da sociedade carnavalesca Estudantes de Heidelberg, de quem um carioca octogenário deu notícia ao maestro Villa-Lobos, na década de 1930, foi responsável, aliás, pelas várias tentativas de descobrir um criador determinado para a dança do maxixe.[27]

A dança considerada ainda imoral e obscena começava apenas, na realidade, a iniciar sua investida para a conquista de camadas mais altas da sociedade, partindo dos "incandescentes *bailes do Paraíso*, onde se reuniam o baixo meretrício e a capadoçagem do tempo" — segundo relato do desenhista Raul Pederneiras à folclorista Mariza Lira —, até chegar aos bailes de carnaval. E, de fato, além de ser cultivado regularmente nos bailes das sociedades carnavalescas, como descreveu o escritor português João Chagas em 1897, o maxixe ia descer das cenas das revistas para a própria plateia dos teatros, por volta dessa mesma época, na primeira grande tentativa de nacionalizar e animar os bailes de máscaras carnavalescos. Assim foi que, já em 1895, o Teatro Fênix Dramática anunciava para seus bailes de carnaval das noites de 23, 24, 25 e 26 de fevereiro a presença de "trezentas esplêndidas mulatas maxixeiras", especialmente contratadas para animar o baile com "a maior de todas as bandas que se pode imaginar", sob a regência do maestro Anacleto de Medeiros, de-

---

[26] Umberto Peregrino, *Vocação de Euclides da Cunha: interpretação das suas experiências na carreira militar*, Rio de Janeiro, Serviço de Documentação do Ministério da Educação e Cultura, 1954, p. 12.

[27] Até o poeta Manuel Bandeira resolveu contribuir com uma indicação a mais ao divulgar, em uma de suas *Crônicas da Província do Brasil* (Rio de Janeiro, Civilização Brasileira, 1937), a versão de um amigo, que já teria encontrado o maxixe ao chegar ao Rio em 1865. Pois se os testemunhos remontam até essa data, quantos bons dançarinos de maxixe não haveria já antes de o acadêmico Reis ter nascido?

pois famoso como organizador da Banda do Corpo de Bombeiros do Rio de Janeiro.[28]

Claro está que, mesmo nesse primeiro contato com gente capaz de pagar um mil réis para brincar nos salões, o maxixe ainda estaria longe de envolver as pessoas de boa consideração, mas elas certamente estavam assistindo a tudo do alto dos camarotes, que custavam o preço bastante elevado para a época de 8$000 (oito mil réis). E a prova foi que, sempre muito bem trabalhada pelo teatro de revista, cada vez mais assíduo no aproveitamento dos atrativos dos *maxixes incendiários*, não seriam precisos mais de dez anos para a dança do maxixe começar "a invadir as salas do Rio", segundo noticiaria um jornal em 1905.

Realmente, o que essa notícia da gradual aceitação do maxixe pelas famílias da classe média fazia era nada mais nada menos do que confirmar a previsão feita um ano antes na revista *Cá e lá*, estreada em março de 1904, na qual a dupla de atores Pepa Delgado e Marzulo dançava cantando o "Maxixe aristocrático", do maestro de teatro José Nunes, que dizia:

"*Ela*:
O maxixe aristocrático
Ei-lo que desbancará
Valsas, polcas e quadrilhas
Quantas outras danças há!

Ele:
Nas salas de um polo ao outro
Quem em dançar bem capriche,
Dentro em pouco dengoso,
Só dançará o maxixe!

---

[28] Jota Efegê (pseudônimo jornalístico de João Ferreira Gomes), "Anacleto de Medeiros entrou no carnaval carioca com trezentas mulatas maxixeiras", O Jornal, Rio de Janeiro, 17/12/1967.

> *Os dois*:
> Mexe, mexe, mexe
> e remexe
> De prazer vamos dançar!
> Quebra, quebra, quebra
> e requebra
> Vamos de gosto quebrar
> Vamos de gosto quebrar
>
> *Ela*:
> Nobres, plebeus e burgueses,
> Caso é verem-no dançar!
> Tudo acabará em breve
> Por, com fúria, maxixar!
>
> *Ele*:
> Pois o próprio Padre Santo
> Sabendo do gozo que tem,
> Virá de Roma ao Brasil
> Dançar maxixe também!
>
> *Os dois*:
> Mexe, mexe, mexe
> e remexe
> De prazer vamos dançar!
> Ai, sim, dançar!"[29]

Essa letra do "Maxixe aristocrático", aliás, seria de fato profética em mais de um ponto: além de acertar quando dizia que "nobres, plebeus e burgueses,/ caso é verem-no dançar/ tudo

---

[29] A música deve ter agradado muito ao público, pois — o que não era comum na época — chegou a ser gravada em disco Odeon pela própria atriz Pepa Delgado, em dupla com Alfredo Silva (disco n° 40.224), merecendo ainda regravação pelo grupo do Baianinho, em disco Columbia B-204.

acabará em breve/ por, com fúria, maxixar" (o que já acontecia, àquela época), previa ainda a aceitação da dança "nas salas de um polo ao outro" (e o maxixe seria logo sucesso na Europa) e, finalmente, a curiosidade do papa (o que ia se confirmar com Pio X, como adiante se verá). Na verdade, desde 1901, a gravadora E. Berliner Gramophone — que começava a fazer as bandas militares dos países europeus gravarem gêneros de música popular de todas as partes do mundo — já se interessara pelo *tango* brasileiro, lançando com seu disco nº 40.1921 a polca-amaxixada "O bico do papagaio" (gravação do Regimento de Guardas de Berlim), embora indicando o gênero da música como tango e errando na impressão do título, que saiu "Rico do papagaio".[30]

O advento do maxixe como dança da moda, por sinal, ia ser facilitado por um fenômeno ligado, na Europa, à euforia urbana provocada pelas possibilidades da exploração industrial imperialista das matérias-primas roubadas de países da Ásia e da África.

Na verdade, a Revolução Industrial, acelerada nos últimos anos do século XIX pela multiplicidade das invenções mecânicas e pela expansão da rede de energia elétrica, aumentara de tal maneira em quantidade e variedade a produção de bens, que o mercado capitalista começava a transbordar das fronteiras europeias. Essa expansão — conseguida à custa da dominação dos países de economia pré-industrial — se traduzia, no plano internacional, pela conquista de núcleos coloniais (Alemanha e França reuniam-se em 1906 na Espanha para decidir quem ficava com o ferro e o manganês do Marrocos), e, no plano nacional, por uma dinamização do ritmo de vida das cidades, caracterizado por um aumento de circulação de riquezas e de mobilidade social. Para as camadas urbanas das grandes capitais — de que Paris constituía o padrão e o símbolo —, essa possibilidade da conquista de uma variedade cada vez maior de bens produzidos pela indústria

---

[30] Disco integrado ao Acervo Tinhorão do IMS no Rio de Janeiro.

conduziu psicologicamente a um choque com todos os padrões científicos, culturais, estéticos e morais até então estabelecidos, ao mesmo tempo em que criava uma grande receptividade para tudo quanto era novo e exótico. Assim, em meio a essa perspectiva otimista, que valeria para a vida desse período a denominação de Belle Époque, os físicos ingleses Ernest Rutherford e Frederick Soddy se encarregariam de destruir em 1903 o conceito da estabilidade da matéria com a teoria da desintegração; o pintor Picasso faria o mesmo com as imagens acadêmicas, como quem quebra um espelho (nesse mesmo ano de 1903 nascia o cubismo); Freud o imitava conduzindo a psicologia ao jogo de armar da psicanálise; e, finalmente, Stravinski se preparava para quebrar a unidade tonal da harmonia clássica, através da politonalidade dissonante como o ruído das novas máquinas.

Entre a gente das camadas médias, geradas nas cidades pela divisão do trabalho industrial — este, portanto, desvinculado dos velhos conceitos de comportamento, estética e moral —, essa quebra de padrões estabelecidos equivalia a uma completa disponibilidade pessoal, no mesmo momento em que as novas possibilidades de vida geravam necessidades sociais inéditas. E eis como se explica que, no plano das diversões, as músicas e as danças criadas ao influxo do choque da cultura musical europeia com ritmos primitivos (como era o caso do maxixe, no Brasil, e do *jazz*, nos Estados Unidos) estivessem destinadas a obter naquelas camadas o mesmo sucesso que alcançaram os romances cheios de exotismo de Pierre Loti na literatura, e o vício do ópio no campo dos costumes, ambos traduzindo o impacto da imaginação e do desejo de gozo europeu, ao contato com os *mistérios* e a *decadência* do Oriente.

Sendo assim, nada mais natural que, em meio às novidades importadas diariamente para consumo da curiosidade parisiense, uma dupla de dançarinas francesas pudesse apresentar no Teatro Marigny, nos Champs-Élysées, em 1906, o *maxixe brasileiro*, antecipando de dois anos a apresentação da dança pelos próprios brasileiros na Europa, o que seria feito em fins de 1908 em Portugal pelo cançonetista Geraldo Magalhães e sua *partenaire* Nina.[31] Essas apresentações públicas da dança do maxixe, por sinal, vinham na realidade aproveitar a voga do ritmo do maxixe lançado na Europa através da novidade dos discos. De fato, um ano antes da apresentação das dançarinas francesas de maxixe brasileiro no Teatro Marigny, a música já era dançada nos salões parisienses. Segundo o memorialista Paul Léautaud em seu *Journal Littéraire* (Mercure de France, Paris, vol. I, 1893-1906, edição de 1950), depois de um jantar, na noite do domingo 12 de novembro de 1905, na casa de Mme. Dehaynin, a filha da anfitrioa, "acompanhada por sua mãe ao piano", dançou para os convidados "alguns *cake-walk*, 'La matchiche', etc.". A composição ao som da qual a filha de Mme. Dehaynin dançara era intitulada exatamente "La matchiche", de autoria do compositor francês Charles Borel Clerck, e alcançava por aquela época grande sucesso não apenas na Europa, mas mesmo no Brasil, onde chegara reproduzida em disco Odeon, chegando a animar outros compositores europeus a tentarem o gênero, como prova o lançamento posterior do maxixe "La matchichinette" (disco Odeon nº 40.776, selo vermelho, no Brasil). A identificação desse primeiro maxixe dançado em salões de Paris foi possível porque Léautaud, amante de pormenores aparentemente insignificantes, teve a feliz ideia de reproduzir de memória alguns de seus versos. Embora omitindo um dos versos e mudando algumas palavras de outros, o memorialista lembrava ter a menina dançado ao som das palavras: "*C'est la danse nouvelle/ Mademoiselle/ On l'appelle la matchiche*". O que só podia ser, na realidade, a quadrinha da

---

[31] O jornal *Gazeta de Notícias*, do Rio de Janeiro, edição de 31/1/1909 (citado por Jota Efegê em seu artigo "Geraldo Magalhães, terna relíquia dos velhos cafés-cantantes", *O Jornal*, 25/10/1964, 3º caderno, p. 7), dava conta que "o duo dos Geraldos, dois mulatinhos sacudidos que sabem dançar o maxixe com uma habilidade cheia de efeitos... estão em Portugal fazendo um verdadeiro furor".

música de Borel Clerck "*C'est la chanson nouvelle/ Mademoiselle/ C'est la chanson qui esguiche/ C'est la matchiche*".[32] Segundo o poeta e escritor Onestaldo de Pennafort, que colhera a informação sobre a apresentação do maxixe em 1906, em Paris, através da citação de artigo de um francês, Henri Cuzzon, no *Paris Illustré*, ao realizar pesquisas para sua biografia do pianista e autor de valsas Mário Penaforte,[33] as dançarinas se chamavam *mademoiselles* Rieuse e Nichette, e uma fotografia as mostra num flagrante da dança: uma curvada para trás, com roupa de espanhola, a outra enlaçando-a, no papel de cavalheiro, vestida com uma fantasia misto de traje de gaúcho e chapéu de vaqueiro nordestino.

As francesas, provavelmente artistas de *vaudeville*, deviam ter aprendido a dança durante uma daquelas *tournées* de companhias de operetas francesas em que, depois do espetáculo, a juventude dourada do Rio de Janeiro conduzia as artistas estrangeiras para ceias boêmias, após as quais era quase certa a execução dos movimentos do maxixe no sentido horizontal.

De qualquer forma, o maxixe, embora necessariamente desfigurado, fazia sua primeira aparição internacional, em Paris, antes mesmo de conseguir, no Brasil, quem lhe disciplinasse os passos para o advento final como dança de salão. Esse momento, porém, não tardaria a chegar, e o responsável pela estilização seria o dentista baiano Antônio Lopes de Amorim Diniz, o *Duque*.

Naquele mesmo ano de 1906 em que as dançarinas Rieuse e Nichette mostravam o maxixe em Paris, o maior sucesso do

---

[32] A descoberta da referência ao maxixe na obra de Léautaud deve ser creditada ao cronista e entusiasta daquele autor Luís Martins, que em crônica publicada no jornal *O Estado de S. Paulo* de 12/10/1971 ofereceu a indicação como uma contribuição à história dessa criação popular carioca no estrangeiro.

[33] Onestaldo de Pennafort, *Um rei da valsa*, com 31 ilustrações fora do texto, Rio de Janeiro, Livraria São José, 1958. Informação sobre a primeira exibição do maxixe em Paris à p. 18; foto *"mademoiselles* Rieuse e Nichette" dançando à direita da p. 34.

carnaval brasileiro fora o *tango-chula* de Arquimedes de Oliveira e Bastos Tigre "Vem cá mulata", que outra coisa não era do que um maxixe vindo de 1902, a acreditar no cronista Luís Edmundo em seu livro *O Rio de Janeiro do meu tempo*.[34] O fato, porém, é que, apesar de todos esses sinais de popularidade, as resistências ao maxixe continuavam, e o próprio "Vem cá mulata" estava destinado a provocar um escândalo no mundo oficial, em 1907, como a querer mostrar que era mais fácil a nova dança ser aceita como mais uma novidade da era industrial, na Europa, do que vencer no Brasil as barreiras do preconceito elitista-patriarcal.

Desde o fim do século passado as bandas militares costumavam emprestar seu concurso aos bailes das sociedades carnavalescas, o que se explicava por serem as únicas *orquestras* organizadas com músicos de camadas populares, cuja colaboração se tornava possível pelas boas relações entre os figurões das *grandes sociedades* e as altas patentes das corporações militares. Assim, não é de se estranhar que durante as retretas nas praças, ou mesmo internamente, nas corporações, as bandas entremeassem os dobrados militares com as valsas e polcas do momento. Se também tocavam maxixes nos bailes das sociedades carnavalescas, havia, porém, uma autocensura que afastava a possibilidade de

---

[34] Luís Edmundo, *O Rio de Janeiro do meu tempo*, 2ª ed., Rio de Janeiro, Editora Conquista, 1957, 4º vol., capítulo XXV, "Carnaval de outrora", pp. 765-808. Luís Edmundo, recenseando os principais sucessos dos carnavais do início do século, escreve à p. 807: "O 'Vem cá mulata', com versos de Bastos Tigre, é um sucesso louco, de 1902". Pelo que se sabe, o lançamento oficial do maxixe chamado de tango-chula 'Vem cá mulata' é de 1906, e Bastos Tigre (então usando o pseudônimo de D. Xiquote) escreveu-o para sua revista de estreia no teatro musicado *O maxixe*, levada pela primeira vez no Teatro Santana a 30 de março de 1906. Embora não fique excluído o possível aproveitamento de uma canção composta quatro anos antes, parece um pouco difícil compreender por que "um sucesso louco de 1902" só fosse gravado em disco Odeon pela Casa Edison depois de sua divulgação pelo teatro de revista, em 1906.

incluir uma música do gênero maxixe em festas oficiais ou perante autoridades. Pois foi exatamente uma quebra desse protocolo que levou o Marechal Hermes da Fonseca, ministro da Guerra do governo Afonso Pena, a baixar uma portaria expressamente destinada a proibir a execução do maxixe por bandas militares. O fato que determinou a medida aconteceu quando das manobras do Exército, realizadas com a presença de árbitros militares estrangeiros em setembro de 1907. Deu-se que o então Ministro Marechal Hermes da Fonseca, como ardoroso entusiasta do militarismo alemão (seria o responsável pela compra dos fuzis Mauser 1908 para a infantaria e do material Krupp, de tiro rápido, para a artilharia do Exército), tinha sugerido convidar o ministro alemão Barão von Reichau para assistir às manobras em Santa Cruz, no Rio de Janeiro. A comissão de oficiais alemães aceitou o convite, e, após várias demonstrações bélicas, quando chegou a vez de mostrar ao barão prussiano as virtudes das bandas militares, von Reichau — que parecia bem-informado dos últimos sucessos do carnaval carioca — pediu, nada mais, nada menos, que a banda tocasse o "Vem cá mulata".

Atendido com uma alegria poucas vezes igualada pelo pessoal da banda, a execução do coleante maxixe pela banda do Exército deu o que falar, e foi essa repercussão do fato que levou o Marechal Hermes da Fonseca a tomar a providência de proibir a futura execução do gênero de dança popular carioca pelas bandas militares. Ao fazê-lo, porém, não podia avaliar o marechal que, menos de cinco anos depois, voltaria a ser envolvido em outro escândalo público por causa da música popular. Só que, já então presidente da República, ele ia figurar no novo episódio não como a autoridade que proibia o maxixe, mas como a que permitia sua execução no próprio Palácio do Governo, durante uma festa em que sua esposa, Dona Nair de Tefé (a ex-caricaturista Rian), rompeu afinal com os preconceitos tocando o "Corta-jaca" de Chiquinha Gonzaga ao violão.

O maxixe era, pois, o assunto do momento nesses primeiros anos do século XX, quando o baiano Antônio Lopes de Amorim

Diniz, com menos de 25 anos, tendo perdido no jogo todo o dinheiro que trouxera de Salvador, ao abandonar a profissão para tentar a vida no Rio, conseguiu a representação de um produto farmacêutico e partiu para Paris.

O ex-dentista Lopes Amorim, conhecido por *Duque* — provavelmente devido ao ar de nobreza e ao apuro no vestir que o distinguia —, começou imediatamente a frequentar as casas noturnas de Paris, onde o tango argentino principiava a fazer furor. Havia pouca gente capaz de dançar bem o tango, e menos ainda capaz de ensiná-lo naquele momento, na Europa. Assim, quando a representação farmacêutica revelou seu fracasso, Duque aproveitou uma antiga vocação para a dança (ele chegou a pensar em estudar balé clássico, mas a família protestara) e abriu no número 5 da Cité Pigalle, em Paris, um curso onde passou a ensinar tango argentino e, logo, "*le vrai tango brésilien*".

O verdadeiro tango argentino em que Duque iniciaria os franceses era nada mais do que o maxixe carioca devidamente estilizado com base na marcação de passos, como no próprio tango argentino e em outras danças de salão, que jamais poderiam ser dançadas na área da classe média e das elites da mesma forma espontânea e criativa com que o povo o fazia. A contribuição da dança da Cidade Nova à então cidade-luz, entretanto, ficaria ainda assim perfeitamente marcada pela novidade do debruçar do cavalheiro sobre a dama e pela série de passos para os lados, com os rostos colados, que tanto iam contribuir no *bas-fond* de Paris para o aparecimento da chamada *dança de apache*, depois reexportada como criação típica das camadas populares da capital da França.

Em pouco tempo *Monsieur* Duque se tornou conhecido em Paris não apenas como professor das novas danças, mas como bailarino cobiçado como par pelas grandes vedetas do teatro do início do século. No Chez Ciro's, Duque dança então com a bailarina grega Crysis em julho de 1909, e seu sucesso é tal que, em setembro, volta a apresentar-se com ela no Magic City na "Valsa do beijo" e no "Tango brasileiro", este escondendo sob essa designação o tango "Gaúcho", ou seja, a dança do corta-jaca de Chiquinha Gonzaga. Esse ano de 1909, por sinal, não terminaria sem que o nome de Duque voltasse a figurar em cartaz, inclusive numa crônica de Gaston Deval, que elogiava a forma com que se apresentara numa festa elegante no Trocadéro, dançando com Mlle. Arlette Dorgère. Dessa mesma exibição do dançarino de maxixe brasileiro com a francesa Dorgère, a revista feminina *Chiffon* diria ainda, numa legenda para cinco fotos dos vários passos da dança, que "o tango — dito brasileiro — é um dos que oferecem os mais elegantes e graciosos movimentos".[35]

Duque estava, pois, lançado como dançarino de tangos na França quando a atriz de teatro de revista carioca Maria Lino, lançadora do maxixe "Vem cá mulata" na revista *O maxixe*, em 1906, resolveu prolongar até Paris o convite do empresário Alberto Lavandeira para uma excursão teatral que devia terminar em Manaus.

Em Paris, como não podia deixar de ser, Maria Lino encontrou-se com Duque, e, segundo mais tarde escreveria o cronista João do Rio no jornal *A Gazeta*, do Rio de Janeiro, quando o dançarino tirou a atriz para um maxixe (ela lhe fora apresentada pelo cônsul do Brasil em Paris), "o público fez roda e eles monopolizaram as atenções". Ainda segundo o relato de João do Rio, o entusiasmo dos franceses por essa primeira e não ensaiada exibição de Duque e Maria Lino seria tão significativo, "que o proprietário do café ofereceu-lhes um contrato, como atração".[36]

---

[35] A página da revista está reproduzida no artigo de Brício de Abreu "Propaganda de nossa música popular — Duque — história do maxixe na Europa", ilustrado com fotos de seu arquivo particular (hoje incorporado à biblioteca do Serviço Nacional de Teatro) e publicado na revista *Música & Disco*, nº 7-8, de 1960.

[36] João do Rio, artigo no jornal *A Gazeta*, Rio de Janeiro, 5/4/1913, citado por Brício de Abreu em "Propaganda de nossa música popular".

A orgulhosa informação do cronista carioca deve ser verdadeira, porque, de fato, após conhecer Maria Lino em Paris, Duque formou com ela a dupla que os parisienses iam ver dançar sucessivamente no Café de Paris, no Alhambra, no Olympia, no Alcazar d'Été, no Chantecler, no Théâtre des Capucins e na própria casa fundada pelo dançarino brasileiro na Rua Fontaine, número 6: o Tango Duque Cabaret.

A essa altura de 1910, a fama de Duque e de Maria Lino começava a ultrapassar as fronteiras da França, como provariam a viagem do par de dançarinos de maxixe a Berlim (onde ganharam o concurso de danças do Admirals Palast) e sua apresentação no Hipódromo de Londres, onde afinal a dupla se separou.

Novamente sem par, Duque tentou formar dupla com Mlle. Albony (logo contratada para o teatro por Lucien Guitry), até que um ano depois viria a conhecer sua *partenaire* definitiva: a dançarina e manequim parisiense Gaby. Com Gaby, o bailarino Duque ia ter a honra de dançar para o Rei Jorge V, da Inglaterra, para o presidente da República da França, para o matemático Poincaré (inaugurando o Dancing Palace, no Luna Park de Paris) e, finalmente, perante o próprio Papa Pio X, em Roma, em 1913.

A apresentação do maxixe brasileiro diante do papa, aliás, ia levar o dançarino Duque a capitalizar a repercussão desse show particular na tentativa de lançamento de um novo tipo de dança, que afinal não pegou. É que, durante o encontro em Roma — provocado pelo conservador Pio X para poder avaliar, pessoalmente, o grau de pecaminosidade que afirmavam existir na dança do maxixe —, o papa declarou que, quando jovem, dançara em sua cidade uma velha dança italiana, a furlana, de ritmo quase tão vivo quanto o do tango brasileiro. Foi o quanto bastou: imediatamente o esperto Duque estilizou nova série de passos e anunciou o lançamento da furlana, de agrado papal, como nova dança de salão.

Em artigo na revista *Fon-Fon* de 4 de abril de 1914 (ano 8, nº 14), o então jovem cronista Alvaro Moreyra, comentando o caso sob o título "Furlana: a dança do papa", podia afirmar que, a essa altura, o maxixe — embora proibido no Brasil pelo Cardeal Arcoverde — constituía "um estado d'alma em Paris", consagrado que andava inclusive por uma canção popular que dizia:

> "*C'est sous le ciel de l'Argentine*
> *où la femme est toujours divine*
> *qu'aux sons de musiques câlines*
> *on danse le Tango...*
> *Dans le pays brésilien*
> *la Maxixe on dance...*"

Segundo ainda Alvaro Moreyra, o maxixe começava até a interessar como tema literário, merecendo uma conferência do poeta Jean Richepin, na Academia Francesa, e uma peça de teatro de Mme. Richepin, sua mulher.

Quanto à popularidade entre o povo, não resta dúvida: desde 1912, quando a dupla Duque e Gaby despontou para o sucesso, em meio aos cartões-postais vendidos nas tabacarias de Paris, vários focalizavam o bailarino brasileiro dançando de casaca e cartola com a antiga manequim francesa.[37]

Esse sucesso da dança do maxixe com a dupla Duque e Gaby (tão anterior ao dos americanos Vernon e Irene Castle, que são hoje os únicos a figurar nos livros de história das danças populares das Américas no início do século) foi na verdade tão surpreendente que, mesmo entre os contemporâneos, muita gente duvidou de sua extensão. O escritor e boêmio José do Patrocínio Filho, por exemplo, contaria em artigo assinado com o pseudônimo de Antônio Simples que, indo a Paris, foi procurar Duque na escola de danças da Cité Pigalle e, lá chegando, encontrou apenas o velho conhecido Diniz, como o ex-dentista baiano era

---

[37] Dois desses cartões-postais de Duque e Gaby são reproduzidos por Brício de Abreu à p. 9 de seu citado artigo na revista *Música & Disco*. As fotos dos cartões foram publicadas originalmente na revista *A Careta*, Rio de Janeiro, em 26/2/1916.

chamado no Rio. Após os abraços, José do Patrocínio Filho pediu a Antônio Lopes de Amorim Diniz para que o apresentasse ao Prof. Duque, ao que ele, rindo, revelou: "O Duque sou eu".

Depois desse encontro, o artigo de Antônio Simples para o jornal *Gazeta de Notícias*, do Rio de Janeiro, foi o mais entusiástico possível, e inclusive revelava que, após a exibição de Duque e Maria Lino em Londres, um jornal inglês chamara o dançarino de *The King of the Tango*.[38]

Na mesma *Gazeta de Notícias*, outro escritor carioca do tempo, o romancista Theo Filho, iria além na revelação de provas em torno da popularidade do maxixe em Paris, por volta de 1913. Segundo contava Theo Filho, uma orquestra tocava certa noite um maxixe em um café do Boulevard de Clichy, quando um grupo de argentinos, adeptos do tango portenho, começou a dirigir gracejos aos músicos. A provocação culminou numa briga entre frequentadores brasileiros e argentinos que só terminou com a chegada da polícia.

Essas brigas entre adeptos do tango argentino e do tango brasileiro chegaram a ser muito frequentes (Maurice Chevalier faria referência a elas em seu livro de memórias *Ma route et mes chansons*) e mostram claramente a importância que uma criação popular poderia alcançar como propaganda de um país no estrangeiro. O governo argentino, aliás, compreendeu isso tão claramente, que chegou a financiar a ida a Paris de algumas orquestras populares, como a de Canaro, dos Irmãos Pizarro e do próprio cantor Carlos Gardel.[39] Enquanto isso, no Brasil, o alheamento

---

[38] Antônio Simples (pseudônimo jornalístico de José do Patrocínio Filho), artigo na *Gazeta de Notícias*, Rio de Janeiro, 12/7/1913.

[39] A figura do bailarino Duque, cuja atuação internacional terminaria por aí, nesse início da década de 1920, merece ainda algumas referências, uma vez que sua atividade ia continuar no teatro de revista, no rádio e na Sociedade Brasileira de Autores Teatrais (SBAT) até sua morte, a 28 de setembro de 1953, aos 69 anos. De volta ao Brasil acompanhado de Gaby

O maxixe

oficial quanto às possibilidades da criação da Cidade Nova — o maxixe, como dança, jamais conseguiria aceitação definitiva no âmbito da classe média brasileira — provocaria a volta de Duque e Gaby da França, em 1915. Sem apoio na Europa, vinham realizar em casas de luxo do Rio, tais como o Assyrio, nos baixos do Teatro Municipal, ou em ligeiras excursões pela Argentina, pelo Chile e pelo Uruguai, uma série de apresentações destinadas a esgotar até 1918 a curiosidade das altas camadas urbanas pelo maxixe internacional, logo desbancado pela novidade do *charleston* e do *fox trot* americanos.

Na verdade, enquanto o dançarino Duque ainda alimentava a sede de novidade das novas camadas de Paris, logo depois envolvidas pela capacidade dos norte-americanos em impor suas

(chegou em 1915 pelo navio Turbantia, sendo festivamente recebido), já em 1916 o bailarino levava o maxixe à Argentina, ao Uruguai e ao Chile. Após rápida volta a Paris em 1921 para participar do Campeonato de Danças Modernas, reassumiu a direção do Luna Park, fundou um restaurante brasileiro que servia até feijoada (só o filho de Rui Barbosa, João Rui Barbosa, deu-lhe um prejuízo de cento e oitenta mil francos, segundo Brício de Abreu), voltou ao Rio, influenciou o milionário Arnaldo Guinle a custear a *tournée* do conjunto Oito Batutas a Paris e, regressando finalmente ao Rio para ficar, dedicou-se ao teatro. Após escrever algumas peças com Oscar Lopes, Duque faz-se então responsável por uma das mais importantes realizações no campo do prestígio à cultura popular: aproveitando a área de terreno resultante do incêndio do Teatro São José, na Praça Tiradentes, no Rio (onde até a década de 1920 continuava o Cine São José), Duque arma um galpão em forma de cabana e funda a 9 de setembro de 1932 a Casa de Caboclo. Associado a Humberto Miranda e Chocolat, prestigia em sua Casa de Caboclo a música regional — folclórica ou já urbanizada —, e, com uma interrupção apenas (quando trocou a cabana pelo Teatro Fênix), conseguiu manter sua casa atuante até 1940. Transformado em homem de direção pelo empresário Barreto Pinto, que o fez assessor técnico de suas realizações nos teatros Glória e Municipal, do Rio, obteve do Presidente Getúlio Vargas sua nomeação como diretor da Rádio Mauá, acabando professor do Conservatório do Serviço Nacional de Teatro e membro do Conselho Deliberativo da SBAT, onde era vice-tesoureiro quando morreu.

criações culturais (dança, música, moda e cinema) juntamente com seus artigos industriais, os produtos de marca popular mal conseguiam vencer, no Brasil, a competição com o similar estrangeiro no próprio mercado nacional. Desde 1900, o pioneiro produtor de cinema Pascoal Segreto tentava a conquista do público com o aproveitamento do maxixe em filmezinhos de cinco minutos (nada menos que cinco filmes de um rolo foram produzidos de 1900 a 1910, focalizando expressamente o maxixe, além de outros motivos ligados à música popular), mas a experiência ia terminar em 1912, quando a produção cinematográfica europeia e norte-americana ganhou foros de grande indústria.

Como se para bem marcar a coincidência, fora exatamente naquele mesmo ano de 1912 que a esposa do Presidente Hermes da Fonseca, Dona Nair de Tefé, levantara a ira reacionária de Rui Barbosa, ao tocar ao violão a música de Chiquinha Gonzaga durante uma das tertúlias musicais nos jardins do Palácio do Catete, no Rio de Janeiro. Mas para servir como bandeira a uma reviravolta de valorização da criação popular, a corajosa decisão de Dona Nair de Tefé chegava tarde. Em 1916, o maior sucesso do carnaval carioca foi o *one-step* "Caraboo", do jamaicano Sam Marshall, disfarçado de marchinha brasileira.

É bem verdade que, no campo do teatro de revista dos clubes esportivos e recreativos, onde havia maior representatividade para as criações populares, o maxixe ainda continuava a ser cultivado, e, em 1915, Tolosa, remador do Clube de Regatas Boqueirão do Passeio e *doublé* de dançarino, ainda arrancaria o primeiro prêmio num torneio de maxixe realizado no Teatro República do Rio de Janeiro.[40] Mas era também verdade que o próprio maxixe começava a não ser mais o velho maxixe, como se poderia perceber pela composição de Sebastião Cirino "Cristo

---

[40] Jota Efegê, "Tolosa, autêntico campeão do maxixe", *O Jornal*, Rio de Janeiro, 10/3/1963, 3º caderno, p. 3.

nasceu na Bahia", lançada com sucesso em 1926, na qual Mário de Andrade já notava que "se intromete a horas tantas um meneio melódico norte-americano".[41]

Onde ficaria, entretanto, perfeitamente configurada a mudança em relação à influência do maxixe, ao fim da segunda década do século XX, seria na diferença de interesse dos norte-americanos pela dança brasileira em pouco mais de dez anos. Durante a Primeira Grande Guerra, quando Duque se exibiu nos Estados Unidos "dançando em teatros o nosso maxixe tal qual o havia feito na Europa",[42] eram os norte-americanos que aplaudiam um gênero de dança popular brasileira, que reconheciam como novidade importada desde as exibições do casal de dançarinos Vernon e Irene Castle, responsável pela introdução do maxixe naquele país, anos antes. Ao aproximar-se a Segunda Guerra Mundial, porém, quando o dançarino de Hollywood Fred Astaire é chamado para interpretar os passos do mesmo maxixe no filme *Voando para o Rio*, de 1934, foram os brasileiros que tiveram que engolir uma xaropada sonora impingida pelo compositor norte-americano Vincent Youmans sob a indicação *fox trot-rumba*: a composição "Carioca", supostamente inspirada na dança brasileira.

E eis como, após ter saído dos bailes chinfrins da Cidade Nova para os salões de Paris, Berlim e Nova York, a dança do

---

[41] Mário de Andrade, conferência "Ernesto Nazareth", reproduzida em *Música doce música*, cit., p. 126.

[42] Duque, "O maxixe em Paris e Nova Iorque", *O Cruzeiro*, 7/7/1934. O bailarino — que recebeu no Palace, de Nova York, quinze mil francos por mês, segundo Brício de Abreu em seu artigo na revista *Música & Disco*, já citado — revelava em seu texto que, apesar de ter alcançado sucesso pessoal, não conseguiu introduzir o maxixe nos salões dos Estados Unidos "pela dificuldade de suas posições e mutações de passos, pois o americano do norte, menos afeito às danças complicadas, dançava sobre a música do nosso maxixe passos do *one-step*, o que costuma fazer com todas as músicas sem distinção de ritmo".

maxixe — como legítimo produto de um país subdesenvolvido e incapaz de continuar a impô-lo no mercado — chegava ao limiar da década de 1930 vencida pela concorrência estrangeira. Nem era outra coisa que se poderia esperar, como bem se podia deduzir pela notícia que, sob o título "O Carnaval se aproxima — é necessário fazer uma campanha em benefício do maxixe brasileiro", o redator carnavalesco Arlequim publicava em 6 de janeiro de 1928 em *O Jornal*, do Rio:

"O próprio maxixe perdeu o prestígio. O *fox* ou *charleston* deixaram-no abandonado e triste. No teatro ou nos clubes, o maxixe aparece de quando em quando, e causando espanto. Esqueceram-no de uma maneira dolorosa. Olvidaram que Duque, dançando--o, assombrou Paris e que outras capitais do velho mundo sagraram o maxixe na graça de Maria Lino! Hoje não se dança mais o passo nacional. O *cobrinha*, o *parafuso* e outros passos legítimos foram estilizados, quase não existem. Pobre maxixe. Quanta ingratidão! Por que não se faz uma campanha em prol do maxixe brasileiro?"

Não era mais tempo de fazer qualquer campanha. O samba marchado e batucado, este sim uma criação inteiramente devida à iniciativa das camadas populares (não precisaria nem da estruturação musical por parte de músicos chorões ou pianistas, nem da estilização de sua dança por bailarinos de salão, tipo Duque), vinha surgindo para se impor como o novo ritmo e a nova dança nacionais. O maxixe estava destinado a morrer como dança ao longo da década de 1930, e a ser lembrado daí por diante já sob a forma exclusiva de canção. Sepultado com a substituição, pela nova geração dos profissionais do rádio, daquela primeira geração de compositores tipicamente cariocas que ainda cultivavam o gênero — como Sinhô e Caninha —, o maxixe só viria a conhecer momentos de popularidade ocasionais. Uma vez, por exemplo, na década de 1950, quando os compositores Luís Peixoto e José Maria de Abreu lançaram o verdadeiro documentário musical de costumes cariocas que foi o maxixe "Bailarico das Novais". Outra vez quando, em 1968, o jovem compositor Chico Buarque de Hollanda aproveitou seu ritmo na segunda parte do samba "Bom tempo", conseguindo a segunda colocação na I Bienal do Samba da TV Record com todo o público cantando, milagrosamente, em tempo de maxixe:

> "No compasso
> Do samba eu disfarço
> O cansaço
> Joana debaixo do braço
> Carregadinha de amor
> Vou que vou..."

Um século depois de seu aparecimento como dança, aí estava o maxixe, gênero musical, como a querer começar tudo de novo nessa versão disfarçada sob a indicação de samba. Exatamente como no tempo em que os músicos chorões o chamavam de tango, em atenção ao preconceito das antigas gerações que o viram nascer no meio do povo.

4.
O TANGO BRASILEIRO

O tango brasileiro, muitas vezes apontado por musicólogos como uma variante mais bem cuidada do maxixe, constituiu o gênero menos popular e por isso mesmo de trajetória mais curta no panorama da música urbana do Brasil, desde sua criação na segunda metade do século XIX até seu inglório desaparecimento em inícios do século XX. Embora a bibliografia sobre o tango brasileiro seja praticamente inexistente, a maioria dos autores que se referem a esse tipo de música (quase sempre falando de Ernesto Nazareth, dado erroneamente como seu criador) concordam em que o *tango* ou *tanguinho* seja uma adaptação da havanera, ou habanera, introduzida no Brasil pelas companhias de teatro musicado europeu no século XIX, à qual logo se incorporaram elementos das duas músicas de dança de maior popularidade da época, a polca e a *schottisch*.

Dessa fusão de gêneros de música de teatro ligeiro e de danças estrangeiras em processo de abrasileiramento pela ação dos conjuntos populares encarregados de executá-las em festinhas de casas de família e em bailes populares, teria surgido o tipo de música de andamento rápido que acabaria se fixando numa forma tipicamente instrumental, sob o nome de *tango brasileiro*.

Segundo o maestro Batista Siqueira, o responsável pelo lançamento do nome *tango* para designar o tipo de música de teatro ligeiro chamada de preferência pelos compositores franceses e espanhóis de habanera, ou havanera, seria o maestro carioca Henrique Alves de Mesquita (1830-1906).

Ao adaptar duas habaneras espanholas da peça *O jovem Telêmaco*, encenada em 1871 no Rio de Janeiro pela Companhia de Zarzuelas Espanholas, Henrique de Mesquita, lembrando-se da existência de um *tango chanson avanaise* lançado pelo francês Lucien Boucquet em 1863 na peça *L'île de calypso*, teve a ideia de classificar as músicas de "Tango do jovem Telêmaco" e "Tango do calipso". E ainda em 1871 se encarregaria ele mesmo de confirmar o nome como distintivo de um novo gênero de música ligeira, ao lançar a composição de sua autoria "Olhos matadores", acompanhada da indicação *tango brasileiro*.[1]

Assim, quando no ano seguinte, 1872, Henrique de Mesquita incluiu um segundo tango na partitura da mágica de Eduardo Garrido "Ali Babá", estava aberto o caminho para que o pianista Ernesto Nazareth pudesse lançar em 1879, com a polca "Cruz, perigo!", a música que o crítico Andrade Murici classificaria como "o seu primeiro tango, pelo que apresenta de indícios precursores do gênero em que realizou suas obras mais características, e a que chamou *tango brasileiro*".[2]

Na verdade, Ernesto Nazareth, que estreara como compositor aos quatorze anos, em 1877, com a polca "Você bem sabe", dedicada a seu pai, levaria nada menos que quinze anos compondo valsas, polcas e polcas-lundus, até se dispor a usar pela primeira vez o nome *tango* numa música sua, o que só se deu em 1893, com a *polca-tango* "Rayon d'or" e o famoso *tango* "Brejeiro".

Ora, o que isso demonstra, desde logo, é a justeza da observação de seu biógrafo Batista Siqueira, quando no livro *Ernesto Nazareth na música brasileira* afirma:

"O que Ernesto Nazareth fez foi dar ênfase aos grupos rítmicos excepcionais da música brasileira, já

---

[1] As pesquisas no sentido de identificar Henrique Alves de Mesquita como "verdadeiro criador do *tango brasileiro*" devem-se ao maestro Batista Siqueira, que afirma, em sua biografia daquele músico no livro *Três vultos históricos da música brasileira*, ter sido Ernesto Nazareth "o sistematizador genial" do novo gênero.

[2] Andrade Murici, artigo no *Jornal do Comércio*, Rio de Janeiro, 17/3/1963.

empregados abundantemente, por autores antigos, como podemos ver em Calado, Chiquinha Gonzaga e até no velho autor de nosso 'Hino nacional', Francisco Manuel, no 'Lundu da marrequinha'."

A criação do tango brasileiro por um músico semierudito como Henrique Alves de Mesquita (ele foi autor de uma ópera-cômica intitulada *Uma noite no castelo*, em 1879) e sua estruturação definitiva pelo elaborado pianista Ernesto Nazareth seriam responsáveis, afinal, por um certo caráter de virtuosismo instrumental do novo gênero, que o tornaria mais para ser ouvido do que para ser dançado ou cantado.

Embora cultivado durante os últimos vinte anos do século XIX por quase todos os compositores populares de uma certa cultura musical — Chiquinha Gonzaga dá como título a uma de suas peças de 1880 o nome de "Tango brasileiro" —, o tango continuaria como um tipo de música fora do gosto das grandes camadas urbanas, muito mais identificadas com a polca, ao ritmo da qual podiam dançar, e com as modinhas, ao som das quais cantavam derramadamente suas queixas de amor.

De fato, o nome *tango* só começou a aparecer, ligado a músicas cantadas, a partir da segunda metade da década de 1880, em quadros do teatro de revista, mas na maioria das vezes encobrindo sob essa indicação composições que nada mais eram do que lundus-canções ou maxixes.

Isso aconteceu pela primeira vez em 1885, quando, na revista *Cocota*, estreada no Teatro Santana, do Rio de Janeiro, na noite de 6 de março, os autores da peça, Artur Azevedo e Moreira Sampaio, faziam o antigo cambista de teatro Felipe de Lima cantar o tango "Araúna", que depois ficou mais conhecido como "Chô Araúna":

"Chô, chô, Araúna.
Não deixa ninguém te pegar
Araúna..."

Comparado com os tangos para piano de Ernesto Nazareth, o "Araúna" nada tinha em comum com sua forma erudita, apresentando-se antes como um lundu amaxixado que conseguia o prodígio de parecer, ao mesmo tempo, dolente e buliçoso. Aliás, como para querer demonstrar que o nome *tango*, transformado em moda pelos compositores populares de melhor nível musical, começava a servir para designar arbitrariamente qualquer gênero de música de canto e dança de ritmo mais ou menos vivo, o próprio Artur Azevedo lançaria quatro anos depois, em sua revista *A república*, de 1890, um tango que intitulava "Fadinho da Sabina".

Esse *tango*, também conhecido como "As laranjas da Sabina", contava a história da revolta dos estudantes de medicina do Rio de Janeiro contra a retirada da vendedora de laranjas da porta de sua faculdade, na Rua da Misericórdia, e quando o autor da música, Francisco de Carvalho, intitulava-a de "Fadinho", estava querendo indicar que em seu ritmo de 2/4 se escondia de fato mais um típico lundu-canção da época.

Aliás, se fosse necessário acrescentar outra prova, seria ainda o teatro musicado carioca que a forneceria em 1897 com o exemplo do *tango brasileiro* de Chiquinha Gonzaga "Gaúcho", composto para a revista *Zizinha Maxixe*, de Machado Careca. O tango de Chiquinha se destinava a um número de dança do *corta-jaca*, denominação esta por sua vez muito vaga e que, no caso desse "Gaúcho", servia apenas para distinguir mais um maxixe cantado.

Dessa forma, a não ser excepcionalmente, em casos de tangos de Ernesto Nazareth, para alguns dos quais Catulo da Paixão Cearense faria letras — "Brejeiro", em 1912, e "Favorito", na mesma época —, esse nome lançado na segunda metade do século XIX chegou aos 1900 designando sempre os mais diferentes gêneros de música cantada, inclusive carnavalesca.

A cançoneta amaxixada "Vem cá mulata", de Arquimedes de Oliveira, que após fazer sucesso no carnaval de 1906 foi transformada num quadro da revista *O maxixe*, estreada no Teatro Santana, do Rio, a 30 de março daquele ano, aparecera em disco Odeon, da Casa Edison, com a indicação de *tango-chula*.

Seis anos depois, outro maxixe surgiria no teatro musicado com a opereta de Luís Peixoto e Carlos Bittencourt *Forrobodó*, levando a indicação de tango: era o excelente "Não se impressione", da maestrina Chiquinha Gonzaga, de 1912, que acabaria conhecido por "Forrobodó", ou "Forrobodó de massada":

"Forrobodó de massada
Gostoso como ele só
É tão bom como cocada
E melhor que o pão de ló.
Forrobodó de massada
Gostoso como ele só
Chi! a zona está estragada
Meu Deus, que forrobodó."

Ao que se acrescentava o estribilho com o remexido típico do maxixe:

"Tem enguiço, tem feitiço,
Na garganta faz um nó.
Então, seu guarda, o que é isso,
Meu Deus, que forrobodó.

Mas, então, pelo que eu vejo,
Não apanho um frango só.
Eu vejo que já não vejo,
Meu Deus, que forrobodó!"

O fato é que, a partir dessa primeira década do século XX, o nome *tango* serviria, sucessivamente, para indicar o gênero de músicas gravadas por bandas com características marciais (caso do tango "Capital federal", conforme se ouve no disco Odeon, selo vermelho nº 40.776), polcas-dobrados, de ritmo algo amaxixado (como o tango "Feniano", gravação Odeon, selo amarelo nº 108.638), polcas-maxixes (como o tango "Hilda", gravado na Odeon pela Banda Escudero, selo amarelo nº 108.828) ou simplesmente polcas puladas (como a música do maestro Costa Júnior intitulada "Tango da sogra", gravada pela Banda Columbia, em disco Columbia, selo verde nº B-170).

Da mesma forma, ao passar a designar com regularidade músicas cantadas, a partir da segunda metade da década de 1910, as indicações *tango* e *tanguinho* já encobriam apenas novos estilos de canções, para as quais ainda não se havia criado um nome mais sugestivo.

Em 1918, por exemplo, o *tanguinho* "Viola cantadeira", de Marcelo Tupinambá, soava na realidade como uma polca-choro em que uns toques de música caipira faziam adivinhar a canção sertaneja inspirada nos gêneros da área das modas de viola. Particularidade que, aliás, poderia ser comprovada menos de dez anos depois, com o lançamento, por exemplo, do *tango* "Caboquinha", de Alfredo Gama, cantado pelo tenor Pedro Celestino, que era inegavelmente uma cantiga sertaneja estilizada.

Durante a década de 1920, finalmente — quando o nome *tango* ainda é usado com frequência, antes de desaparecer de uma vez por todas a partir dos anos 1930 —, a falta de imaginação dos compositores de canções o usaria para designar dois novos estilos: a canção romântica herdeira da modinha (o *tango-fado* "Luar de Paquetá", de Freire Júnior, sobre versos do poeta Hermes Fontes, de 1922) e a canção dramática estilo Vicente Celestino (o *tango* "Pobrezinho", de Joubert de Carvalho, gravado em 1927 por Pedro Celestino).

No início de 1930, a moda do tango argentino no Brasil, tornando ambíguo o uso dessa palavra como indicadora de gênero de música brasileira, contribuiu para fazer desaparecer, afinal, a indicação que nunca tivera sentido em termos de música cantada. O que tantas vezes fora chamado de *tango* passava, desde então, com muita propriedade, a receber os nomes de *canção* e *canção sertaneja*.

5.
O CHORO

O aparecimento do choro, ainda não como gênero musical, mas como forma de tocar, pode ser situado por volta de 1870 e tem sua origem no estilo de interpretação que os músicos populares do Rio de Janeiro imprimiam à execução das polcas, que desde 1844 figuravam como o tipo de música de dança mais apaixonante introduzido no Brasil.

Segundo o maestro Batista Siqueira, que estudou a música erudita e popular de meados do século XIX, os músicos amadores da época costumavam formar conjuntos à base de violões e cavaquinhos. Assim escreveu Batista Siqueira, referindo-se aos tocadores de cavaquinho:

> "Esses artistas aprendiam uma polca de ouvido e a executavam para que os violonistas se adestrassem nas passagens modulatórias, transformando exercícios em agradáveis passatempos."[1]

É de compreender-se que, com o correr do tempo, a repetição dessas passagens acabasse fixando determinados esquemas modulatórios, os quais, por se verificarem sempre nos tons mais graves do violão, acabariam se estruturando sob o nome genérico de *baixaria*.

---

[1] Batista Siqueira, *Três vultos históricos da música brasileira*, cit., p. 98.

Pois seriam esses esquemas modulatórios, partindo do bordão para descaírem quase sempre rolando pelos sons graves, em tom plangente, os responsáveis pela impressão de melancolia que acabaria conferindo o nome de *choro* a tal maneira de tocar e, por extensão, a designação de *chorões* aos músicos de tais conjuntos.

Como a flauta era, ao lado de violões e cavaquinhos, o terceiro instrumento mais popular da segunda metade do século XIX, era quase certo que a ela se deveria a parte de solo durante aquelas tocatas em que os violões "se adestravam nas passagens modulatórias", espicaçadas pelo saltitante contracanto dos cavaquinhos. O maestro Batista Siqueira, porém, em seu entusiasmo pelo grande flautista Joaquim Antônio Calado Jr., dá o nascimento do choro a partir da inclusão da flauta, expressamente por aquele músico, nesses grupamentos de cordas:

> "O resultado sonoro [das execuções de violões e cavaquinhos] agradou ao genial Calado, que não teve dúvidas em se incorporar, com sua flauta famosa, ao conjunto instrumental nascente. Era um quarteto ideal!... Ficou então constituído o mais original agrupamento reduzido do nosso país — O Choro, de Calado. Constava ele desde a sua origem de um instrumento solista, dois violões e um cavaquinho, onde somente um dos componentes sabia ler a música escrita: todos os demais deviam ser improvisadores do acompanhamento harmônico."

Embora não haja qualquer dúvida quanto ao fato de Calado ter sido um autêntico autor e músico de choro (o próprio maestro Batista Siqueira observa que suas partituras parecem exageradamente simples, mas por não traduzirem a riqueza das improvisações, em meio ao clima virtuosístico do conjunto), seria reduzir demais a amplitude do processo de criação da música do choro o pretender creditá-lo à ação de um único instrumentista.

De qualquer forma, os conjuntos formados por Calado alguns anos antes de sua morte, em 1880, que incluíam entre seus componentes alguns dos mais competentes músicos do tempo, inclusive a jovem pianista Chiquinha Gonzaga, seriam certamente os mais importantes dessa fase de fixação do estilo choro. Assim, a partir de 1880, quando Calado, o maior flautista da primeira metade do século XIX, já não vive mais, seu sucessor, Viriato (Viriato Ferreira da Silva, morto poucos anos depois, em 1883), mostra que o gênero malicioso e choroso de tocar está estruturado e começa a inspirar composições com características próprias.

Uma polca então editada por Viriato trazia desde logo implícita em seu título — "Caiu, não disse?" — uma clara referência à preocupação virtuosista do solista-compositor: inventar passagens (modulações) capazes de *derrubar* os acompanhantes.

E assim também, em 1889, a pioneira Chiquinha Gonzaga pode acrescentar por sua parte outra prova da existência — já agora consciente — do novo gênero, através do lançamento do tango característico intitulado "Só no choro".

A partir da década de 1880, com a proliferação dos pequenos grupos de flauta, violão e cavaquinho, transformados em acompanhadores do canto de modinhas sentimentais e tocadores de polcas-serenatas à noite, pelas ruas, e em orquestras de pobre, para fornecimento de música de dança nas casas dos bairros e subúrbios cariocas mais humildes, a música do choro vai se tornar cada vez mais popular. Espalha-se então pelo Brasil o achado de sua baixaria, só destronada na década de 1930, quando os violonistas dos chamados conjuntos regionais da era do samba batucado adotam o acompanhamento apoiado no ritmo de percussão.

Os componentes dos conjuntos de chorões cariocas do fim do século XIX e do início do século XX eram, em sua quase totalidade, representantes da baixa classe média do Segundo Império e da Primeira República. Essa afirmação pode ser comprovada com o simples levantamento das profissões de trezentos músicos, cantores, compositores, mestres de bandas e boêmios ligados a grupos de choros, referidos pelo carteiro carioca Alexandre Gonçalves Pinto em seu livro de memórias intitulado *O choro: reminiscências dos chorões antigos*, publicado em 1936.

Através da sucessão de pequenas biografias de seus velhos companheiros de choro, desde pelo menos 1870 aos primeiros vinte anos do século seguinte, Alexandre Gonçalves Pinto fornece, ora direta, ora indiretamente, dados identificadores de no mínimo 285 chorões, dos quais cita oitenta como tocadores de violão, 69 de flauta, dezesseis de cavaquinho, exclusivamente (porque grande parte dos violonistas citados também tocava cavaquinho, eventualmente), e quinze sopradores de oficlide, o quarto instrumento mais popular do choro carioca, antecessor do saxofone.

Assim, um estudo envolvendo esses quase trezentos músicos de choro lembrados pelo memorialista indicou que, dos 128 cuja profissão foi possível determinar, 122 eram funcionários públicos (militares componentes de bandas do Exército, ou de corporações locais, e civis empregados de repartições federais e municipais), entrando os Correios e Telégrafos com o maior contingente, ou seja, com 44 desses 128 músicos pequenos funcionários.

Para o estudo empreendido — cujas conclusões sociológicas se impõem —, as memórias de Alexandre Gonçalves Pinto serviram como a mais perfeita e segura amostragem: o autor do livro foi chorão e boêmio, tal como seus biografados, e das três centenas de velhos camaradas de que se recordava ou tinha referências (alguns ele confessa não ter conhecido pessoalmente), conseguiu guardar a lembrança dos empregos de quase a metade deles.

Segundo foi ainda possível comprovar pelas citações do autor de *O choro* — que estava longe de imaginar a utilidade de suas "reminiscências dos chorões antigos" —, depois dos Correios, a instituição de onde mais saíram músicos para os choros cariocas, quando a partir de 1890 cresceu a participação dos instrumentos de sopro, foram as bandas militares.

Tais bandas, cuja influência se estenderia até o advento do disco — quando ainda gozavam da preferência do público no lançamento, inclusive, dos primeiros sambas —, eram importantes núcleos formadores de músicos. Havia uma infinidade delas nessa época em que as orquestras eram raras, e o ardor republicano do período de Floriano Peixoto (é o próprio Alexandre Gonçalves Pinto quem o indica) serviria para ampliar seu número. Conforme a enumeração do memorialista, figuravam entre essas bandas a do Corpo de Marinheiros (de onde saiu Malaquias Clarinete), a do Corpo Policial da Província do Rio de Janeiro (da qual era regente o Alferes Godinho, que nos choros tocava flautim), a da Guarda Nacional (a banda de um dos batalhões foi organizada por ocasião da Revolta da Armada, em 1893, por Coelho Gray, que assombrou o oficial que o acompanhara para a compra dos instrumentos ao tirar a escala de cada um deles a fim de testar sua sonoridade), a do Batalhão Municipal, a da antiga Escola Militar, e, principalmente, a do Corpo de Bombeiros (organizada por Anacleto de Medeiros, que a ensaiava brandindo uma grande vara à guisa de batuta). Só dessa Banda do Corpo de Bombeiros do Rio de Janeiro fizeram parte — entre outros que Alexandre Gonçalves Pinto talvez esqueceu — os chorões Irineu Pianinho (flauta), Irineu Batina (trombone, oficlide e bombardino), o bombardino João Mulatinho e o clarineta Pedro Augusto, que chegaram a contramestres da banda, e ainda Tuti, Geraldino, Nhonhô Soares, e o famoso Albertino Carramona, que morreria como segundo-tenente daquela corporação.

Sem contar como banda militar a do Arsenal de Guerra, integrada por operários daquela repartição da Marinha, ainda assim chegariam a 27 os nomes de músicos militares ligados a grupos de tocadores de choro.

A comprovação final de que os conjuntos de chorões se formaram, durante cinquenta anos, com elementos quase que exclusivamente tirados da baixa classe média anterior à Revolução de 1930, no entanto, é fornecida pela soma dos dados obtidos ao longo do livro do carteiro carioca: dos 128 chorões cujos empregos Alexandre Gonçalves Pinto revelou, 31 eram pequenos funcionários públicos federais, principalmente da Alfândega (nove);

oito eram da Central do Brasil; quatro do Tesouro; quatro da Casa da Moeda; e treze outros pequenos servidores municipais, trabalhando em cargos como os de guarda municipal, chefe de turma da Saúde Pública (Agenor Flauta), feitor de turma (flautista Carlos Spínola, pai da vedeta-cantora do teatro musicado Araci Cortes) e até, como era o caso do violonista Quincas Laranjeira, ocupante da curiosa função de "porteiro de higiene" da municipalidade.

Fora das repartições públicas, o carteiro chorão só citaria com mais frequência a Light, ao lembrar os nomes de Juca Tenente (que diz ter sido motorneiro de bonde, mas se esquece de esclarecer que instrumento tocava), o cocheiro de bondes de burro Crispim, que tocava oficlide, e o flautista Loló, que era condutor de bondes da Companhia de São Cristóvão e morreu em consequência de uma pedrada na cabeça durante a revolta popular conhecida no Rio por *Imposto do Vintém*. Entre outras atividades como artífices ou empregados de particulares, indicados como músicos de choro só apareciam um palhaço de circo — o cantor de modinhas Júlio de Assunção —, um "oficial de ortopedia", Raul, que tocava flautim, um sacristão da Igreja de Santo Antônio, o flautista chamado muito a propósito de Pedro Sacristão, e um vendedor de folhetos de modinhas, o cantor Francisco Esquerdo, que — segundo Alexandre Gonçalves Pinto — fazia a delícia dos passageiros dos trens suburbanos da Central do Brasil, no Rio de Janeiro, ao percorrer os vagões cantando com sua bela voz os últimos sucessos. E, finalmente, fato curioso: o velho carteiro memorialista só se refere em todo o seu livro a um chorão como músico profissional, ao afirmar que ele não tocava sem ser pago: era o tocador de requinta Catanhede, cuja disposição se explica, talvez, pelo fato de os tocadores de tal instrumento serem raros, pois, além dele, Alexandre Gonçalves Pinto só cita um, de nome Juca Afonso. Isso permitira provavelmente ao Catanhede viver ocupado com biscates, tocando como músico de teatro.

Em um tempo em que ainda não havia nem o disco nem o rádio, os conjuntos de tocadores de flauta, violão e cavaquinho foram, pois, graças à sua formação eminentemente popular, as orquestras dos pobres que podiam contar com um mínimo de disponibilidades. Pelas memórias do chorão Alexandre, aliás, pode-se verificar, perfeitamente, que os componentes dos choros sentiam-se à vontade nessas festas, o que vale dizer que eram tomados pelos da casa como iguais. Realmente, apenas o fato de possuir um instrumento musical — um violão, um cavaquinho, um oficlide, uma flauta ou uma clarineta — representava um poder aquisitivo que a massa do povo não podia evidentemente alcançar. Acresce, ainda, que as atividades meramente braçais, como eram então as profissões populares de assentadores de trilhos da Central, carregadores de sacos no cais do porto, cavoqueiros, etc., eram incompatíveis com as noitadas em claro dos chorões, que invariavelmente voltavam para casa ao amanhecer, só podendo assim resistir fisicamente devido à relativa suavidade de seus misteres e horários como servidores públicos e pequenos burocratas.

Essa igualdade de condições econômicas, em uma camada em que o mestiçamento aparecia em larga escala, explica também o fato de não existir qualquer preconceito de cor entre os chorões. O fato de sua maioria ser constituída por brancos e mulatos claros não resultava de qualquer incompatibilidade com os negros, mas se explicava pela realidade econômica de os pretos — ainda há pouco escravos — formarem o grosso das mais baixas camadas populares. E a prova está em que, quando por acaso em seu livro Alexandre Gonçalves Pinto se refere ao fato de um chorão ser de cor preta, sente-se que isso se dá incidentalmente, apenas para acrescentar mais um dado à descrição da figura do biografado:

> "João da Harmônica era de cor preta, conheci-o em 1880 morando na Rua de Santana nos fundos de uma rinha de galos de briga. Exercia a arte culinária, bom chefe de família e excelente amigo e grande artista musical, conhecido chorão pela facilidade com que executava as músicas daquele tempo em sua harmônica."

Assim, compreende-se que os conjuntos de choro tenham tido sua época de esplendor enquanto a atração das revistas de teatro, em primeiro lugar, e do rádio e dos discos, depois, não veio diversificar os meios de diversão da gente da classe média, levando-a, inclusive, a participar do carnaval de rua quando sua estilização conciliou, nos primeiros anos do século XX, a festa violenta da população com o mínimo de respeito e de boas maneiras capaz de permitir a presença de "pessoas de família" nas ruas.

Após o maxixe, que apagou completamente as polcas e mazurcas (porque as quadrilhas transformaram-se desde logo em dança pitoresca, exclusiva das festas de São João), viria o samba, como a primeira poderosa e avassaladora contribuição da massa popular, impor-se às camadas médias, que dividiriam seu interesse com o da música dos *jazz-bands*, pondo fim à era sentimental dos chorões.

Quando essa hora soou, a maioria dos chorões, já velhos, ensacaram seus violões ou meteram suas flautas no baú. Alguns profissionalizaram-se aderindo às orquestras de cinema ou de teatro musicado, ou ainda à novidade do *jazz-band*, trocando o oficlide pelo saxofone, num primeiro sintoma de alienação que marcava o advento da influência esmagadora da música popular norte-americana no Brasil.

De toda a experiência, salvava-se, afinal, um novo gênero nascido do estilo chorado de tocar: o choro instrumental, depois também transformado em canção, resultado da cristalização daquela maneira lânguida que os músicos chorões imprimiam à execução mesmo das peças mais alegres e que constituía, afinal, a maior herança das antigas bandas de negros das fazendas, em combinação com o sentimento piegas com que as camadas médias do Rio de Janeiro assimilaram os transbordamentos do Romantismo.

Século XX

6.
MÚSICA DE CARNAVAL

A música de carnaval — pelo menos a produzida especialmente para ser cantada durante os três dias de brincadeira — é uma criação dos últimos anos do século XIX.

Durante os primeiros séculos de colonização, o carnaval, ainda chamado de *entrudo*, praticamente não existiu no Brasil, figurando as comemorações oficiais (aniversário do rei ou da rainha, casamento ou nascimento de príncipes, etc.) como as festas mais próximas do que viria a ser o carnaval, uma vez que incluíam invariavelmente desfiles com fantasiados, carros alegóricos e música de fanfarras.[1]

O entrudo, do qual se tem notícia desde o início do século XVII, era uma reminiscência das festas pagãs greco-romanas realizadas a 17 de dezembro (saturnais) e 15 de fevereiro (lupercais), que tinham origem na comemoração das colheitas, quando se permitia liberdade aos escravos, usavam-se máscaras, vestiam-se fantasias e se comia e bebia desbragadamente. Em coerência com essas origens, o entrudo limitou-se até meados do século XIX a

---

[1] Entrudo vem de *introitus*, nome latino usado pela Igreja para designar as solenidades litúrgicas da Quaresma. Como a festa precede sempre a quarta-feira de cinzas, que marca o início do jejum, com suspensão da carne, o mesmo entrudo português receberia na Itália o nome de carnaval, originado da expressão latina *carneleuale*, que significa — exatamente — retirada da carne. Em um manuscrito de 1130, Du Cange encontrou a palavra já registrada como uma expressão de certa forma estranha, pois diz: "*In Dominica in Caput Quadragesimae quae dicitur carneleuale...*" ("No domingo do início da Quaresma, o qual é chamado *carneleuale...*").

uma festa em que os escravos da Colônia e do Império saíam em correrias pelas ruas, sujando-se uns aos outros com farinha de trigo e polvilho, ao passo que as famílias brancas, refugiadas em suas casas, divertiam-se derramando pelas janelas tinas de água suja sobre os passantes, enquanto comiam e bebiam como os antigos num clima de quebra consentida da extrema rigidez da família patriarcal.

Nessas brincadeiras, porém, não havia um mínimo de organização que exigisse um ritmo, e muito menos qualquer tipo de cantiga. E esse quadro se desenvolveu mais ou menos inalterado até a primeira metade do século XIX, quando, no Rio de Janeiro (que apresentava, na qualidade de capital do país, uma maior diversificação social), novas camadas de classe média anunciaram sua presença através da reivindicação de formas de diversão semelhantes às europeias.

Em matéria de carnaval, a existência dessa nova classe, disposta a participar da festa sem o inconveniente da promiscuidade com os negros e mestiços das camadas mais baixas, vinha se fazendo sentir desde 1835, quando uma firma francesa da Rua do Ouvidor, número 128, próximo da atual Avenida Rio Branco, anunciou a importação de máscaras de cera e de papelão "com expressões jocosas e sérias", além de "caras de porco, de cachorro, de gato; cabeças mecânicas com barbas, bigodes e queixos se movendo, invenção de Bonstifanini, de Veneza".[2]

As pessoas capazes de comprar essas novidades europeias eram evidentemente as mesmas que desde o Primeiro Império se divertiam nos bailes de máscaras ainda algo fechados do Teatro São Pedro de Alcântara, os quais deviam ser necessariamente cerimoniosos, porque a eles comparecia o próprio Príncipe Dom Pedro I.

É evidente que — para não fugir às tradições milenares da festa — esse ar solene dos bailes de máscaras tinha um limite, e

---

[2] Melo Barreto Filho e Hermeto Lima, *História da polícia no Rio de Janeiro*, Rio de Janeiro, Editora A Noite, 2º vol. (1831-1870), p. 99.

em 1824 ou 1825 a atriz de teatro Estela Sezefredo, ainda muito jovem, chegaria a ser detida por atirar um limão de cheiro no rosto de Sua Majestade o Imperador.³ De qualquer forma, é a partir de 1840, quando se anuncia no Teatro São José um "baile de máscara como se usa na Europa, por ocasião do carnaval", que os bailes públicos, explorados por particulares (no caso, a empresária era uma italiana casada com um hoteleiro), se transformam no reduto de diversão da gente branca do Rio de Janeiro. A essa altura, aliás, só faltava o aparecimento de um ritmo capaz de sustentar o clima de alegria sugerido pela festa realizada entre ceias à base de muita comida e muita bebida. E esse ritmo surgiu em 1844: era a dança europeia de par enlaçado denominada *polca*, cuja chegada ao Brasil coincidia com o auge dos bailes no Hotel Itália.

A polca fez sua entrada no carnaval do Rio de Janeiro de forma tão arrasadora, que, a partir de 1846, já havia uma sociedade Constante Polca, especialmente organizada para promover os bailes do Hotel Glória, que então já precisava concorrer com o baile organizado no Teatro São Januário na noite de 21 de fevereiro daquele mesmo ano pela atriz italiana Clara Delmastro, ao qual compareceram "mais de mil pares fantasiados".⁴

Nesses bailes de máscaras realizados daí em diante com regularidade nos teatros do Rio de Janeiro, a polca imperou sobre valsas, *schottisches* e mazurcas, reafirmando sua condição histórica de primeiro gênero de música carnavalesca de salão do Brasil.

Enquanto isso acontecia, a mesma classe média, constituída pelas *famílias*, preparava-se para ganhar as ruas através de uma novidade também importada do carnaval europeu: os desfiles com carros alegóricos. O pioneiro da ideia — e por sinal criador

---

³ Episódio referido por Brício de Abreu em "O carnaval carioca, do entrudo ao desfile das grandes escolas", *O Globo*, Rio de Janeiro, 27/2/1965.

⁴ Eneida, *História do carnaval carioca*, Rio de Janeiro, Civilização Brasileira, 1958, p. 31.

ele mesmo de uma sociedade denominada Sumidades Carnavalescas, em 1854 — foi o romancista José de Alencar, que em 1855 estendia sua ação de animador do carnaval familiar anunciando "às mocinhas que os diretores do Cassino iriam fazer baile de máscaras no qual elas pudessem tomar parte",[5] pois nos bailes de teatro elas se limitavam a ser apenas espectadoras, dada a promiscuidade social do ambiente.

Até então, porém, esses bailes carnavalescos eram animados apenas por música instrumental. É a partir da década de 1880 que a música dos bailes de teatro começa a incluir o concurso de um "corpo de coros", encarregado de animar o ambiente entoando as letras das composições.

Na esfera das *famílias*, constituída pela gente branca da capital do Segundo Império, a passagem do entrudo para o carnaval moderno fazia-se, como se vê, dentro do característico geral de imitação da classe média em formação, a qual, por falta de tradição própria, tem sempre a tendência de imitar o estilo e os costumes de seu equivalente nos países mais desenvolvidos.

Era, pois, na área popular que se ia verificar o processo realmente criativo e autêntico do carnaval brasileiro. Obrigado à adoção de formas mais disciplinadas de brincar nas ruas, por força de repetidas repressões policiais contra o entrudo, o povo lembrou-se de paganizar a estrutura das procissões e no correr da segunda metade do século XIX apareceram os *cordões*.

Os cordões, que constituíam uma sobrevivência das alas de certas procissões, como a de Nossa Senhora do Rosário — em que se permitiam cantos e danças de caráter dramático —, foram os primeiros núcleos de criadores da autêntica música de carnaval.

Integrados por negros e mestiços, e logo pelos brancos das camadas mais humildes da cidade, os cordões apresentavam-se como uma massa mais ou menos compacta de fantasiados que, ao som de instrumentos de percussão, avançavam pelas ruas de

---

[5] *Ibid.*, p. 33.

forma mais ou menos anárquica, uma vez que cada folião dançava criando livremente os passos que a música lhe sugeria.

A primeira composição carnavalesca produzida por esses cordões a deixar notícia histórica foi, segundo a pesquisadora Mariza Lira, a do cordão intitulado Flor de São Lourenço, "que em 1885 atravessou o centro da cidade do Rio de Janeiro cantando":

"Ó D. Mariquinhas
Agite seu lenço
Para dar um viva
À Flor de São Lourenço."[6]

Sempre sem citar suas fontes (pormenor que sempre prejudicou seus trabalhos), Mariza Lira acrescentava que "a cantoria era acompanhada alegremente por pandeiros, chocalhos e tambores", e afirmava ainda que "antes dessa passeata, Mestre Valentim (não confundir com o nosso querido Artista)[7] havia fundado em 1884 o grupo carnavalesco Os Invisíveis, composto de velhos, palhaços, morcegos, caveiras, reis do diabo, etc.".[8]

É verdade que, a partir de 1870, o ainda caótico carnaval de rua ia ganhar uma primeira canção especialmente adaptada ao conhecido ritmo de bumbos do chamado *zé-pereira*, mas que não poderia ser considerada uma criação brasileira.

De fato, desde pelo menos o início da segunda metade do século XIX, os portugueses do Rio de Janeiro haviam estendido

---

[6] Mariza Lira, artigo da série "Relíquias cariocas", publicado na revista *Vamos Ler*, 9/2/1939, p. 51.

[7] O "querido Artista" lembrado por Mariza Lira é, no caso, o mestre de torêutica Valentim Fonseca e Silva, o Mestre Valentim, autor dos jacarés de bronze que ainda podem ser vistos no jardim do Passeio Público, no Rio de Janeiro.

[8] Mariza Lira, *op. cit.*, p. 51.

ao carnaval carioca a velha figura dos *zé-pereiras*: os tocadores de bumbos enormes que, na região do Minho, em Portugal, acompanhavam as procissões ao lado dos tocadores de gaitas de fole. Segundo o historiador carioca Vieira Fazenda, o introdutor do zé-pereira no carnaval do Rio teria sido o sapateiro português José Nogueira de Azevedo Paredes, mas o fato é que, pelas décadas de 1850 a 1860, as figuras de portugueses de camiseta, tamancos e grossos cintos de couro, zabumbando atroadoramente, passam a ser personagens obrigatórios do carnaval de rua.[9]

A emulação entre os grupos de *zé-pereiras* era feita na base da maior potência das batidas, o que não chegava a produzir qualquer espécie de música em seu zabumbar continuado, mas apenas um estrondar compassado, marcando provavelmente o ritmo do andar do portador do instrumento.

Em meados de 1869, porém, ao estrear no Teatro Fênix Dramática a cena cômica do ator Francisco Correia Vasques intitulada *Zé Pereira carnavalesco*, as batidas do bombo passaram afinal a servir de acompanhamento para uma pequena composição lançada originalmente por artistas franceses na peça *Les pompiers de Nanterre* (*Os bombeiros de Nanterre*), levada à cena no início do mesmo ano no Teatro Lyrique Français, antigo Alcazar Lyrique, ainda no Rio de Janeiro.

---

[9] Edigar de Alencar, autor do livro *O carnaval carioca através da música* (3ª ed., Rio de Janeiro, Livraria Francisco Alves, 1979), defende a tese da origem portuguesa do zé-pereira em artigo que pode ser considerado definitivo. Nesse trabalho intitulado "O Zé Pereira no carnaval brasileiro", publicado no jornal *Correio da Manhã*, do Rio de Janeiro, de 13 de fevereiro de 1969, Edigar de Alencar confessa não ter encontrado em suas pesquisas em Portugal qualquer referência ao zé-pereira anterior a 1852, mas pondera que não haveria sentido no fato de os portugueses considerarem o tocador de bumbo das procissões uma figura tradicional em 1864, se ele não fosse conhecido há muitos anos. O escritor Coelho Neto, que conheceu esses personagens no Rio de Janeiro nos fins do século XIX, descreveu-os como "homens robustos e anafados, em mangas de camisa, às macetadas ao bombo, às baquetadas às caixas".

Os versos da música francesa, de autoria de Antonin Louis,

"*Les pompiers de Nanterre*
Sont des bons garçons
Ils mangent les pommes de terre
Et laissent les lardons",[10]

foram substituídos pelo ator Vasques, em sua versão carnavalesca, por outros que não lhes respeitavam o sentido, mas aproveitavam como tema a figura dos zé-pereiras tocadores de bumbo dos dias de carnaval:

"E viva o zé-pereira
Pois que a ninguém faz mal
E viva a bebedeira
Nos dias de carnaval

Zim, balalá! Zim, balalá
E viva o carnaval."

Esses estribilhos integravam-se numa longa versalhada de pretensões humorísticas, mas o público fixou apenas a parte de ritmo mais marcado, e em pouco tempo os tocadores de zé-pereiras começaram a acompanhar suas marretadas no couro dos bumbos cantando a letra finalmente adaptada ao gosto da maioria:

"Viva o zé-pereira
Que a ninguém faz mal

---

[10] A quadrinha, segundo Edigar de Alencar afirma em seu artigo citado, lhe foi transmitida pela viúva do jornalista Brício de Abreu, que a sabia de cor. A partitura descoberta pelo musicólogo Mozart de Araújo no número 41 da série de edições musicais intitulada "Ramalhete de quadrilhas" foi por ele reproduzida ilustrando artigo de sua autoria publicado no *Jornal do Comércio*, Rio de Janeiro, em 28/2/1965.

E viva a bebedeira
Nos dias de carnaval

Viva o zé-pereira!
Viva, viva, viva!"

Os acordes correspondentes aos versos dessas quadrinhas e seu estribilho são os mesmos usados até hoje no carnaval, mas, curiosamente, apenas pelas orquestras carnavalescas de salão, a título de fanfarra, na abertura dos bailes, ou como sinal para mudança da música em execução.

Nas ruas, o zé-pereira — brincadeira de origem portuguesa, com versos sobre música francesa — perdeu-se na memória do povo, que a cada ano encontrava novas músicas de seu gosto no manancial que a inspiração de compositores anônimos ou profissionais lhe oferecia, com a prodigalidade de seu gênio criativo.[11]

A partir dos fins do século XIX e início do século XX, essas músicas saíam, no Rio de Janeiro, das revistas de teatro da Praça Tiradentes (as canções que agradavam nas revistas de maior sucesso ganhavam as ruas, passando a ser cantadas pelo povo no carnaval), ou eram lançadas pelos compositores anônimos na fa-

---

[11] Em alguns pontos do Brasil, no entanto, o zé-pereira, quase certamente importado do Rio de Janeiro, integrou-se durante mais tempo ao carnaval de rua. Em crônica de 5/2/1967, no *Jornal do Comércio*, do Rio de Janeiro, o crítico Andrade Murici dizia lembrar-se de ter ouvido em Curitiba o zé-pereira, "o singelíssimo hino popular sem ponderável substância musical que não o da sua adoção por todos para assinalar a festa, por lá tão simplória". E em artigo publicado no jornal *Diário de São Paulo* de 16/3/1958, o folclorista Renato de Almeida revela ter conhecido na cidade mineira de Ouro Preto um conjunto de zé-pereira fundado em 1896 e reorganizado em 1942, formado por "cinco clarins, dezoito caixas, dois bombos, dois pratos e dois taróis". O autor deste livro obteve em 1972 informação da existência de zé-pereiras na velha cidade paranaense de Castro, onde, aliás, continuaria a existir um animado carnaval de rua, inclusive com desfile de carros alegóricos.

mosa Festa da Penha, realizada nos quatro domingos de outubro no arraial existente no sopé do morro em que se ergue a igreja.

A presença crescente de nordestinos atraídos pelas oportunidades de trabalho no sul rudimentarmente industrializado aprofundava o caos sonoro desses carnavais do fim do século XIX, levando os foliões a cantarem desde paródias de trechos de ópera (como aconteceu em 1886 com a ária "La donna è mobile", da ópera *Rigoletto*, de Verdi, lançada com versos satíricos de Artur Azevedo na revista *O carioca*) até chulas de palhaço de circo (como a famosa "Ó raia o sol/ suspende a lua/ bravo ao palhaço/ que está na rua"), e ainda polcas e mazurcas europeias. Tudo para culminar no ano de 1916 com a consagração simultânea de uma valsa brasileira, "Pierrô e colombina", de Eduardo das Neves e Oscar de Almeida, um *one-step* americano, o "Caraboo", e um estribilho do folclore nordestino, "O meu boi morreu".

O fato de o clímax dessa confusão musical ter acontecido em 1916 não deixa de ser simbólico, porque, no carnaval do ano seguinte, embora ainda em meio à anarquia dos sons que deixaria aturdido nas ruas do Rio o jovem compositor erudito francês Darius Milhaud, deveria ser lançado com a composição intitulada "Pelo telefone" o gênero destinado a fixar, afinal, o primeiro ritmo legitimamente carnavalesco e popular de todo o Brasil: o samba.

7.
A MARCHA E O SAMBA

Os gêneros de música urbana reconhecidos como mais autenticamente cariocas — a marcha e o samba — surgiram da necessidade de um ritmo para a desordem do carnaval. Até os primeiros anos do século XX, as músicas cantadas no carnaval tanto podiam ser os velhos estribilhos de sabor africano divulgados pelos antigos ranchos de baianos da Saúde, ou pelos cucumbis e afoxés de escravos, como as polcas, modas sertanejas e até as valsas dos brancos, lançadas durante o ano em partituras para piano.

Isso se dava porque o carnaval, mal saído do entrudo — que não levava em conta a música, mas a brincadeira grossa de molhar os passantes com seringas d'água —, ainda não possuía qualquer organização.

Foram os ranchos que, ao adotarem a formação das procissões religiosas, instituíram um mínimo de disciplina em meio ao caos do carnaval, sugerindo desde logo à maestrina Chiquinha Gonzaga, em 1899, motivo para a marcha "Ó abre alas", declaradamente inspirada na cadência que os negros imprimiam à passeata enquanto desfilavam cantando suas músicas "bárbaras".

De saída, porém, é preciso notar que, embora criada cerebrinamente por uma compositora da classe média, naquele ano de 1899, a marcha, para se vulgarizar, teria que esperar pelo menos vinte anos, até que os ranchos carnavalescos — numa curiosa trajetória de ascensão social — deixassem de ser coisa exclusiva de negros para admitir a mestiçagem e o semieruditismo de músicos que os transformariam em verdadeiras orquestras ambulantes.

Assim, como explicar que, pela necessidade de encontrar um ritmo para uma festa de rua, as primeiras camadas urbanas modernas do Rio de Janeiro tenham chegado a essa criação de dois gêneros de música, a marcha e o samba? Foi assim. Aparecidos os ranchos de carnaval no Rio de Janeiro, por volta de 1870, quando entre a população branca grupos de portugueses andavam ainda pela cidade malhando bumbos no zé--pereira, e nacionais da classe média dançavam polcas e *schottisches* pela rua, o carnaval carioca passou a sentir os efeitos do adensamento súbito de sua população. A liberação da mão de obra escrava, com a decadência do cultivo do café no Vale do Paraíba, do lado fluminense, e a formação das primeiras empresas industriais começaram a diferenciar a população, criando toda uma gama de distinções sociais. Havia os escravos (e logo os ex-escravos) igualados à massa dos trabalhadores braçais, formando a classe baixa; os artífices, empregados do comércio e o pessoal subalterno dos serviços públicos, oficiais ou particulares, constituindo uma baixa classe média; os pequenos comerciantes e os burocratas, compondo a classe média propriamente dita; e, finalmente, os doutores e os grandes comerciantes, constituindo a precária burguesia, cuja elite era representada pela minoria dos donos de terras e pelos capitalistas e proprietários em geral.

Essa diversificação vinha pôr em relevo, no Rio de Janeiro, o problema da participação de camadas novas numa festa que, pelo menos desde meados do século XIX, se havia estruturado num esquema rígido: as camadas baixas "jogavam o entrudo", atirando-se farinha e água suja na cara, em plena rua, num vale--tudo brutal; as famílias burguesas assistiam aos bailes de máscaras nos teatros, enquanto os homens, particularmente, filiavam-se às grandes sociedades, onde os desfiles de carros de críticas lhes permitiam manifestar um pensamento político precariamente atendido pelas eleições roubadas. Assim, os elementos que vinham compor a baixa classe média e engrossar a classe média propriamente dita teriam que ficar de fora, não fora a reestruturação do carnaval vir dar vez a todos. Os pretos, igualando-se em sua condição de trabalhadores urbanos a brancos e mestiços de profissões não qualificadas, iam formar então os cordões que só guardavam dos ranchos a forma processional e as figuras do porta-estandarte e do mestre-sala; a gente miúda passaria a dominar os ranchos, matando suas últimas sobrevivências folclóricas com a novidade dos instrumentos de sopro e a execução de trechos de óperas; a classe média se organizaria em blocos formados por vizinhos de uma mesma rua ou bairro, a fim de brincar "em família" nas batalhas de confete circunscritas a ruas fechadas, onde as moças podiam evoluir ao som das músicas sob as vistas atentas dos papais.

Ora, é de concluir-se que, com essa nova organização, alcançada nos primeiros anos do século XX, as músicas feitas para dançar de par — como as polcas e as valsas — teriam mesmo que tornar-se anacrônicas, quando o estilo de passeata de ranchos, blocos e cordões estava pedindo um ritmo marchado, necessariamente binário, com acentuação do tempo forte, e cuja marcação deveria facilitar o avanço da massa dos foliões.

Para os antigos ranchos criados pelos baianos da zona carioca da Saúde, na área dos trapiches do porto, e agora integrados pela pequena humanidade dos pretos, mestiços e brancos situados logo acima da ralé, o problema de uma música própria não constituiu dificuldade. Era dessa camada que, desde meados do século XIX, saíam os músicos das bandas militares e dos conjuntos dos chamados *chorões*, que durante o ano faziam o papel de orquestra de pobre, animando festas de casamento, aniversário e batizado por toda a cidade, com suas flautas, violões, cavaquinhos e oficlides. Atraídos para os novos ranchos, esses músicos — muitos dos quais eram capazes de ler na pauta — emprestaram seu estilo chorado à lenta evolução dos desfiles, cada vez mais presos à complicação de enredos que obrigavam ao uso de carretas. Foi por isso — por essa preocupação de valorizar sua condição de "músicos", através da execução de peças "difíceis" (trechos de óperas e canções italianas, principalmente) — que as *orquestras* dos ranchos não desenvolveram a invenção da marcha de ritmo vivo de Chiquinha Gonzaga, mas evoluíram, pela languidez mestiça do estilo, para uma forma de marcha cadenciada e dolente, mais tarde fixada como gênero sob o nome de marcha-rancho.

Nos cordões, porém, onde se reunia a massa heterogênea das camadas populares, a solução teria que ser outra. Os cordões eram compostos por gente sem o mínimo poder aquisitivo, o que desde logo excluía a possibilidade de aparecer alguém com um instrumento que não fosse de percussão. Uma flauta ou um violão custava dinheiro, mas uma barrica e um couro de cabrito para um surdo, um tambor ou uma cuíca não eram tão difíceis assim de conseguir.

Essa circunstância, aliada ao fato de os cordões — liderados quase sempre por capoeiras e desordeiros — terem partido desde logo para a adoção de estribilhos e quadrinhas soltas, de ritmo algo batucado, como a famosa,

"Oi trepa Antônio,
Siri está no pau...",

preparou o aparecimento do novo gênero de música que, pela esquematização de seu ritmo, serviu não só a esses foliões de pé descalço, mas também à gente da classe média, quando a proliferação das orquestras tipo *jazz-band* e os bailes de salão vieram aparar-lhes as asperezas.

Até o aparecimento do samba, em 1917, como gênero de música cultivada conscientemente, o carnaval carioca refletiu de maneira mais transparente as contradições expressas na confusão que resultava da maneira indecisa pela qual as novas camadas procuravam enquadrar-se na "festa do povo". Assim foi que, no início do século XX, enquanto os ranchos já modernizados desfilavam evoluindo lentamente ao som de músicas dolentes e a gente da camada baixa berrava estribilhos anônimos de batuques, ou cantava chulas e quadrinhas soltas como,

"Eu vô bebê
Eu vô me embriaga
Eu vô fazê barulho
Pra polícia me pegá",

o grosso da gente média continuava a divertir-se cantando, indistintamente, a marcha "Ó abre alas", de Chiquinha Gonzaga, o tango-chula "Vem cá mulata", de Arquimedes de Oliveira, a polca "No bico da chaleira", do maestro João José da Costa Júnior, ou até — como aconteceu em 1913 — um *one-step* intitulado "Caraboo", lançado pouco antes no palco do Teatro São Pedro, em versão brasileira, sob o título de "Ó minha Carabu".

Estava-se, pois, às vésperas da Primeira Grande Guerra de 1914-18, e embora as diferentes classes sociais do Rio já pudessem dar-se ao luxo de se divertir em três diferentes carnavais — o dos pobres na Praça Onze, o dos remediados na Avenida Central (hoje Rio Branco) e o dos ricos nos corsos com automóveis e nos grandes clubes —, a grande festa ainda não tinha descoberto o ritmo capaz de conferir-lhe um denominador comum musical.

Foi quando na Rua Visconde de Itaúna, 117, na casa de Tia Ciata, uma das baianas pioneiras dos velhos ranchos da Saúde (e fundadora, ela mesma, do rancho Rosa Branca), um grupo de compositores semialfabetizados elaborou um arranjo musical com temas urbanos e sertanejos que, ao ser lançado para o carnaval de 1917, acabou se constituindo no grande achado musical do samba carioca.

É importante notar que, quando o primeiro samba *com ritmo de samba* surgiu na casa de Tia Ciata, como obra coletiva de um grupo de velhos foliões baianos e de gente da moderna baixa classe média carioca (caso de Donga e do compositor e pianista Sinhô, diretamente ligados ao aparecimento do novo gênero, inicialmente ainda muito preso ao maxixe), a geração de antigos trabalhadores da zona portuária da Saúde tinha evoluído muito, e o próprio baiano Hilário Jovino, animador dos mais antigos ranchos, havia comprado o título de tenente da Guarda Nacional.

Assim, quando o compositor Ernesto dos Santos, o Donga, correu a 6 de novembro de 1916 para registrar na Biblioteca Nacional a composição destinada a fazer sucesso no carnaval do ano seguinte com o nome de "Pelo telefone", levando no selo do disco a indicação *samba carnavalesco* ("Registre-se em 20/11/1916. Registrado sob nº 3.295 em 27/11/1916"), esse pequeno fato e a subsequente polêmica em torno de sua esperteza iam revelar uma curiosa particularidade: o novo gênero de música urbana não nascia mais anonimamente, mas entre pessoas que tinham consciência de fazer de sua criação uma coisa *registrável*.

Esse característico — que comprova, desde logo, mais do que a origem não folclórica do samba carioca, sua própria filiação não de todo popular — seria acentuado pelo fato de o compositor responsável pela fixação da música em sua primeira fase, o mulato Sinhô, apresentar-se já como pianista profissional, ligado a clubes de dança pagos, a casas de música e a companhias de discos.

Realmente, quando em 1916 surgiu na Cidade Nova a verdadeira colcha de retalhos de estribilhos (inclusive folclóricos) revestidos do novo ritmo do samba, a casa da baiana Tia Ciata era o ponto de reunião da gente mais heterogênea possível.

Ao contrário do Café Paraíso, da Rua Larga, quase esquina da Rua Regente Feijó, e de outros bares do Rio frequentados por bambas das camadas mais populares da zona velha da cidade, a casa da doceira Tia Ciata não recebia apenas macumbeiros e boêmios, mas profissionais (marceneiros, alfaiates), pequenos funcionários públicos, repórteres (como Mauro de Almeida, o *Peru dos Pés Frios*, autor da letra com que foi registrado o samba "Pelo telefone"), baianos bem-sucedidos no Rio, como o Tenente Hilário Jovino Ferreira, e representantes da primeira geração de compositores profissionais cariocas, tais como Sinhô e Caninha.

Assim, não é de estranhar que, quando o samba "Pelo telefone" estourou como sucesso popular, no carnaval de 1917, a luta em torno de sua autoria e a posterior exploração do novo gênero tenha colocado em campos opostos o carioca Sinhô — que acabaria recebendo mais tarde o título de Rei do Samba — e os baianos da casa de Tia Ciata, tendo à frente o líder Hilário Jovino Ferreira, que chegou a desafiar o pianista, pelos jornais, para um torneio de samba de improviso. Contemporâneo do disco e do teatro de revista eminentemente musical, o samba nascia com o destino de passar às mãos dos compositores profissionais — que logo seriam Sinhô, Careca, Caninha, Donga, Pixinguinha, etc. —, e isso explica seu estilo amaxixado dos primeiros tempos. Embora de origem popular, o samba começava logo corrompido pelo vício de execução dos integrantes de orquestras das gravadoras e do teatro musicado, àquela época impregnados do ritmo do maxixe e começando a deixar influenciar-se pelos novos gêneros americanos do *one-step*, do *ragtime*, do *black bottom*, etc.

O fato é que, divulgada a novidade musical através do sucesso do samba "Pelo telefone" (em que a intromissão da classe média ficava clara a partir da letra ironizando a repressão policial à jogatina), o samba ia acabar em pouco tempo não apenas com a polca e as chulas, mas com as toadas sertanejas estilo "Caboca de Caxangá" e com a voga de motivos nordestinos tipo "O meu boi morreu", indicadores da presença da massa de emigrantes nordestinos servindo de massa flutuante de mão de obra no Rio.

A partir de 1918 — embora ainda nesse ano rivalizando com a marcha portuguesa "A baratinha" e com o cateretê "O matuto", do compositor paulista Marcelo Tupinambá — o samba não deixaria mais de figurar como o gênero de maior sucesso no carnaval. E, muito significativamente, essa grande carreira do novo gênero urbano, nascido sob o signo da apropriação de temas rurais por parte de profissionais do disco e do teatro musicado, ia ter início em um samba de Sinhô cuja letra revelava ainda uma vez o triunfo da cidade, ao depreciar os baianos da casa de Tia Ciata com a ironia do título: "Quem são eles?":

"A Bahia é boa terra
Ela lá e eu aqui, iaiá...

Ai, ai, ai,
Não era assim que bem chorava."

Embora os compositores cariocas Pixinguinha e seu irmão China também se tivessem julgado solidariamente atingidos pela ironia de Sinhô — e por isso respondido em 1919 ao "Quem são eles?" com o terrível perfil do adversário no samba "Já te digo":

"Um sou eu
O outro eu não sei quem é (bis)
Ele sofreu
Para usar colarinho em pé (bis)"

—, o certo é que o samba, surgido de um apanhado de temas anônimos, acabaria mesmo tornando-se exclusivo do grupo de elementos populares que, após lutar para usar *colarinho em pé*, passava a dominar os meios de divulgação da época: as editoras musicais, as casas de música, as gravadoras de discos, as orquestras do teatro de revista, os conjuntos de casas de chope (os "chopes berrantes", por oposição aos cafés-concerto), as orquestras de sala de espera de cinema e, finalmente, o rádio.

A criação do samba, entretanto, inicialmente muito preso aos requebrados do maxixe (ao menos como apareciam quando gravados em disco), revelava-se ainda assim um pouco rude ao ouvido das camadas médias, muito mais ligadas à tradição melódica europeia das valsas, *schottisches*, polcas e mazurcas do que à complicação rítmica herdada dos negros africanos através de seus filhos e netos, componentes das últimas camadas da população carioca.

E eis como se explica o fato de, quase contemporaneamente ao aparecimento do samba, ter surgido a marcha carnavalesca.

A marchinha de carnaval carioca, por sua extrema esquematização rítmica, ia permanecer praticamente inalterada, e nem chegou, como aconteceu com o samba, a inspirar-se em motivos da tradição popular. Criação típica de compositores da classe média da década de 1920, a marcha carnavalesca representava mais o resultado do impacto de marchas portuguesas divulgadas no Brasil por companhias de teatro musicado nos primeiros anos do século XX, e depois pelo ritmo do *ragtime* americano, do que propriamente uma retomada consciente do exemplo dado por Chiquinha Gonzaga com sua composição "Ó abre alas", de 1899.

Tal como havia acontecido com o samba, o ritmo da marcha já tinha aparecido, aqui e ali, desde o fim dos 1800, em algumas músicas rotuladas de *tango*, *canção carnavalesca*, *fadinho*, etc., mas foi apenas quando a massa crescente das famílias aderiu aos bailes de carnaval com orquestra de tipo *jazz-band* que o ritmo ganhou consciência de gênero musical independente.

Tudo se prendia, no fundo, ao fato de, até pelo menos 1920, as músicas não serem feitas exclusivamente para o carnaval: as músicas eram as de todo o ano, e só quem produzia com intenção carnavalesca eram os compositores anônimos dos grupos, ranchos, blocos e cordões, quase sempre fazendo glosas aos seus nomes, como era o caso do bloco Tire o Dedo do Aparelho, que ainda no carnaval de 1913 se apresentava cantando o *tango*:

"Toda moça que é dengosa,
Buliçosa...
Queira aceitar um conselho:
Quando vir algum brinquedo,
Tenha medo,
Tire o dedo do aparelho..."

Assim, quando o sucesso do samba "Pelo telefone", lançado por Donga expressamente para o carnaval e amparado desde logo em sua gravação em disco pelo cantor Baiano (Odeon, nº 121.322), anunciou o advento do novo gênero de música carnavalesca, já três compositores, pelo menos, estavam prontos para lançar a marcha, quase simultaneamente.

Alertados muito provavelmente pelo sucesso da *canção car-*

navalesca "A baratinha", do português Mário São João Rabelo, cujo estribilho sucesso do carnaval de 1918,

"A baratinha, iaiá,
A baratinha, ioiô,
A baratinha bateu asas e voou...",

seria inclusive aproveitado em outro carnaval, mais de trinta anos depois, os compositores Sinhô, Eduardo Souto e Freire Júnior lançaram-se à produção de uma série de marchas: "O pé de anjo" (Sinhô), "Pois não" (chamada, aliás, impropriamente, de "samba carnavalesco" pelos autores Eduardo Souto e Filomeno Ribeiro), ambas de 1920, e "Ai, amor", de Freire Júnior, de 1921.

A partir de "O pé de anjo" (por sinal calcada na melodia da valsa francesa divulgada no Brasil com o nome de "Geny"), mas principalmente de "Ai, amor", a marcha estaria fixada como o segundo gênero de música mais constante do carnaval até pelo menos a década de 1970. O samba, criado por compositores populares em fase de ascensão social, ainda se identificaria com a camada baixa quando o ritmo passou a ser aproveitado, alguns anos depois de "Pelo telefone", pelo grupo de compositores da zona carioca do Estácio, próximo da Praça Onze. A marcha, porém, seria sempre uma expressão particular da classe média, e a melhor prova disso está na própria letra da marcha "Ai, amor", do mulato dentista Freire Júnior, autor de revistas para os teatros da Praça Tiradentes. De fato, o compositor aproveitava exatamente, no plano musical, o tema que garantia a fama do desenhista J. Carlos, responsável pela fixação dos tipos sociais da *melindrosa* e do *almofadinha* — que nada mais eram, afinal, do que os dois mais refinados produtos da nova classe média urbana carioca surgida na segunda década do século, quando a influência do cinema norte-americano começava a justificar inclusive a construção, no Rio de Janeiro, do centro de diversões intitulado Cinelândia. Ao contrário das letras estapafúrdias ou imitadoras da linguagem nordestina e caipira, usadas até então em polcas, chulas, tangos e *canções carnavalescas*, em geral, a marcha de Freire Júnior traçava em sua longa letra de 28 versos os perfis da moça e do rapaz típicos das novas camadas médias do Rio de então, em um espírito crítico que foi sempre o distintivo do intelectual colocado à margem da produção:

"Melindrosinha
Moça chique e vaporosa
Elegante e bonitinha
Perfumada como a rosa.
Namoradeira
Com vontade de casar
Os botões de laranjeira
Nos dão muito que pensar."

E o estribilho, em que se inauguravam definitivamente o ritmo e a cadência da marcha carnavalesca, como ficaria conhecida, dizia, com uma delicadeza a que não faltava, sequer, a velha comparação da mulher com a flor:

"Ai, amor,
Ai, ó flor,
Não me faças sofrer assim
Este mal que não tem mais fim.
Moço bonito
É rapaz bem descolocado [*i.e., desempregado*]
Que por processo esquisito
Anda chique e perfumado.
Este tratante
Dó ré mi sabe tocar [*fazer dó ré mi: furtar*]
Intitula-se estudante
Para as moças embrulhar.
Misteriosa
E mocinha sem vintém
Que também é melindrosa

> Sem dizer nada a ninguém.
> Veste a capricho,
> Anda só, vai ao cinema,
> Acerta sempre no bicho
> Pra resolver o problema."

Pela primeira vez, dentro de um ritmo bastante estilizado para poder ser aceito sem dificuldade por gente de camadas heterogêneas, desvinculada da tradição popular dos carnavais de pé no chão, um gênero novo de música punha à disposição dos foliões dos bailes de salão e dos blocos formados por vizinhos de rua ou de bairro um tipo de composição com que se identificavam, inclusive pelas letras.

Realmente, a despeito de Sinhô ter contribuído para o gênero em 1922 com a marchinha "Sai da raia", de inegável sabor popular no estribilho que cantava:

> "Meu bem, não chora,
> Arruma a trouxa,
> Diga adeus e vá-se embora",

já em 1923 seria ainda Freire Júnior quem viria acrescentar dois novos toques distintivos à marcha carnavalesca, acabando por configurá-la como produto típico de compositores de classe média: o suporte rítmico de frases alternadas, na base de onomatopeias, sem qualquer significado, e o aproveitamento do trocadilho:

> "Ó menina venha cá,
> Ula lá, ula lá,
> Creia em mim e tenha fé
> Ole lé, ole lé,
> Meu amor é para ti
> Bem-te-vi, bem-te-vi
> Não sou coió
> Bem-te-vi só..."

Essa obra de identificação da marcha com a classe média seria completada a partir de 1926 (um ano antes da estreia de Lamartine Babo com a marcha "Os calças largas") por um compositor típico dessa camada: o pianista José Francisco de Freitas, autor da marchinha "Eu vi",

"Eu vi
Eu vi
Você beliscar Lili
Lili...",

e do grande sucesso que foi no mesmo ano outra marcha de sua autoria, "Zizinha", cuja partitura para piano alcançou a tiragem de 31 mil exemplares vendidos em todo o Brasil.

Uma vez que o samba e a marcha foram fixados como gêneros de música carnavalesca, pouco antes de 1930, toda sua evolução posterior só fez acompanhar, passo a passo, a evolução social das classes a que se dirigiam: o samba vacilante de Donga, Sinhô e Caninha, da década de 1920, ganhou no Estácio o ritmo batucado com a geração de compositores da camada mais baixa (Ismael Silva, Nílton Bastos, Bide, Armando Marçal, Heitor dos Prazeres), enquanto a marcha continuaria praticamente inalterada, por nunca ter atingido realmente a massa, única capaz de acrescentar-lhe alguma novidade.

Com o aparecimento da geração de compositores profissionais dos meios do rádio e das fábricas de discos — Ary Barroso, Lamartine Babo, João de Barro, Noel Rosa, Assis Valente, Haroldo Lobo, Ataulfo Alves e outros —, o samba, nascido carnavalesco, foi adaptado pela modificação de seu andamento para o meio do ano sob o nome de *samba-canção*.

Criado para as orquestras de danças de salão, o samba-canção, entregue ao semieruditismo dos orquestradores, foi progressivamente amolengando o ritmo até transformar-se, no correr da década de 1940, na pasta sonora que o confundiu por vezes com o bolero (samba "Risque", de Ary Barroso, por exemplo), para gáudio das modernas gerações contemporâneas das "oportunidades da guerra", responsáveis pelo fenômeno do chamado *café-society* e pela proliferação das boates.

Como, paralelamente, compositores de camadas populares efetuavam operação contrária, sincopando ainda mais o samba da década de 1930 nas caricaturas conhecidas por *samba de breque*, e alguns compositores isolados, como Nelson Cavaquinho, continuavam a cultivar o samba-canção, mais chegado às fontes populares (isto é, mais samba do que canção), verificou-se depois de um certo tempo a coexistência de vários tipos de samba.

Essa coexistência indicava, é claro, a coexistência de toda uma gama de diferentes grupos na escala social, o que, por sua vez, se explicava pelo advento do avanço industrial, paralelamente à sobrevivência de condições quase feudais em vários pontos do país, com reflexo no Rio de Janeiro.

E foi assim que, quando o samba-canção cultivado pelos compositores profissionais da classe média passou a não comportar mais qualquer evolução formal, pelo esgotamento das possibilidades (ainda foram tentadas hibridações como as *sambaladas* e os diferentes tipos de *balanços*, inutilmente), surgiu no fim da década de 1950, com o movimento denominado *bossa nova*, a tentativa de sair do impasse, ao nível da classe média de cultura universitária, pelo rompimento puro e simples com a experiência rítmica acumulada ao longo dos anos pelas camadas populares.

8.
A MARCHA-RANCHO

A lenta e bucólica marcha-rancho, compreendida como gênero de música carnavalesca paralela à marcha, ou marchinha, de andamento mais vivo e letra maliciosa ou irônica, é uma criação relativamente moderna e constitui a produção consciente de profissionais da primeira geração de compositores do rádio da década de 1930, interessados em capitalizar o espírito musical e a beleza dos desfiles de ranchos cariocas.

Surgidos no fim do século XIX entre os núcleos de moradores nordestinos da zona portuária do Rio de Janeiro, ligados todos a uma origem rural (foram os baianos migrados para o Rio que tiveram a ideia de desfilar com ranchos no carnaval),[1] os primeiros ranchos cariocas saíam cantando pelas ruas as marchas e loas do repertório tradicional do ciclo das festas folclóricas de dezembro.

A mais antiga dessas marchas, posteriormente relançada em disco com o ritmo certamente modificado, para transformar-se em um dos clássicos do carnaval brasileiro, foi a famosa "A jardineira".[2] Essa marcha do folclore nordestino — que já pelo título sugeria sua origem, lembrando a figura clássica das mocinhas

---

[1] O historiador dos ranchos cariocas Jota Efegê (artigo em *O Jornal*, 23/1/1966) lembra que os baianos pioneiros se encarregavam de inspecionar os trabalhos de todos os ranchos, comunicando os resultados pela imprensa, como no caso da nota divulgada pelo *Jornal do Brasil* de 10/1/1908, dando conta de haver sido comprovado "o cumprimento das regras que são adotadas nestas diversões oriundas do Estado da Bahia".

[2] "A jardineira", de Benedito Lacerda e Humberto Porto, sucesso do carnaval de 1939.

"pastoras" enfeitadas de flores, que nos pastoris saem em filas, ou cordões, tocando pandeiros — teve sua primeira adaptação carioca talvez ainda na década de 1870, quando o baiano Hilário Jovino Ferreira lançou a novidade da paganização dos ranchos e ternos de reis. Um dos vários ranchos organizados por Hilário em 1899 se chamaria exatamente A Jardineira, e iniciaria uma tradição de ranchos e cordões carnavalescos de espírito nitidamente pastoril, como foram os intitulados A Flor da Jardineira, de 1901, e Filhos da Jardineira, de 1906. Segundo o radialista e estudioso de música popular Almirante, que em 1939 aproveitou o escândalo da apropriação da marcha "A jardineira" para levantar suas origens em um de seus programas na Rádio Nacional, dentro da série "Curiosidades musicais", os versos,

> "Ó jardineira
> Por que estás tão triste?
> Mas o que foi
> Que te aconteceu?
> Foi a camélia que caiu do galho,
> Deu dois suspiros, e depois morreu",

já haviam sido cantados em 1896 pelos integrantes do cordão Flor ou Filhos da Primavera, organizado por um certo Candinho das Laranjeiras.

O certo é que, iniciando no carnaval de rua carioca a tradição dos desfiles organizados em molde de espetáculo para o público ("os ranchos carnavalescos são estas belas sociedades que, com luxo e esplendor, vão aos poucos substituindo os antigos *cordões*", escrevia um jornal de 1911), os ranchos tiveram necessidade de criar um tipo de música coerente com o espírito de seus desfiles.

Até os fins do século XIX, os grupos de foliões que se organizavam em blocos e cordões para brincar na rua não se preocupavam muito com o canto, preferindo dançar e executar passos semelhantes aos da capoeira ao som de instrumentos de percussão. Eventualmente, uma ou outra quadrinha surgia e se fixava, servindo como canção carnavalesca por vários anos seguidos, mas o característico geral do caótico carnaval dos cordões era o "batuque e o berreiro". Essa definição do tipo de música particular do carnaval de rua carioca do limiar do século XX apareceu por sinal em um artigo publicado no jornalzinho interno do rancho Ameno Resedá, de 1910, cujo autor lembrava a fundação daquela sociedade carnavalesca, em fevereiro de 1907, esboçando em suas memórias um quadro perfeito da revolução musical operada pelos ranchos no carnaval:

"O Mário Cardoso, depois de meditar, com os olhos fitos em um espesso sabugueiro engrinaldado de flores, alvas e aromosas, externou o desejo de fundar-se um grêmio carnavalesco, cheio de originalidade, *diferente dos grupos barulhentos de batuque e berreiro*. [...] Um grêmio onde a beleza e elegância das vestes se harmonizasse com a sublimidade de cantares impecáveis, *cuja música fosse da lavra de verdadeiros musicistas*. [...] O batuque, a pandeirada e os urros seriam banidos por antiestéticos."[3]

Como se vê, a preocupação evidenciada pelo redator do jornal *Ameno Resedá* deixava transparecer um ideal de ascensão social dos componentes dos ranchos da primeira década do século XX, herdeiros da tradição dos antigos grupos de inspiração folclórica organizados pelos baianos liderados por Hilário Jovino Ferreira. Ora, na parte da música das novas sociedades carnavalescas, a tendência seria, pois, a da substituição do ritmo e da cantoria algo bárbara dos antigos blocos e cordões pela formação de orquestras ambulantes, capazes de valorizar a beleza do

---

[3] Citado em Jota Efegê, *Ameno Resedá: o rancho que foi escola*, Rio de Janeiro, Editora Letras e Artes, 1965, p. 35.

desfile com a imponência de melodias "da lavra de verdadeiros musicistas".

Inicialmente, porém — ou talvez, mesmo, por busca de elevação do nível musical dos desfiles —, os ranchos da década de 1920 não se preocupavam em fixar um gênero próprio, mas tiveram a ingenuidade de apresentar-se durante anos pelas ruas ao som de trechos de óperas, cantados por seus esforçados componentes a duas e três vozes.

No caso do rancho Ameno Resedá (cujo diretor de harmonia, Antenor de Oliveira, era também seu mais frequente compositor), mesmo quando eram cantados simples dobrados, como o "Severino Marques" ou "Nunes Leite", *schottisches* como "Salve", ou *marchas cantadas* como "Portugal e Brasil", todas daquele autor, a preocupação orquestral e o requinte do coral revelavam um decidido propósito de impressionar o público pela tentativa de superação do nível estritamente popular. Era o que o jornalista e antigo animador de ranchos Jota Efegê confirmaria, quase quarenta anos depois, ao escrever no artigo "Marchinhas que fazem reviver os ranchos", publicado pelo jornal *Diário Carioca* de 10 de julho de 1962:

> "Os ranchos, no carnaval de ontem, uma das mais imponentes manifestações artístico-musicais de conteúdo recreativo dessa festa popular, tinham nas marchinhas, ao ritmo das quais faziam passeatas pela cidade, fator importante da atração que exerciam sobre o povo. De melodia rica, própria para ser entoada por grande conjunto de vozes, tais marchinhas, sempre vibrantes e muitas vezes épicas, empolgavam, a um só tempo, aos que as cantavam e aos que as ouviam."[4]

---

[4] Algumas dessas músicas cantadas pelos corais dos ranchos chegaram a ser gravadas por volta de 1915 pelos próprios componentes dos ranchos Ameno Resedá e Flor do Abacate. O autor possuiu em sua coleção (hoje no IMS) oito desses discos: "Sobre as ondas", barcarola, pelo Ameno Resedá,

Na verdade, os poucos discos que chegaram a ser gravados em estúdio antes de 1920 por alguns corais de ranchos, como os do Ameno Resedá e do Flor do Abacate, revelam uma animação e um ritmo que em nada os aproxima das marchas-ranchos da década de 1930. Assim, o que se pode imaginar é que, após a sofisticação das orquestras de rancho, as marchas e outros gêneros usados como canção enredo, deixando de ser acompanhadas ao som de percussão de castanholas, pandeiros e pandeiretas, como no tempo dos conjuntos pioneiros, passaram a ter sua melodia extraordinariamente valorizada, graças à importância que assumiam agora os instrumentos de sopro.

Isso pelo menos era o que dava a entender já em 1913 o jornalzinho *Ameno Resedá*, ao ressaltar em um de seus artigos:

> "O Ameno Resedá, pela originalidade dos seus cantares, entoados por um coral flébil e inteligente, além de saber exprimir com o mais perfeito sentimento os poemas artisticamente musicados, serviu de padrão para a remodelação dos seus congêneres ulteriores e para baseamento dos seus precursores."[5]

---

disco Gran Record Brazil n° 70.255, selo verde e amarelo; "Viúva alegre", marcha, pelo Ameno Resedá, disco Gran Record Brazil n° 70.249; "Severino Marques", dobrado cantado, de Antenor de Oliveira, Ameno Resedá, Odeon Record n° 120.308; "Nunes Leite", dobrado cantado, de Antenor de Oliveira, Ameno Resedá, Odeon Record n° 120.310; "Salve", *schottisch* cantada, de Antenor de Oliveira, Ameno Resedá, Odeon Record n° 120.311; "Portugal e Brasil", marcha cantada, de Antenor de Oliveira, Odeon Record n° 120.312; "Ao cair da tarde", marcha, de Otávio D. Moreno, cantada pelo rancho carnavalesco Flor do Abacate, disco Phoenix n° 70.709; e "Gentil pastora", marcha cantada pela Sociedade Carnavalesca Flor do Abacate, disco Faulhaber n° 66.

[5] Citado em Jota Efegê, *op. cit.*, p. 73.

Ora, seria essa valorização da melodia, ao lado das solenidades dos lentos desfiles dos grandes e luxuosos ranchos da década de 1920, que certamente iria impressionar os compositores profissionais do meio do rádio, levando-os a lançar comercialmente marchas nas quais procuravam captar o espírito algo solene e grandioso da música produzida pelos compositores dos ranchos.

A prova dessa intenção de reproduzir o mais literalmente possível o estilo dos compositores amadores se revela no fato de as primeiras gravações comerciais desse novo tipo de música carnavalesca adotarem na indicação do gênero a expressão *marcha de rancho*.

De fato, já em 1927, o compositor Eduardo Souto, que unia o senso de oportunidade ao talento criador, lançava em disco Odeon nº 123.208 *uma marcha de rancho com coro* intitulada "Moreninha", na qual, por essa mesma indicação impressa no selo do disco, percebia-se a preocupação de lembrar aos possíveis compradores a autenticidade da composição.

Assim, mais tarde, quando em 1931 o prolífico letrista do início do século Catulo da Paixão Cearense lança com Miguel Guimarães Júnior a composição "Ri, palhaço" (gravada por Francisco Alves em disco Odeon nº 10.763), ou quando em 1933 Lamartine Babo se inicia no gênero com a música "Bem-te-vi" (gravada por Gastão Formenti em disco RCA-Victor nº 33.615), é ainda esse mesmo nome *marcha de rancho* que figura em partituras e etiquetas de discos indicando o gênero, que aparecia ainda excepcionalmente no diminutivo, como no caso da composição de Joubert de Carvalho "Vem aos meus braços", de 1934, lançada como *marchinha de rancho* (gravação de Gastão Formenti em disco RCA-Victor nº 33.906-B).

Seriam essas marchas de rancho compostas por profissionais, ainda com ritmo mais ou menos vivo, apesar de mais dolentes do que as marchas comuns (por exemplo "As pastorinhas", de Noel Rosa e João de Barro, de 1938), que tornariam conhecido em todo o Brasil, através do rádio, o tipo de música que logo se transformaria num gênero à parte, sob o novo nome de *marcha-rancho*. De 1940 ao fim da década de 1950, enquanto os desfiles de ranchos entram em decadência no carnaval carioca, enfrentando com suas marchas de velho estilo a concorrência crescente da batucada das escolas de samba, essa primeira geração de compositores profissionais da era do rádio continuava a produzir marchas-ranchos que ganhavam popularidade em todo o Brasil ("Estrela do mar", de Marino Pinto e Paulo Soledade, em 1952; "Rancho da Praça Onze", lançada já na televisão por João Roberto Kelly em 1965).

Finalmente, com o advento da bossa nova, a sofisticação natural das marchas-ranchos ia atrair as novas gerações de compositores de formação universitária, registrando-se o apogeu do gênero de música supostamente nascido nos ranchos em composições como "Manhã de carnaval" (de Antônio Maria e Luís Bonfá, de 1959), "Marcha da quarta-feira de cinzas" (de Carlos Lyra e Vinicius de Moraes, de 1963) e "Noite dos mascarados" (de Chico Buarque de Hollanda, de 1967).

Até que, finalmente, no carnaval de 1967, um compositor da camada popular — por sinal muito mais conhecido como sambista — produziria com um contraditado parceiro, Hildebrando de Matos (irmão do provável autor da primeira parte da música, Deusdedith de Matos), a última grande marcha-rancho de sucesso nacional da série iniciada trinta anos antes com "As pastorinhas": a bela, nostálgica, poética e realmente carnavalesca "Máscara negra".

9.
O FREVO

O frevo pernambucano figura, ao lado do maxixe carioca, entre as mais originais criações dos mestiços da baixa classe média urbana brasileira, no campo da música e da dança.

Tal como no caso do maxixe, o frevo do Recife surgiu da interação entre música e dança, a ponto de não se poder distinguir — como tão bem ressaltou o estudioso pernambucano Valdemar de Oliveira — "se o *frevo*, que é a música, trouxe o *passo* ou se o *passo*, que é a dança, trouxe o frevo".[1] Criação de músicos brancos e mulatos, em sua maioria instrumentistas de bandas militares tocadores de marchas e dobrados, ou componentes de grupos especialistas em música de dança do fim do século XIX (polcas, tangos, quadrilhas e maxixes), o frevo fixou sua estrutura numa vertiginosa evolução da música das bandas de rua, de inícios da década de 1880 até os primeiros anos do século XX.

Os estudiosos do frevo pernambucano, embora discordando em vários pontos quanto a pormenores de sua história, são unânimes em concordar que as origens do passo (nome atribuído às figurações improvisadas pelos dançarinos ao som da música) se prendem à presença de capoeiras nos desfiles das duas mais famosas bandas de músicas militares do Recife da segunda metade do século XIX: a banda do 4º Batalhão de Artilharia, chamada de Quarto, e a da Guarda Nacional, conhecida como Espanha por ter como mestre o músico espanhol Pedro Garrido.

---

[1] Valdemar de Oliveira, "O frevo e o passo de Pernambuco", *Boletim Latino-Americano de Música*, Rio de Janeiro, Instituto Interamericano de Musicologia, abr. 1946, tomo VI, p. 158.

O costume de os valentões abrirem caminho de desfiles gingando e aplicando rasteiras sempre fora comum em outros centros urbanos, como o Rio de Janeiro e Salvador, principalmente nas saídas de procissões. No caso especial do Recife, porém, a existência de duas bandas rivais em importância serviu para dividir os capoeiras em dois partidos. E estabelecida essa rivalidade, os grupos de capoeiras começaram a demonstrar as excelências de sua agilidade à frente das bandas do Quarto e do Espanha, aproveitando o som da *musga* para elaborar uma complicada coreografia de balizas, uma vez que todos usavam bengalas ou cacetes da duríssima madeira de quiri.[2]

Ao ritmo certamente marcial dessas bandas do Espanha e do Quarto (que partiria para o sul em 1865, quando da Guerra do Paraguai), os capoeiras do Recife, além de começarem a transformar seu gingado em dança, improvisavam versos de desafio ao grupo rival, como os da quadra coligida pelo folclorista Pereira da Costa:

"Viva o Quarto
Morra Espanha,
Cabeça seca
É quem apanha."[3]

Pereira da Costa explica que a expressão *cabeça seca* "era uma injúria para os assim alcunhados, porque equivalia ao mesmo que chamá-los escravos". De fato, como um toque de sino da

---

[2] Essas figuras de valentões servindo de abra-alas de cortejos foram comuns no Rio de Janeiro até os vinte primeiros anos de 1900, principalmente à frente dos cordões carnavalescos. Curiosamente, o cacete curto de madeira, com forma de peixe, que os capoeiras cariocas usavam como elemento coreográfico e arma de agressão, era chamado de *iri*, provavelmente pelo desconhecimento no Rio da madeira cujo nome servira para denominar esse tipo de cacete em Pernambuco.

[3] Pereira da Costa, "Folclore pernambucano", *Revista do Instituto Histórico Brasileiro*, s.d., tomo LXX, parte II, p. 241.

Matriz de Santo Antônio obrigava os escravos a correrem para a casa de seus senhores às nove horas da noite, não podiam eles realmente gozar do sereno, jamais chegando, assim, a ter a cabeça molhada pela garoa.

Era, pois, com versos como esses, cantados ao som da música marcial das bandas militares, que os capoeiras começavam a contribuir para o surgimento das marchas de frevo, como, aliás, também parece querer indicar ainda Pereira da Costa, ao escrever:

"Levavam os capoeiras partidários de músicas o seu entusiasmo por certas peças, ao ponto de comporem versos apropriados ao canto de alguns passos dobrados como estes, contemporâneos à época de formação dos dois partidos, chasqueando dos adversários:

'Espanhol não pega disto,
Espanhol não pega disto,
Espanhol só pega disto,
Lá detrás de São Francisco...'"[4]

Quando acontecia de a música executada não se prestar à elaboração de quadras desse tipo, os capoeiras ritmavam simplesmente seus volteios e negaças com palavras curtas, aparentemente desconexas, mas de sentido bastante concreto para os adversários:

"Cresceu,
Caiu!
Partiu
Morreu!"

Ou ainda, como na versão algo mais elaborada recolhida por Sílvio Romero:

---

[4] *Ibid.*, p. 241.

> "Não venha!...
> Chapéu de lenha;
> Partiu
> Caiu!...
> Morreu,
> Fedeu!"

Ora, é de supor-se que, estabelecida essa íntima relação entre as figurações coreográficas dos capoeiras e a música executada pelas bandas em passeata, os próprios instrumentistas não deixariam de se influenciar pelos desenhos das bruscas paradas, quedas, avanços acelerados, dobras de corpo e descaídas dos dançarinos.

Assim, quando a partir da década de 1880 a música de rua do Recife passou a ser fornecida não mais exclusivamente por bandas militares, mas por fanfarras a serviço de grupos de humildes trabalhadores urbanos (caiadores, carvoeiros, ferreiros, vasculhadores, espanadores, talhadores, ciscadores, abanadores), o espírito de criação espontânea de figuras sempre renovadas, na dança, estendeu-se também aos músicos, que não mais precisavam prender-se aos dobrados e hinos marciais.

Esse original trabalho de construção musical a partir de sugestões coreográficas, tão semelhante ao que tinha ocorrido no Rio de Janeiro para fazer surgir o maxixe, foi magnificamente bem captado pelo pernambucano Valdemar de Oliveira, ao escrever:

> "Os músicos pensavam em lhe dar mais animação [ao carnaval] e a gente de pé no chão queria, isso sim, música barulhenta, impetuosa, viva, que convidasse ao esperneio, no meio da rua. Sucedeu, assim, um trabalho recíproco de ajuda, de colaboração, que esteve longe de ser feito premeditadamente. Tudo de palpite, de improviso, para pegar ou não, e pegando. Quando menos se viu, a música tinha ganho, de ano

a ano, características próprias, inconfundíveis, e, do mesmo modo, a dança, que já não se parecia com nenhuma outra, nem mesmo com os passos que estavam no seu subconsciente, quando o povo começou a sua invenção. Os nomes de batismo vieram muito depois de nascida a criança, já ela crescida e dona de si. A palavra *frevo* veio tarde, quando a música — que era uma 'marcha' para todos os efeitos — se impunha no carnaval."[5]

A prova de que esse fenômeno da criação do frevo se deu realmente assim é que até hoje não se conseguiu uma composição capaz de merecer as glórias de *primeiro frevo*.

As músicas dos grupos à base de trombones, baixos, bombardinos, pistões, clarinetas, requintas, flautins, surdos e taróis eram chamadas indistintamente de *marchas*, o que servia para indicar sua clara origem marcial.

Em artigo escrito em 1960 para a *Revista Esso*, o tantas vezes citado estudioso pernambucano Valdemar de Oliveira observara que as primeiras composições produzidas para a explosão da cabroeira, no meio da rua, eram "meio choro, meio polca, meio dobrado, meio cantoria de mestras e contramestras", acrescentando ainda, entre parênteses, que "os primeiros frevos de rua foram cantados".[6]

Devido a essa particularidade da existência de canto ligado à música destinada à dança individual-coletiva, até o início do século XX as marchas que começavam a ser frevos, antes mesmo do aparecimento desse nome, ainda não possuíam o caráter explosivo que o frevo de rua adotaria posteriormente.

---

[5] Valdemar de Oliveira, "O frevo e o passo de Pernambuco", cit., p. 158.

[6] Valdemar de Oliveira, "Frevo acrobata", *Revista Esso*, Rio de Janeiro, nº 1, 1960.

Quando, porém, a partir do início do século XX, são rompidas as relações urbanas algo feudais do Recife pela presença das indústrias têxtil e açucareira, e a cidade se enche de novas camadas de trabalhadores procedentes da zona rural, dissociados das tradições locais, esses moradores de mocambos da zona alagada permitem o advento do frevo de rua estritamente orquestral, destinado pura e simplesmente à cega libertação de energia dos pés-de-poeira.[7]

Para a música produzida pelas fanfarras em suas passeatas carnavalescas, isso queria dizer que não havia mais qualquer compromisso com o repertório ora marcial, ora folclórico herdado do século XIX, e os metais podiam enfim explodir em colcheias e semicolcheias nas introduções que desenhavam uma

---

[7] Os primeiros clubes carnavalescos do Recife possuíram, de fato, um caráter de certa maneira corporativo, o que pode ser exemplificado na dúvida histórica de saber se o mais antigo foi o dos Caiadores ou o dos Carvoeiros. De qualquer forma, o grupo cuja data mais recuada se conseguiu determinar foi o Bloco das Pás de Carvão, de 1888, formado por trabalhadores em carvão. E o famoso Clube Carnavalesco Misto Vassourinhas, fundado um ano depois, foi criado pelo varredor de rua Matias da Rocha e saiu originariamente congregando trabalhadores dessa atividade. A quebra de estruturas que justificava esse espírito corporativo tornou os quadros dos clubes carnavalescos mais heterogêneos, permitindo, assim, todas as inovações culturais. Essa invasão de elementos novos na estrutura urbana do Recife foi muito bem fixada, na área do carnaval, pelo romancista José Lins do Rego, através do personagem principal de seu romance *Moleque Ricardo*, de 1935. "Moleque limpo, de olhos vivos, de cara boa", descreve o romancista, o negrinho fugido do engenho para a cidade era "um achado para o Recife, onde os moleques daquele tipo se faziam gente, se metiam em sociedade de operários, quando não se perdiam na malandragem". No romance, o moleque Ricardo descobre o sabor de brincar no bloco Paz e Amor, na Rua do Cisco ("no ensaio havia meninas e tanto"), embora a desenvolta criulinha Isaura preferisse *quebrar* no frevo de rua, dizendo-lhe: "Carnaval de bloco não presta, não presta não. É colégio. Ninguém pode sair de forma". A razão da euforia de Ricardo era perfeitamente justificada, aliás, pelo romancista, ao lembrar que "no engenho se falava dos mascarados, mas ninguém deixava a enxada nos três dias".

melodia marcada por síncopas, enquanto o ritmo, desprezando as medidas de tempo, produzia a ginga visivelmente inspirada nas desarticulações do corpo dos dançarinos entregues à loucura do *passo*.

Segundo o historiador pernambucano Mário Melo, o responsável pela fixação desse novo gênero de música conhecido com o nome de frevo a partir da segunda metade do século XIX teria sido o Capitão José Lourenço da Silva, regente da banda do 40º Batalhão de Infantaria do Recife e conhecido por *Zuzinha*. Depois de lembrar que o forte do repertório dos "clubes pedestres" eram as polcas, anotando que esses clubes "começaram a adotar a marcha-polca", Mário Melo escreveu:

"Por esse tempo, vindo de Paudalho, onde era mestre da banda de música, estava aqui como regente da banda do 40º Batalhão de Infantaria aquartelada nas Cinco Pontas o Zuzinha, hoje [escrevia em 1938] Capitão José Lourenço da Silva, ensaiador da Brigada Militar do Estado. Foi ele quem estabeleceu a linha divisória entre o que depois passou a chamar-se frevo e a marcha polca, com uma composição que fez época e pertencia ao repertório da minha gaitinha dos tempos acadêmicos. Julgava que essa composição, ainda hoje nítida na minha memória, tivesse sido de autoria de Benedito Silva, outro afamado compositor. Mas uma vez, em conversa com o Zuzinha, solfejando essa música como o mais antigo frevo, confessou-me sua autoria. Proclamo, assim, o Zuzinha pai do frevo."[8]

---

[8] Mário Melo, "Origem e significado do frevo", *Anuário do Carnaval Pernambucano*, Recife, 1938, s.p. Mário Melo esqueceu-se de dar o título da música que apontava como primeiro frevo. No período seguinte, entretanto, redime-se fornecendo outro dado importante para a história da criação do frevo ao escrever: "Apesar da evolução, guardam ainda alguns frevos de hoje reminiscências da marcha-polca na segunda parte. Não tinha a marcha-polca

A ser aceita essa reivindicação da autoria da estruturação do frevo pelo maestro Zuzinha, nos cinco primeiros anos do século XX, o gênero de música carnavalesca pernambucana antecedeu de apenas dois ou três anos ao aparecimento do nome pelo qual ficaria conhecido.

Na verdade, segundo revelação do escritor Samuel Campelo em artigo escrito especialmente para o *Anuário do Carnaval Pernambucano* de 1938, a palavra *frevo* começou a ser divulgada pelo *Jornal do Comércio* do Recife na coluna carnavalesca do revistógrafo Osvaldo de Almeida, que no teatro era *Paula Judeu* e na imprensa usava o pseudônimo de *Pierrô*:

> "Foi através das letras de chumbo do tradicional órgão pernambucano, em noites mal dormidas, com o estômago mal alimentado, que o Osvaldo Almeida criou ou divulgou, trazendo para a fala brasileira um novo vocábulo que hoje já foi colhido pelos estudiosos para figurar nos dicionários."[9]

Em seu artigo para o *Boletim Latino-Americano de Música*, em 1946, Valdemar de Oliveira afirma que "a primeira alusão [ao termo *frevo*] é de 12 de fevereiro de 1908 no *Jornal Pequeno*, mas os dois autores contemporâneos do aparecimento do novo gênero carnavalesco concordam que no carnaval do Recife de

---

introdução e foi a introdução sincopada com quiálteras que começou a estabelecer a diferenciação para o frevo". A composição de Zuzinha a que se referia, pois, deve ter levado Mário Melo a considerá-la um frevo pioneiro por já possuir essa espécie de introdução. Ao escrever o artigo citado, Mário Melo (nascido a 5 de fevereiro de 1884) tinha 54 anos. Portanto, como faz a música de Zuzinha remontar a seus tempos de acadêmico, a composição deve ser de início do século XX, pois Mário formou-se pela Faculdade de Direito do Recife em 1907.

[9] Samuel Campelo, "Quem foi que inventou o frevo?", *Anuário do Carnaval Pernambucano*, cit.

1909 o povo gritava, à aproximação da *onda* fazendo *passo*: 'Olha o frevo!'".

O certo é que, fosse o cronista Osvaldo de Almeida o criador da palavra ou apenas seu divulgador, o nome *frevo* parecia de qualquer forma feito a propósito para designar a visão dos milhares de recifenses caindo no passo: os saltos da dança, vistos de longe, davam à multidão o aspecto de uma superfície líquida fervendo, e na linguagem popular pernambucana *ferver* sempre fora *frever*.[10]

Assim é que, encontrada a partir da primeira década do século XX a forma final do frevo de rua, exclusivamente instrumental e à base de fanfarra, a criação coletiva dos músicos brancos e mestiços e do povo recifense amante do passo entrou a interessar os compositores pernambucanos mais bem-dotados.

Em artigo escrito em 1972 para o fascículo dedicado aos compositores Capiba e Nelson Ferreira na série *História da música popular brasileira*, da Abril Cultural, o maestro e estudioso Guerra Peixe, após afirmar que considerava o frevo "como a mais importante expressão musical popular", explicava o motivo: "Antes de mais nada, o compositor de frevo tem que ser músico. Tem que entender de orquestração, principalmente".

Esse conhecimento musical mais apurado dos autores de frevo chegava a ser indispensável porque, como observaria também Guerra Peixe, o passo "é a única dança em que o dançarino dança a orquestração. Cada volteio de um instrumento é acompanhado por um passo ou uma firula do passista".[11]

---

[10] Em seu livro *História social do frevo* (Rio de Janeiro, Editora Leitura, s.d.), o jornalista Ruy Duarte observa, em abono da origem da palavra *frevo* corruptela do verbo *ferver*, que "na linguagem chã do povo *frevo* quer dizer uma porção de coisas", e acrescenta: "Todo pernambucano compreende perfeitamente bem o que se quer dizer com a expressão, por exemplo, seguinte: 'Menino, ontem na Rua Nova foi um frevo!...'. Isto é, houve briga, alteração da ordem, arruaça, barulho" (p. 51).

[11] Guerra Peixe, artigo sem título em *História da música popular brasileira*, edição quinzenal, São Paulo, Abril Cultural, fev. 1972, nº 44.

Esse caráter virtuosista do frevo de rua, puramente orquestral, ia ser de certa maneira responsável pelo enfraquecimento do gênero, através da criação de um produto híbrido: a marcha-frevo, ou frevo-canção. Conforme depoimento de velhos pioneiros do carnaval pernambucano, as bandas de clubes de frevo, além de sua vanguarda de improvisadores de passos, contaram desde cedo com grupos que se limitavam a seguir a música evoluindo sob a forma de *cordões*. Pois na segunda década do século XX, quando pernambucanos de passagem pelo carnaval do Rio voltaram levando notícia do sucesso dos desfiles dos ranchos cariocas, esses acompanhadores de bandas descobriram afinal a fórmula de ganhar um lugar nas ruas do Recife sem necessidade de se acotovelarem em meio à fervura do passo, ainda tão preso ao estilo violento dos capoeiras.

Segundo Valdemar de Oliveira, isso se deu a partir de 1915, com o aparecimento dos blocos, "invenção de violonista, brincadeira para as jovens que não aguentam rojão do *frevo*, grêmios familiares de moças, braço com braço, o pai por perto pegado num violino ou num violão".[12]

Foi, pois, para atender à necessidade de um ritmo mais acessível, destinado às delicadezas desses novos grupos de carnavalescos da classe média, que se criaram os frevos de ritmo marchado e com parte de canto. Esse frevo-canção — do qual ficaria como expoente, a partir da década de 1930, a dupla de compositores Capiba e Nelson Ferreira — nada mais era do que uma música com introdução de frevo, seguida de uma parte cantada que não estava longe do estilo das marchas do carnaval carioca.

A prova de que o frevo-canção constituía, na realidade, uma concessão provocada — segundo o jornalista Ruy Duarte — "por exigência dos concursos promovidos anualmente para a escolha

---

[12] Valdemar de Oliveira, "O frevo e o passo de Pernambuco", cit., p. 167.

das melhores músicas carnavalescas"[13] ia tornar-se evidente no fato de a primeira música de Nelson Ferreira gravada no Rio de Janeiro, em julho de 1929, o frevo-canção "Não puxa, Maroca", ter saído com a indicação *marcha brasileira*, submetida a arranjo do carioca Pixinguinha.

Ainda mais, quando em fins de 1931 os compositores pernambucanos Raul e João Valença, conhecidos como *Irmãos Valença*, enviaram à RCA-Victor do Rio, para gravação em disco, seu frevo-canção, cujo estribilho dizia,

"O teu cabelo não nega
Mulata
Que tu és mulata na cor
Mas como a cor não pega
Mulata
Mulata eu quero o teu amor",

o compositor carioca Lamartine Babo não teve qualquer dificuldade em transformá-lo na marchinha carnavalesca vencedora do carnaval de 1932, sob o nome de "Teu cabelo não nega". E que, por sinal, traria no selo do disco a indicação que renderia aos

---

[13] Ruy Duarte, *op. cit.*, p. 58.

[14] O frevo-canção "Mulata", de João Valença e seu irmão Raul, fora lançado no Recife com a revista *Rapa-coco*, de Samuel Campelo (que se assinava Musael do Campo). A peça estreou no Teatro Santa Isabel com a composição dos Irmãos Valença alcançando desde logo enorme sucesso. Foi exatamente esse sucesso que animou João e Raul a enviarem a música para a RCA-Victor, cujas atividades se haviam iniciado um ano antes, e que se preparava para explorar o mercado musical do nordeste com músicas de agrado regional, da mesma forma que fazia ao contratar duplas caipiras de São Paulo. A omissão do nome dos Irmãos Valença provocou a instauração de processo contra o editor E. S. Mangione (que perdeu a causa), resolvendo a gravadora seu problema com a modificação do selo do disco e a admissão dos Irmãos Valença no elenco de seus fornecedores de música para gravação.

O frevo

editores cariocas da música um processo impetrado na justiça pelos Irmãos Valença: "Marcha — Motivos do norte — Arranjo de Lamartine Babo".[14]

É verdade que, ao serem lançados em Pernambuco esses frevos gravados nas fábricas estrangeiras com filiais no Rio de Janeiro — principalmente a RCA-Victor, pioneira da tentativa da conquista dos mercados regionais usando matéria-prima musical local —, o público reagiu desfavoravelmente ante a contrafação rítmica que os cariocas lhe mandavam. O descontentamento se refletiu na aceitação dos discos, o que foi resolvido de uma maneira bastante exemplificativa do imperialismo econômico-cultural exercido pelo sul do Brasil em relação ao nordeste, no plano da música popular: um maestro pernambucano foi enviado ao Rio de Janeiro para ensinar aos músicos cariocas como deveriam usar, de maneira exata, a matéria-prima musical que logo, transformada em produto industrial sob a forma de discos, seria enviada para colher lucros em seu mercado.

Os pesquisadores pernambucanos do frevo jamais perceberam esse lado irônico da expansão de seu esfuziante gênero de música carnavalesca para o sul, e, pelo contrário, registram a necessidade da viagem do maestro Zuzinha ao Rio como um capítulo de orgulho de suas virtualidades regionais. Como escreveu Valdemar de Oliveira:

> "Enquanto a Federação Carnavalesca Pernambucana não mandou ao Rio pessoa capaz — o Zuzinha — para ensaiar as bandas encarregadas das gravações dos frevos premiados em seus concursos anuais, o que de lá nos enviavam era muito pobre, desse ponto de vista. As notas certinhas, sim, mas o andamento errado, o ritmo frouxo. Foi preciso escrever as instrumentações, controlar a execução."[15]

---

[15] Valdemar de Oliveira, "O frevo e o passo de Pernambuco", cit., p. 176.

O simples fato de ser possível enviar a Pernambuco em discos gravados com músicos cariocas um tipo de música considerada inicialmente indomável pela necessidade virtuosística da interpretação — pois, ensaiado o número de frevo, cada músico deve contribuir para a vibração do resultado conjunto da execução, insuflando à sua parte um calor e uma dinamogenia que não está na pauta — já indicava, porém, uma capitulação. Muitos entusiastas do frevo de rua pernambucano pressentiram o perigo dessa concessão cultural concentrando suas críticas no frevo-canção, o que levaria o jornalista Ruy Duarte a afirmar ainda em 1966, em seu livro *História social do frevo*:

"O frevo-canção tanto é ilegítimo que pode ser adaptado a qualquer música. Dorival Caymmi fez 'Dora', samba, com introdução de frevo. Ary Vasconcelos, no seu livro *Panorama da música popular brasileira*, aponta várias músicas de autores pernambucanos como sendo 'marcha-frevo'. Tudo isso porque alguns intelectuais acharam por bem se meter nas coisas do povo e criar o frevo-canção, autêntica forma híbrida e não regional da música pernambucana."[16]

O que se compreende, no entanto, é que com a crescente pressão da classe média desejosa de participar também do carnaval de rua, principalmente a partir da década de 1930, a forma primitiva e mais popular do frevo teria que admitir mesmo a coexistência com a tal forma híbrida, que retomava a tradição das velhas marchas dos tempos das passeatas das bandas militares, embora — é verdade — de forma mais romântica e bem-comportada.

Aliás, os próprios amantes do frevo ortodoxo, ligados aos clubes carnavalescos tradicionais, como o Vassourinhas, acabariam incorporando de certa maneira o frevo-canção sob a forma

---

[16] Ruy Duarte, *op. cit.*, p. 67.

de *marcha-regresso*, ou seja, o frevo de tom lamentoso cantado alta noite pelos passistas cansados, quando de volta ao seu bairro:

> "Se essa rua fosse minha
> Eu mandava ladrilhar
> Com pedrinhas de brilhante
> Para o meu amor passar.
>
> A saudade, ó Vassourinhas,
> Invadiu meu coração,
> Ao pensar que talvez nunca,
> Nunca mais te veja não.
>
> A saudade, ó Vassourinhas,
> Enche d'água os olhos meus,
> Ao pensar, ó Vassourinhas,
> Neste derradeiro adeus."

E ia ser um desses frevos-canções lamentosos, também chamados de *frevos de bloco*, que acabaria em 1957 devolvendo aos cariocas a sem-cerimônia com que haviam invadido o Recife 25 anos antes, com a mistificação de sua marcha "Teu cabelo não nega". No carnaval desse ano, o maior sucesso no Rio de Janeiro foi o frevo-canção "Evocação nº 1", do mesmo pioneiro Nelson Ferreira da marcha "Não puxa, Maroca". Sucesso por sinal enviado ao Rio em disco Mocambo, de fábrica brasileira com sede no Recife.[17]

---

[17] "Evocação nº 1" foi de fato o primeiro frevo-canção de autores pernambucanos a conseguir sucesso nacional, após ser consagrado no carnaval carioca. É preciso lembrar, no entanto, que a curiosidade sulista em torno do gênero pernambucano já havia permitido em 1949 ao compositor Clóvis Mamede obter um relativo sucesso com seu frevo-canção "Sonhei que estava em Pernambuco", composto, segundo o autor, desde 1942.

10.
O SAMBA-CANÇÃO

O samba-canção, também conhecido como samba de meio de ano, foi uma criação de compositores semieruditos ligados ao teatro de revista do Rio de Janeiro, e surgiu pelo correr do ano de 1928, ao mesmo tempo em que, na área dos compositores das camadas mais baixas, o samba de carnaval acabava de fixar o ritmo batucado que o diferençava de uma vez por todas do maxixe.

Segundo a pioneira dos estudos de música popular urbana Mariza Lira, o samba-canção resultara de uma equivocada e "facílima adaptação": "A melodia canta como canção", escrevia ela em artigo de 1959, "e o ritmo marca o samba e acaba não sendo nada propriamente dito".[1]

De fato, embora o nome parecesse indicar o casamento puro e simples do samba com a canção — que era a sucessora da modinha —, a verdade é que, antes de fixar-se como gênero claramente definido, ao lado do samba carnavalesco, o nome *samba-canção* serviu para designar arbitrariamente várias músicas que caberiam, talvez, dentro da designação de sambas de meio de ano, mas não eram ainda verdadeiros sambas-canções.

Como os primeiros compositores e letristas a produzir o novo gênero eram quase todos músicos de orquestra e autores de textos para o teatro musicado da Praça Tiradentes, a maior parte das composições intituladas a partir de 1928 de samba-canção

---

[1] Mariza Lira, "Samba: alterações e modificações no ritmo", artigo da série "Brasil sonoro", *Diário de Notícias*, Rio de Janeiro, 22/11/1959, Suplemento Literário, p. 5.

traía uma indisfarçável influência do maxixe. A intenção dos compositores era ir substituindo os cansados números de danças maxixeiras, de caráter jocoso, por quadros à base de canções que atendessem, de um lado, ao romantismo melódico herdado do século XIX, e, do outro, às exigências de ritmo evidenciadas, após a Primeira Grande Guerra, pelas novas camadas contemporâneas da moderna indústria. Exigências, aliás, que ficariam tão bem expressas na frenética paixão pelo *jazz-band* e na ingênua expectativa da ascensão social.

Esse propósito dos compositores de sambas-canções destinados a números de peças musicadas, no entanto, esbarrava no vício e na inércia das orquestras de poço de teatro ou de estúdios de gravação (os músicos eram quase sempre os mesmos), cujos arranjadores insistiam em aplicar ao novo gênero os mesmos esquemas do maxixe.

Um exemplo desse equívoco seria o samba "Jura", de José Barbosa da Silva, o Sinhô, que a atriz-cantora Araci Cortes lançaria em 1929 no Teatro Fênix como samba-canção. Além de o ritmo estar ainda acentuadamente influenciado pelo maxixe, na própria edição da partitura, aquela cantora do samba "Jura" era apresentada como *A Estrela do Choro Brasileiro*.

Equívocos semelhantes podiam ser observados no samba--canção "Quindins de iaiá", do maestro Pedro Sá Pereira, de 1928, e em 1929 nas composições "Por que foi?", do próprio Sá Pereira em parceria com o revistógrafo Luís Iglesias, e "A polícia foi lá em casa", do igualmente maestro de revistas Júlio Cristóbal, em parceria com o poeta Olegário Mariano.

A insistência com que o nome vinha aparecendo para definir canções amaxixadas ou não, entretanto, mostrava que um novo tipo de samba mais elaborado estava para surgir. Desde 1925, várias tentativas de criar canções com ritmo mais vivo tinham sido feitas, e um dos resultados fora o lançamento, em junho daquele ano, na revista *Comidas, meu santo!*, da *modinha-canção* "Chuá chuá", cuja introdução do maestro Sá Pereira já fazia curiosamente adivinhar o samba-canção "Ave-maria no morro", que seria composto por Herivelto Martins dezessete anos depois, em 1942.[2]

Essas experiências dos compositores do teatro musicado acabariam chegando, afinal, a um resultado definitivo com o lançamento, em meados de 1928, do primeiro samba-canção com ritmo realmente de samba-canção: o "Linda flor", também chamado de "Meiga flor", de "Iaiá" e, finalmente, de "Ai, ioiô".

Esse "Ai, ioiô", que consagraria a vedeta de teatro Araci Cortes também como cantora em disco, a partir de inícios de 1929 (e ficaria como obra máxima de seu autor, o maestro Henrique Vogeler), teve uma história movimentada e curiosa, pois ficaria como a única composição popular a ser conhecida em três versões, recebendo quatro diferentes títulos.

Em agosto de 1928, quando o empresário Pascoal Segreto organizou no Rio de Janeiro a Companhia de Teatro Cômico, para atuar no Teatro Carlos Gomes, da Praça Tiradentes — então centro do teatro musicado carioca —, a peça escolhida para a estreia foi a comédia do argentino J. G. Traversa *A verdade ao meio-dia*, adaptada por Celestino Silva. Como a peça abria com uma das personagens cantando uma canção, o maestro Henrique Vogeler foi escolhido para compor o número musical de abertura, cuja interpretação ficaria a cargo da atriz Dulce de Almeida, enquanto o ator Gui Martinelli fingia acompanhá-la ao piano. Vogeler, que havia dez anos produzia músicas regularmente para o teatro de revista (ele estreara em 1919 com a opereta *Sinhá*, no próprio Carlos Gomes), compôs então a melodia do primeiro samba-canção, para a qual o autor de peças teatrais Cândido Costa escreveria os versos intitulados "Linda flor":

---

[2] Essa coincidência pode ser comprovada ouvindo a primeira gravação de "Chuá chuá", com o cantor Fernando (disco Odeon nº 122.944, de fins de 1925), em que é possível cantar sobre as frases iniciais da modinha-canção os versos da "Ave-maria no morro" de Herivelto Martins: "... e o morro inteiro/ no fim do dia...".

"Linda flor
Tu não sabes, talvez,
Quanto é puro o amor
Que me inspiras; não crês...
Nem
Sobre mim teu olhar,
Veio um dia pousar...
E ainda aumentar a minha dor
Com cruel desdém. Teu amor
Tu por fim me darás,
E o grande fervor
Com que te amo, verás...
Sim,
Teu escravo serei,
E aos teus pés cairei
Ao te ver minha, enfim."

"Como era natural", relembraria por ocasião da morte de Vogeler, em 1944, um cronista de teatro carioca que se assinava L. R., "o número cantado no início de uma comédia, por uma *jeune fille*, encostada ao piano, em trajo de *soirée*, não despertou a menor atenção. Passou em branca nuvem. Vogeler, porém, tinha verdadeira paixão pelo seu número, e com razão."

A paixão de Henrique Vogeler se explicava, naturalmente, pela consciência de ter criado alguma coisa de novo para a época, em termos de canção. E a prova estaria em que, apesar do "Linda flor" ter passado despercebido no teatro, Vogeler ia fazer com que o cantor Vicente Celestino o gravasse imediatamente em disco Odeon, de selo azul, quando aparece pela primeira vez numa etiqueta a expressão *samba-canção brasileiro*.

Vicente Celestino, "então no apogeu dos seus dotes vocais de tendências operísticas", como bem lembraria o jornalista José Lino Grünewald, prejudicava porém nesse disco o lançamento definitivo do samba-canção, porque sua empostação de voz ainda uma vez não permitia reconhecer a dose certa de balanço rítmico de samba, que Henrique Vogeler tentava introduzir como um elemento perturbador da melodia clássica da canção.

Essa desvantagem da interpretação de Vicente Celestino foi de certa maneira afastada pela segunda gravação da música de Henrique Vogeler: a que foi feita ainda em fins de 1928 por Francisco Alves, sob o nome de Chico Viola, em disco Parlophon nº 12.909, com o título mudado para "Meiga flor" e uma segunda letra, agora do revistógrafo Freire Júnior:

> "Meiga flor,
> Não te lembras, talvez,
> Das promessas de amor,
> Que te fiz,
> Já não crês...
> Se
> Queres me abandonar
> Procurando negar
> Que juraste a mim também
> Minha ser, meu bem...
> Meu amor,
> Por que negas, ó flor,
> Sempre fui tão sincero,
> Eu te quis, eu te quero...
> Sei que sem ti morrerei.
> És o meu ideal
> Minha vida, afinal."

Estava escrito, porém, que o lançamento definitivo do samba-canção não se daria nem com a letra original de Cândido Costa, nem com essa segunda de Freire Júnior, mas apenas em sua terceira versão: a do também revistógrafo Luís Peixoto.

Em dezembro de 1928, precisando de um número para sua revista *Miss Brasil*, escrita em parceria com Marques Porto, o revistógrafo Luís Peixoto recorreu a Vogeler, que não teve dúvida: sentou-se ao piano e executou com o ritmo exato a música até então mal compreendida. Sempre de improviso, como costumava fazer, Luís Peixoto escreveu então num papel, sobre a tampa do piano, a nova letra que, primeiro gravada com o título de "Iaiá" (Parlophon nº 12.926-A) e mais tarde com o de "Ai, ioiô", ia tornar famosos não apenas os autores desse primeiro samba-canção, mas a própria intérprete da nova versão, a atriz Araci Cortes:

> "Ai, ioiô!
> Eu nasci pra sofrê
> Fui oiá pra você,
> Meus oinho fechô!
> E, quando os oio eu abri,
> Quis gritá, quis fugi,
> Mas você,
> Eu não sei por quê,
> Você me chamô!
> Ai, ioiô,
> Tenha pena de mim
> Meu Sinhô do Bonfim
> Pode inté se zangá,
> Se ele um dia soubé
> Que você é que é
> O ioiô de iaiá!
> Chorei toda noite
> E pensei
> Nos beijo de amô
> Que te dei,
> Ioiô, meu benzinho,
> Do meu coração
> Me leva pra casa
> Me deixa mais não."

Cantado em número da revista *Miss Brasil*, em que Araci Cortes, então no auge da carreira e do esplendor físico, acentuava com muito dengo as derramadas insinuações amorosas da letra (a linguagem sertaneja, com seus *oinho* e seus *me deixa mais não*, projetava para o público das cidades a cena romântica sobre um fundo ideal de bucolismo interiorano), o samba-canção conquistou afinal o público da pequena classe média carioca. E o mais impressionante é que, depois de firmar-se como canção no teatro, durante dezembro de 1928 e janeiro do ano seguinte, o samba "Iaiá" teria o ritmo acelerado espontaneamente pelo povo, acabando por transformar-se numa das músicas mais cantadas do carnaval de 1929. Esse sucesso do primeiro samba-canção seria registrado no número de março da revista *Phono-Arte*, de Cruz Cordeiro, que ao fazer a resenha do lançamento da gravação na versão de Luís Peixoto, com Araci Cortes, escreveu:

> "Finalmente, a primeira edição do famoso 'Iaiá'. E a Parlophon no-la oferece interpretada por Araci Cortes, a conhecida artista brasileira, que foi principal fator para a extrema popularidade desta canção, um dos maiores sucessos musicais deste último carnaval."[3]

O sucesso da composição "Iaiá" (logo depois definitivamente chamada de "Ai, ioiô", nome pelo qual a música era conhecida entre o povo) transformou a novidade do nome *samba-canção* numa espécie de talismã. Desde janeiro de 1929, o amaxixado samba "Jura", de Sinhô, tem sua letra publicada no *Jornal de Modinhas* como *samba-canção*, e mal termina o carnaval, aparece no jornalzinho *A Modinha Brasileira* de 17 de março a letra do samba-canção "Diz! que me amas", de autoria de um compositor desconhecido, Jota Machado.

Durante a década de 1930, o samba-canção, ou samba de meio de ano — nome que indicava desde logo a incompatibilidade rítmica do novo gênero com a animação do carnaval —, firmou seu estilo dentro de uma certa variedade (desde os dolentes, como

---

[3] Cruz Cordeiro, *Phono-Arte*, ano 1, nº 15, 15/3/1929.

"Último desejo", de Noel Rosa, aos vivos e mais sincopados, como "Amigo leal", de Benedito Lacerda e Aldo Cabral), sem perder no geral a "forma lânguida e alambicada, com certa influência dos choros", que lhe encontrava o musicólogo Vasco Mariz.[4] Comercialmente, o samba-canção, representando uma média do gosto nacional desde o tempo das modinhas, ia revelar-se também um sucesso, pois, como música para se ouvir e cantar, vinha atender a uma exigência do lazer das massas urbanas, junto a um público sem maiores perspectivas de diversão que os programas de rádio.

Essa importância do samba-canção, que culminou em meados da década de 1930 ainda se estenderia até princípios da de 1940, quando a esmagadora influência da música norte-americana e dos primeiros gêneros de consumo empurrados à força no mercado internacional — o *fox-blue* e o bolero — abriram um período de aviltamento do samba carioca. Dos fins de 1940 aos fins de 1950, o samba-canção, ao nível da produção dos compositores profissionais do rádio, se transformaria praticamente em sambas-boleros e sambas-baladas (chegaram a existir, para distingui-los, as denominações *sambolero* e *sambalada*), provocando o rebaixamento do gênero a níveis insuportáveis.

Os compositores das camadas mais baixas do Rio de Janeiro, é claro, continuavam a produzir belos sambas-canções (Cartola e Nelson Cavaquinho, por exemplo, jamais deixaram de compor durante aquele período), mas como suas músicas não chegavam a ser gravadas, a nova geração de jovens de nível universitário dos anos 1950 acreditou que a canção tradicional tinha esgotado suas possibilidades e partiu para a reformulação de inspiração jazzística do samba, que se chamaria *bossa nova*.

---

[4] Vasco Mariz, *A canção brasileira*, Rio de Janeiro, Ministério da Educação, 1959, p. 147.

11.
O SAMBA-CHORO

O choro cantado, eventualmente intitulado *choro-canção* ("Vida de passarinho", de Ari Kerner Veiga de Castro, gravado em 1930 por Patrício Teixeira), foi um gênero híbrido que encontrou sua forma definitiva a partir de 1934 sob o nome de *samba-choro*. Tentativas de adaptar letras ao fraseado eminentemente instrumental do choro vinham sendo feitas desde o início da década anterior, e já em 1921 o intérprete pioneiro da era dos discos mecânicos, o cantor Baiano, tivera a oportunidade de gravar um *choro à moda carioca* do compositor santista Eduardo Souto.[1]

Essas tentativas, no entanto, constituíam experiências isoladas, porque, como o tempo ia mostrar, os conjuntos de choro teriam que sofrer todo um processo de fusão com a música produzida nos meios populares cariocas, à base de instrumentos de percussão, até poder estruturar o novo gênero de música cantada.

O primeiro a notar esse fenômeno do progressivo casamento da música do choro com o ritmo do samba produzido pelas camadas mais baixas do Rio de Janeiro foi o crítico de música popular Cruz Cordeiro. Em artigo publicado na *Revista da Música Popular*, número 7, de maio-junho de 1955, sob o título "Folcmúsica e música popular brasileira", Cruz Cordeiro lembrava que, por volta de 1930, "parte do instrumental do choro (violões, cavaquinho), misturado com a batucada do samba de morro (surdo, cuíca, pandeiro e tamborim), ia dar origem aos

---

[1] "Mesmo assim", *choro à moda carioca* de Eduardo Souto, gravado pelo cantor Baiano com conjunto, disco Odeon n° 121.994.

ritmos batucados responsáveis pelo caráter do *samba de rua* ou *choro de rua*". E acrescentava: "Quer dizer, por causa da batucada do samba de morro, o instrumental do choro, do samba e da própria marcha mestiçaram-se, urbanizaram-se pelo Brasil a partir de então, pelo menos (1930-1933)", fazendo surgir os conjuntos musicais à base do "variado e mestiço instrumental de choro-samba-batucada-marcha".

Isso queria dizer que, enquanto as orquestras de teatro, de bailes e de estúdios de gravação caminhavam no sentido do *jazz-band*, os pequenos conjuntos de choro, herdeiros da música do século XIX, passando a admitir instrumentos de percussão em sua composição, se preparavam para dar lugar ao chamado *conjunto regional*, ou simplesmente *regional*, como seria mais conhecido.

Seriam esses conjuntos regionais, formados por flautistas e violonistas virtuosos, de mistura com ritmistas das camadas mais baixas das cidades, os criadores do novo gênero de canção depois denominado *samba-choro* e muito bem definido por Vasco Mariz como "samba com fraseado de flauta na voz".[2]

Segundo alguns autores, como Ary Vasconcelos e Vasco Mariz, o primeiro samba-choro gravado foi a composição de Gadé intitulada "Amor em excesso", de 1932, embora constando apenas a indicação de *choro* no selo do disco. O veterano compositor Heitor Catumbi, no entanto, reivindicou para seu samba "Comigo não", gravado por Carmen Miranda em 1934, não apenas a criação do samba-choro, mas do samba de breque, por ele apontado como uma variante do próprio samba-choro.

O certo é que, a partir de 1934, tanto Gadé quanto Heitor Catumbi entram a produzir choros cantados cujo acompanhamento, na base de ritmo batucado, acabaria despertando a consciência da criação de um novo gênero musical, afinal denomina-

---

[2] Vasco Mariz, *op. cit.*, p. 174.

do *samba-choro* em junho de 1935 no selo do disco da composição "Amor de parceria", de Noel Rosa.[3]

Enquanto esse nome não se fixou — e mesmo muitas vezes depois —, várias músicas com características de samba-choro foram intituladas simplesmente de *choro*, *chorinho* ou *samba*, ou receberam ainda denominações arbitrárias. E nesse caso estaria o *choro-receita* "Casaquinho de tricô", do compositor Paulo Barbosa, em cuja interpretação pela dupla Carmen Miranda e Barbosa Júnior já havia, em 1935, um breque falado que fazia prever o samba de breque.

---

[3] Em seu livro *No tempo de Noel Rosa* (2ª ed., Rio de Janeiro, Francisco Alves, 1977), o radialista Almirante dá o samba-choro "Amor de parceria" como sendo de abril de 1933. O catálogo da RCA-Victor, onde consta a composição gravada por Araci de Almeida com o grupo do Canhoto, sob nº 33.973-B, indica 19 de junho de 1935 como a data da gravação.

12.
O SAMBA DE BREQUE

O samba de breque, tal como ficaria conhecido a partir da interpretação do samba "Jogo proibido" por Moreira da Silva, em 1936, constitui uma variante do samba-choro que, por seu fraseado extremamente sincopado, permite interromper a linha rítmico-melódica para encaixar frases faladas, sem quebra da unidade da composição.

O breque, definido como uma parada ou interrupção do desdobramento melódico, que torna possível a "interpolação de uma frase ou outra", como definiu Ary Vasconcelos em seu livro *Panorama da música popular brasileira*, existia pelo menos desde 1929, quando Sinhô intercalou no samba "Cansei" três redondilhas menores formando um longo verso de quinze sílabas, o que obrigava o cantor Mario Reis a desdobrar-se para conseguir manter o fôlego durante a sucessão de compassos sem pausa:

"... pois lá ouvi de Deus
a sua voz dizer...
(*breque*)
que eu não vim ao mundo somente com
o fito de eterno sofrer."

Em 1931, com o aparecimento dos sambas batucados da geração de compositores negros e mestiços do bairro carioca do Estácio, o uso de um pequeno breque após a segunda parte do samba, destinado a permitir uma modulação para a retomada da melodia da primeira parte, tornou-se quase obrigatório, principalmente nos sambas da dupla Ismael Silva e Nílton Bastos. Era o que acontecia nas composições da dupla como "Se você jurar" (após os versos finais "Mas se é/ Para fingir, mulher/ A orgia/ Assim não vou deixar", o cantor Francisco Alves preenchia o tempo do compasso dizendo "oi jura, jura..."); "O que será de mim" ("Trabalhar só obrigado/ Por gosto ninguém vai lá/ *Breque*: Eu não sei que será..."); "O lê-lê-ô" ("Por que é que você chora/ *Breque*: Será promessa?").

E ainda no famoso samba "Mulher de malandro", de Heitor dos Prazeres, cujos dois versos finais — "Quanto mais apanha/ A ele tem amizade" — eram seguidos de um terceiro, solto e nitidamente encaixado como breque:

"Longe dele tem saudade..."

Dois anos depois, em 1933, em seu samba "Minha palhoça", o compositor J. Cascata de certa maneira institucionaliza esses breques musicais, interrompendo a linha melódica de dois em dois versos com citações que quebravam a estrutura das estrofes com verdadeiros comentários paralelos ao discurso do poema:

"Se você quiser
Morar na minha palhoça
Lá tem bossa, se faz troça
Fica lá na roça
Na beira de um riachão
E à noite tem violão"... etc.

Desde 1932, porém, não apenas esse breque de intenção musical, mas o próprio breque falado (de que Moreira da Silva se diria o criador) já devia ser eventualmente empregado em algumas composições. No *Jornal de Modinhas* de 7 de junho de 1932, pelo menos, a publicação da letra do samba "É preciso ter coragem", do compositor desconhecido J. Fernandes (*Dr. Formiga*), previa de maneira expressa um breque falado depois dos últimos versos da composição:

"Me fizeste falsidade
Me deixaste abandonado.

(*falando*) Por isso eu digo que, mesmo com
muita vantagem..."

Era uma clara preparação para nova entrada do coro da primeira parte, cantando:

"É preciso ter coragem..."

A expressão *breque* propriamente dita, entretanto, só ia aparecer — e por sinal com a grafia inglesa *break* — em 1933, quando da publicação da letra do samba "Eu choro", de Heitor dos Prazeres. Após os versos da segunda parte desse samba, o próprio Heitor — ou o responsável pela publicação da letra no *Jornal de Modinhas* de 1º de fevereiro de 1933 — fez constar expressamente a indicação *breque*, entre parênteses:

"Eu cheio de saudade, de saudade
De alguém que bem distante está
(*break*) Eu vou chorá."

A denominação *breque*, ou *break*, porém, ainda não devia estar com seu uso firmado, porque sete meses depois, no *Jornal de Modinhas* de 18 de setembro de 1933, a publicação da letra do samba "Vai cavar a nota", de Osvaldo Ribeiro (Gadé) e Walfrido Silva, vinha revelar o uso do nome *bossa* para designar o mesmo efeito. Dizia a letra de "Vai cavar a nota", conservadas aqui a grafia e a disposição dos versos, conforme o citado *Jornal de Modinhas*:

"Nega por favor
Vai pro batedor
Vai cavar a nota que eu preciso

Tu não tens juízo
E às vezes esqueces
Que no meu amor há interesse
(Esquece)

Pobre eu não banco
Gosto de luxar
Tenho sido sempre homem franco
Tu bem sabias
Não faz falseta
Vai buscar a grana ó Marieta

Bossa:
Questão de amor ninguém se meta."

Em 1936, finalmente, quando Moreira da Silva — segundo afirma — descobre por acaso a possibilidade de aproveitar a pausa do breque para improvisar frases engraçadas, esse samba interrompido por falas passa a ser conhecido como *samba brecado*. Moreira da Silva, em entrevistas concedidas à imprensa em inícios de abril de 1972, por ocasião de seus setenta anos (nasceu no Rio de Janeiro a 1º de abril de 1902), afirmava ter *criado* em 1936 o samba de breque ao improvisar falas após os *quatro versos* do samba "Jogo proibido", de Tancredo Silva:

"Não quero outra vida
Senão jogar chapinha
De cerveja Cascatinha
Navalha no bolso
Lenço no pescoço
Chapéu de palhinha..."[1]

---

[1] Moreira da Silva declarou ao *Jornal do Brasil* (Caderno B, 30/3/1972): "Em 1936 o Tancredo Silva me deu um samba de quatro linhas e eu

Essa improvisação teria acontecido pela primeira vez durante uma apresentação do cantor em um cinema do subúrbio carioca do Méier, em 1936. Em um número do *Jornal de Modinhas* de setembro desse mesmo ano de 1936, porém, quando aparece publicada pela primeira vez a letra do samba "Jogo proibido", além de não haver referência ao nome de Moreira da Silva (sob o título está escrito "cantado com grande sucesso por Artur Costa"), já aparecem duas indicações de breques falados: "Eu vou fazer de brincadeira..." e "E vem a lei, vou me pirar bem de fininho". Assim, ou Moreira da Silva não criou propriamente os breques falados, conforme afirma, e sim apenas os exagerou,

improvisei em cima. Aí nasceu o breque e eu estou aí". Acontece que "Jogo proibido" não era "um samba de quatro linhas", mas uma longa composição focalizando a figura do malandro especialista no *jogo de chapinha*, também conhecido por *vermelhinho*, que consistia em esconder uma pequena bola de miolo de pão debaixo de uma das três tampas de cerveja que formavam o jogo. Ao apostador cabia fazer um lance em dinheiro apontando uma das chapinhas como aquela sob a qual deveria estar a bola, cabendo ao banqueiro-jogador pagar essa importância no caso de o apostador acertar. Essa hipótese, no entanto, se revelava difícil porque, como esclarece o próprio compositor Tancredo Silva na letra do samba, o jogador malandro, antes de o apostador indicar a chapinha certa, já havia escondido a bolinha debaixo da unha com um rápido movimento dos dedos, no momento exato em que baixava a tampinha de garrafa indicada. Aliás, segundo Moreira da Silva, em entrevista concedida à revista *Manchete* em 1957, os versos do samba "Jogo proibido" seriam sete, e não quatro. Curiosamente, ao interpretar para a repórter que o entrevistava o samba de Tancredo Silva, Moreira cantou oito: "Não quero outra vida/ Senão jogar chapinha/ Navalha no bolso/ Chapéu de palhinha/ Eu ando melhor/ Do que qualquer doutor/ Quem olha pra mim não diz/ Que eu sou o jogador". Ainda havia a segunda parte, à qual a repórter se refere escrevendo: "E mais esta minguada quadra": "Esta ganha, esta perde/ Na voltinha que eu dou/ E o otário não sabe/ Onde a bolinha ficou". Assim, o que se pode concluir é que a contribuição pessoal de Moreira da Silva na criação do samba de breque, a partir da interpretação de "Jogo proibido", deve ter sido bem menor do que afirmava, limitando-se certamente à inclusão de alguns breques ao sabor da longa composição de Tancredo Silva.

ou o sucesso de sua improvisação foi tão instantâneo, que, ao ser publicada a letra dando o cantor Artur Costa como criador da interpretação do "Jogo proibido", já se registrava a imitação de seu estilo.

Curiosamente, no entanto, nesse mesmo número do *Jornal de Modinhas* em que aparece a letra do samba "Jogo proibido", outro samba do mesmo compositor Tancredo Silva é apresentado sob a indicação de *samba brecado*, e o cantor indicado como lançador da composição é, ainda uma vez, não Moreira da Silva, mas José de Carvalho.

De qualquer forma, é a partir de fins desse ano de 1936 que o samba brecado, depois definitivamente chamado de *samba de breque*, se define como gênero distinto do samba-choro, com o qual devia coexistir ainda por muito tempo. Durante vinte anos o samba de breque, cantado principalmente por Moreira da Silva e seu quase contemporâneo Jorge Veiga (que já em 1936 cantava na PRC-8, do Rio, o samba de Tancredo Silva "Bilhete premiado", depois gravado por Moreira da Silva), foi ouvido nas rádios e cantado em programas de calouros por humildes candidatos à carreira de cantor.

No início da década de 1950, quando a bolerização do samba-canção tinha feito praticamente desaparecer do rádio e do disco os cantores que cultivavam os sambas-choros e de breque, tão do agrado das camadas baixas da cidade (o samba de breque, eminentemente masculino, jamais atraiu as mulheres, e constituiu sempre um gênero marginalizado), dois compositores da moderna classe média iam redescobrir os dois estilos dos anos 1930, promovendo seu relançamento como produtos exóticos ao nível da classe média.

Um desses compositores seria o arquiteto paraense Billy Blanco, autor do samba "Estatutos da gafieira", de 1954 (e que depois se ligaria à bossa nova), e o outro o publicitário carioca Miguel Gustavo, autor do samba "Café-society", de 1955.

No que se refere a essa volta do samba de breque, já agora aproveitado por sua faceta de documentário de costumes cariocas, para divertimento das camadas mais altas dos grandes centros urbanos, quem melhor explicou o fenômeno de seu renascimento foi o próprio compositor Miguel Gustavo. Numa entrevista concedida à revista *Veja*, de São Paulo, em agosto de 1970, ao ser perguntado pela repórter Maria Helena Dutra por que tinha parado de compor sambas de breque, depois de gozar da fama de ter reabilitado o gênero na década de 1950, Miguel Gustavo respondeu:

> "De certa maneira, eu e Billy Blanco não reabilitamos e sim trouxemos o samba de breque para o convívio da classe média. Naquela mesma ocasião, muitos outros continuavam a fazer samba de breque, do jeito deles e para o seu próprio público, com as ferramentas rudimentares que possuíam. Nós alteramos a coisa um pouco. Colocamos nosso tipo de vida, nossas observações e nossa formação num tipo de estrutura antiga e restrita. Fizemos em samba de breque — desculpe a comparação — o que Djanira faz na pintura. Ela faz um primitivo sem se despojar da cultura que tem."[2]

Passada a nova onda do samba de breque para grã-finos — e embora tendo ainda como relançadores os mesmos cantores da década de 1930, Moreira da Silva e Jorge Veiga —, o gênero voltou a ser esquecido no correr dos anos de 1960. As novas camadas da classe média das cidades, atingindo desde então, em

---

[2] "Sou um autor de segunda", entrevista concedida no Rio de Janeiro à repórter Maria Helena Dutra, revista *Veja*, nº 100, de 5/8/1970. Em outro ponto de sua entrevista, Miguel Gustavo reforçava esse quadro da ascensão social do samba de breque, ao informar que "Miriam Batucada me pediu um samba de breque com tratamento sofisticado e eu fiz, contando a história da saia que sobe na mesma proporção que o decote desce, o que vai obrigar a turma daqui a pouco a usar folha de parreira".

maior número, o estágio de cultura universitária, deixavam de contemplar-se risonhamente nas autocríticas dos sambas de breque, preferindo, em termos de crítica social, a agressiva (e, no fundo, igualmente cômica) música de protesto.

13.
O SAMBA-ENREDO

O samba de enredo, criado pelos compositores das escolas de samba para contar em versos a história escolhida como tema do desfile carnavalesco, surgiu a partir da década de 1940 como contrapartida musical da progressiva estruturação das escolas no sentido de encenar dramaticamente seus enredos, sob a forma de uma ópera-balé ambulante.

Na verdade, durante os quinze primeiros anos de existência das escolas de samba — ou seja, de inícios de 1930 a meados da década de 1940 —, os grupos de foliões das camadas mais baixas do Rio de Janeiro, que saíam em blocos durante o carnaval declarando orgulhosamente sua qualidade pedagógica de *escolas de samba*,[1] não tinham grande compromisso com os enredos que escolhiam para tema de suas passeatas. Embora a estrutura de seus grupamentos se inspirasse no modelo dos ranchos, cujas fantasias ilustravam o tema escolhido para o desfile, não existiam inicialmente nas escolas sequer alegorias, e a ligação com o tema do enredo tinha caráter apenas nominal. A preocupação dos primeiros organizadores de escolas de samba era simplesmente a de conferir uma certa respeitabilidade aos seus blocos (até pelo menos 1934 as denominações *bloco* e *escola de samba* coexistiram sem preferência), afastando assim a humilhante perseguição policial, que traduzia, durante o carnaval, o preconceito das autoridades contra os negros e mestiços moradores nos bairros e morros cariocas onde se concentrava a parte da população ainda não absorvida pela economia urbana pré-industrial.

---

[1] Em 1932, o jornal carioca *Mundo Esportivo* referia-se às escolas de samba chamando-as de "escolas de melodia da metrópole".

Como a maior parte dos integrantes das nascentes escolas de samba era constituída, de fato, por pequenos profissionais e artesãos sem emprego fixo (sapateiros, marceneiros, lustradores, operários de obras, carregadores do pesado), e pela massa flutuante de mão de obra não especializada, muito rica em desocupados (biscateiros, malandros, jogadores, exploradores de mulheres, etc.), o objetivo inicial das escolas de samba era conferir um certo *status* aos seus componentes, o que levava grande parte deles — pormenor muito significativo — a desfilar de terno.[2]

Essa preocupação explica também que a mais importante figura dos meios das escolas de samba dos primeiros anos tenha sido a de Paulo Benjamim de Oliveira, o Paulo da Portela. Mulato escuro, de boa aparência, amante de ternos bem cortados, colarinhos duros, gravatas vistosas e colete, Paulo da Portela chegara aos meios de sambistas vindo dos bem organizados ranchos de pequenos funcionários públicos e operários (têxteis, na maioria), o que lhe garantia uma distinção pessoal e uma superioridade logo reconhecidas pela massa marginalizada dos sambistas humildes. Bem-falante, desembaraçado, Paulo Benjamim de Oliveira ia dever sua fama à capacidade de entender-se em pé de igualdade com jornalistas e autoridades, o que lhe conferia desde logo uma liderança hoje facilmente interpretada como resultado de seu talento precursor na atividade de relações públicas.

---

[2] Segundo depoimento do pioneiro Ismael Silva, que foi um dos fundadores da primeira escola de samba, a Deixa Falar, do bairro do Estácio, no fim da década de 1920, seu sentido de importância pessoal levava-o a não desfilar dentro da corda, mas a acompanhar a escola caminhando pela calçada, vestindo irrepreensível terno branco. Era já uma demonstração de mentalidade de dirigente e envolvia uma ideia de superioridade de sua função, que o impedia de igualar-se à turba dos simples foliões. Ismael Silva, pessoalmente, ao narrar essa sua participação a distância, nos primeiros desfiles da Deixa Falar, não dá essa interpretação de superioridade à sua atitude, mas deixa-a muito clara ao explicar (declaração pessoal ao autor deste livro) que "preferia ficar livre, fora da corda, para de vez em quando parar num bar e tomar a minha cervejinha".

Assim, não seria surpresa o fato de as escassas informações sobre os primeiros anos das escolas de samba indicarem sempre a presença de Paulo da Portela em quase todas as iniciativas que resultaram na organização dessas agremiações. Foi Paulo o primeiro a organizar um conjunto de sambistas para gravar suas composições (Paulo e sua Rapaziada), e mais tarde outro para realizar temporadas artísticas em moldes profissionais (ao lado de Heitor dos Prazeres e Cartola). A ele se deveria, em 1935, a institucionalização das alegorias nos desfiles (recurso só usado antes muito raramente, como quando Antônio Caetano ilustrou o enredo "Sua Majestade o Samba", em 1932, fazendo um homem desfilar dentro de uma barrica, tendo um pandeiro por cabeça, e um violão e um cavaquinho por braços), e talvez até a introdução do próprio samba de enredo, com a composição do samba-título de 1934 da futura Portela, "Academia do samba".[3]

---

[3] Essa possibilidade é apresentada como fato incontestável pela dupla de autores Amaury Jório e Hiran Araújo, ao escreverem à página 146 de seu livro *Escolas de samba em desfile: vida, paixão e sorte* (Rio de Janeiro, Edição dos autores, 1969): "Em 1931, Paulo da Portela, também conhecido por Príncipe Negro, introduziu o samba-enredo, fixando musicalmente o enredo, descrevendo o ato da entrega dos diplomas aos alunos, no término de suas aprendizagens na academia. Procurando dar maior ênfase, Paulo da Portela entregava a cada componente da escola um diploma. E enquanto isso, toda a escola cantava e sambava, sob aplausos do público". No mesmo sentido escreveu em janeiro de 1955 para a *Revista da Música Popular*, número 4, o repórter Cláudio Murilo (artigo "A Escola de Samba da Portela"), afirmando: "Paulo da Portela, um mulato muito sabido nessas coisas de samba, criou os sambas de enredo e os sambas históricos" (p. 22). O compositor Silas de Oliveira, da antiga Escola de Samba Prazer da Serrinha (da qual se originou a Império Serrano), reivindicava, no entanto, para ele e seu parceiro Mano Décio da Viola "o primeiro real samba-enredo que a cidade conheceu". Em entrevista concedida ao jornal carioca *Correio da Manhã* de 10/1/1971, após dizer que "as escolas iam disputar na Praça Onze com um de seus sambas de terreiro", acrescentou: "Nós fizemos o primeiro samba com segunda parte historiando um só acontecimento". O samba era "Conferência de São Francisco", enredo do Prazer da Serrinha no carnaval de 1946, e

Paulo da Portela, aliás, seria dos primeiros a bater-se em 1945 pela obrigatoriedade do uso de fantasias por todos os componentes de sua escola de samba, pois até então só os grupos de baianas contribuíam com uma característica capaz de diferenciar as escolas dos blocos durante o carnaval.

Ora, ia ser exatamente o conjunto dessas providências, aliadas a uma inesperada intervenção das autoridades policiais do período getulista anterior ao Estado Novo, o responsável pelo crescimento da importância dos enredos dos desfiles e, em consequência, pelo aparecimento do poema musical descritivo com caráter de exaltação patriótica denominado *samba de enredo*.

Ainda uma vez essa intervenção destinada a influir no estilo dos desfiles das escolas de samba durante mais de trinta anos se tornaria historicamente provada num episódio ocorrido com a escola de Paulo Benjamim de Oliveira. Quando em 1934 o prefeito do Distrito Federal (hoje Estado do Rio de Janeiro), Pedro Ernesto, percebendo a importância política das agremiações carnavalescas (naquele tempo, as únicas organizações capazes de congregar as massas populares da cidade), se dispôs a oficializar os desfiles de carnaval, uma das condições para o recebimento de dotações era a legalização de tais grupos na polícia.

O antigo bloco Vai Como Pode, da Estrada da Portela (cujo próprio título indicava a origem humilde), requereu ao Delegado Dulcídio Gonçalves, em 1935, o seu reconhecimento oficial, sen-

---

foi o primeiro da dupla depois famosa Mano Décio e Silas de Oliveira. Mas a verdade é que, já em 1942, a Escola de Samba Depois Eu Digo (que empatou com a Portela em primeiro lugar, perdendo no sorteio) saíra cantando um samba do compositor Pindonga — em homenagem a Darcy Vargas, esposa do Presidente Getúlio Vargas —, cujas duas partes se referiam ao mesmo tema, e que já começava pelo exórdio, depois tornado tradicional nos sambas-enredo: "Tomamos a liberdade/ De no momento do carnaval/ Homenagearmos a primeira dama nacional/ Porque se compadeceu do sofrimento/ Daqueles que dormiam ao relento/ E hoje vivem feliz". O agradecimento era motivado pela criação, por Darcy Vargas, da Casa do Pequeno Jornaleiro, no Rio de Janeiro.

do então surpreendidos os sambistas por uma exigência muito significativa: a da troca de seu nome. É que o delegado enxergava no nome Vai Como Pode, além da chulice natural da expressão, uma sem-cerimônia democrático-popular que não era exatamente o que agradava à classe média urbana, àquela altura já preparada para apoiar a ditadura estado-novista de Getúlio Vargas. Assim, ia ser por sugestão conciliadora do próprio Delegado Dulcídio Gonçalves que a Vai Como Pode se transformaria no algo solene Grêmio Recreativo Escola de Samba da Portela. E como todas as escolas seriam também desse ano em diante solicitadas a colaborar com a propaganda patriótica oficial, eminentemente ufanista, iniciou-se a tradição da escolha de enredos capazes de estimular o amor popular pelos símbolos da pátria e pelas glórias nacionais.

Não terá sido, pois, nenhuma coincidência o fato de a primeira composição de escola de samba a ganhar mais tarde popularidade nacional através do rádio ter aparecido em 1936, quando Henrique Mesquita compôs para a Escola de Samba Unidos da Tijuca o famoso "Natureza bela do meu Brasil":

> "Natureza bela do meu Brasil,
> Queira ouvir esta canção febril,
> Sem você não tem mais noite de luar, pra cantar
> Uma linda canção ao nosso Brasil.
> É um sambista apaixonado
> Quem lhe pede natureza
> As noites de luar,
> Que vive bem perto de você
> Mas sem lhe ver...
> Eu vejo as águas correndo,
> E sinto o meu coração palpitar.
> E o meu pinho gemendo
> Sem minhas saudades matar..."[4]

---

[4] Esse samba foi cantado durante dez anos nos meios de escolas de samba até que, em 1941, o cantor Gilberto Alves o gravou em disco Odeon

Muito significativamente, ainda nesse mesmo ano de 1936, o programa de propaganda criado pelo governo Getúlio Vargas, a *Hora do Brasil*, transmitia pela primeira vez um samba da Escola de Samba da Mangueira. O mesmo que fora cantado pelos sambistas em homenagem ao prefeito Pedro Ernesto, durante sua visita ao morro.

Valorizado, portanto, o enredo do desfile em atenção às recomendações oficiais (de 1943 a 1945, os concursos oficiais de desfiles de escolas de samba foram patrocinados pela Liga de Defesa Nacional, com a entrega de prêmios a cargo de um general do Exército), a necessidade de resumir os temas históricos para claro entendimento de um público sem qualquer informação prévia dos assuntos escolhidos levou os letristas das escolas de samba a comporem verdadeiros poemas épicos. Sem qualquer conhecimento didático da estrutura de tal tipo de poema, os sambistas semianalfabetos do Rio de Janeiro começaram curiosamente a desenvolver em seu longo encadeamento de versos mesmo processo de composição usado pelos poetas clássicos desde a *Ilíada*, de Homero, até *Os Lusíadas*, de Camões.

Inicialmente ligados apenas ao tema pela sugestão poética, como no caso do citado samba "Natureza bela do meu Brasil", os sambas de enredo passaram a ser epicamente descritivos, iniciando-se quase todos pelo exórdio ("Quem por acaso folhear a História do Brasil/ verá um povo cheio de esperança desde criança")[5], enquanto outros não entravam na narração antes do mais rigoroso cumprimento da regra clássica da invocação:

---

n° 12.632-A. A Odeon relançou o disco em 1946 com o n° 12.771-A, sempre com o título reduzido para "Natureza bela!...". A gravação foi feita em estúdio com a orquestra de Fon-Fon, e no selo do disco Henrique Mesquita aparecia já em segundo lugar: o samba tinha agora o prestígio de um compositor profissional, Felisberto Martins, cujo nome vinha na posição de autor principal.

[5] Samba-enredo da Escola de Samba do Salgueiro de 1967, de Aurinho da Ilha.

"Ó deusa da literatura
esclarecei minha memória
Quero vossa magia para descrever
esta empolgante história."[6]

Na parte da narração — e ainda por um mistério que talvez só se explique por sugestões da leitura de velhas antologias para ginásio, onde se costumava transcrever excertos de poemas e prosa de autores clássicos —, os compositores de escola de samba adotaram recursos da retórica destinados, em última análise, ao convencimento, por parte do público, do valor do enredo decantado.

Em pouco mais de trinta anos, a constância no emprego dessa retórica se tornaria tão curiosamente evidente, que uma equipe de alunos da Faculdade de Letras da Universidade Federal do Rio de Janeiro chegaria a estudar o assunto em nível científico, publicando em 1970 um trabalho intitulado "A retórica do samba-enredo".[7]

Nesse estudo, após a análise de dezoito letras de sambas de enredo cantados nos desfiles cariocas de 1963 a 1970, os autores chegavam à conclusão de que as quatro figuras de estilo mais usadas pelos sambistas em sua retórica apresentação dos enredos eram a anástrofe (inversão da ordem natural das palavras), o hipérbato (quebra da ligação imediata entre as palavras), a perífrase (forma eufemística de referir-se ao fato citado) e, finalmente, a sinédoque (emprego do abstrato pelo concreto, e vice-versa).

Para chegar a essa estrutura algo sofisticada dos longos sambas de enredo de fins da década de 1940 em diante, no entanto, os compositores das escolas de samba percorreram um longo

---

[6] Samba-enredo da Escola de Samba Império da Tijuca, de 1967.

[7] "A retórica do samba-enredo", de vários autores, *Revista do Livro*, Rio de Janeiro, Ministério da Educação e Cultura, ano XIII, 3º trimestre, 1970.

caminho a partir de fórmulas de canto extremamente simples e repetitivas, muito próximas das fontes folclóricas.

Em um artigo escrito para o matutino *O Jornal*, do Rio de Janeiro, de março de 1951, o jornalista Osvaldo Macedo lembrava que, até 1938, "os sambas, as melodias, eram de autoria de compositores das escolas, mas só tinham estribilho: os versos eram improvisados pelo primeiro e segundo mestre de canto e eram livres, isto é, eram usados por qualquer escola". E Osvaldo Macedo dava um exemplo:

"Tenho uma nega
Que é muito inteligente;
Pra comer tá com saúde,
Pra trabalhar tá doente."[8]

Isso quer dizer que, à base de versos possivelmente colhidos na tradição oral — o que explica o fato de poderem ser usados "por qualquer escola", sem estranheza de ninguém —, os componentes das escolas adotavam certos estribilhos aos quais os improvisadores, investidos das funções de mestres de canto, acrescentavam durante o desfile versos criados na hora.

Segundo se pode compreender por outra observação do autor do artigo (seguramente um contemporâneo das primeiras escolas de samba do Rio de Janeiro), esses versos dos sambas cantados durante a evolução das escolas pelas ruas da cidade, principalmente na Praça Onze de Junho, na década de 1930, não deviam ainda levar em conta o tema do enredo, pois revelavam uma "fixação amorosa".[9]

---

[8] Osvaldo Macedo, "Escolas de disciplina as escolas de samba", *O Jornal*, Rio de Janeiro, 4/3/1951, caderno Revista, p. 1.

[9] *Ibid.* "Agora a coisa melhorou", escrevia Osvaldo Macedo, "e muito. As melodias têm uma, duas, e às vezes três partes, são asseadas, estão libertas daquela fixação amorosa que durante algum tempo deslumbrou e comprometeu as escolas."

Isso seria confirmado quase vinte anos depois pelo compositor Silas de Oliveira (falecido em 1972), que ao se referir aos tempos da Escola de Samba Império da Serrinha, precursora da atual Império Serrano, lembrou haver por volta de 1936 dois tipos de composições: "um *samba de terreiro* (samba feito para o carnaval, mas que nada tem a ver com o carnaval da escola)" e "uma improvisação, geralmente baseada numa provocação com a escola que cruzava".

Assim, o que de fato acontecia é que as escolas saíam às ruas cantando estribilhos ou sambas de terreiro geralmente de tema amoroso (dor de cotovelo, queixas de ingratidão, desencantos, juras, promessas, etc.), mas seus mestres de canto, bons improvisadores, eram capazes de criar versos ao sabor do momento, fosse para referir-se ao tema escolhido para o enredo, fosse para provocar uma escola rival com que cruzasse (e as brigas nessas ocasiões ficaram famosas no carnaval carioca, desde o tempo dos cordões do início do século XX).

Essa dualidade musical representada pelo coro e pelos solos nas primeiras escolas de samba foi, aliás, magnificamente bem explicada pelo musicólogo Brasílio Itiberê em uma crônica de 1935. Levado pela curiosidade de músico ao morro da Mangueira, Brasílio Itiberê notou que só as pastoras e as crianças cantavam, e após se perguntar a que se devia aquilo, ele mesmo concluía:

"É que as vozes masculinas só intervêm nos solos — que nos ensaios têm um caráter de improvisação, sem uma sequência lógica, nem, sequer, uma ligação tonal com a parte coral. Às vezes, pela diferença do texto e disparidade do desenho melódico, esse solo chega a ser um corpo estranho dentro do próprio samba. Isso decorre do processo de composição do sambista de morro. Sentindo a importância da parte coral, ele começa a 'tirar' esse trecho do samba. Só mais tarde, nos ensaios gerais que precedem os desfiles na Praça

Onze, o compositor dá o caráter definitivo à parte solista que, em geral, resulta mais fraca e perde o aspecto de improvisação."[10]

Foi, pois, quando o número de componentes das escolas começou a crescer (no início da década de 1930, a média era de oitenta a cem figurantes), permitindo melhor aproveitamento teatral do enredo pela multiplicação das alas (nos fins da década de 1940, algumas escolas já desfilavam com cerca de quinhentas pessoas), que os sambas das escolas se transformaram, de fato, em sambas-enredo.

A necessidade de reduzir a poema complicadas passagens da história do Brasil originou então os sambas de longas letras, com quarenta a cinquenta versos e até mais (os chamados *lençóis*). Isso, porém, não ia constituir uma regra, e como prova, o primeiro clássico do samba-enredo moderno, o "Inconfidência Mineira", ou "Tiradentes", de Mano Décio da Viola, Penteado e Estanislau Silva, lançado no desfile do Império Serrano de 1949, seria uma composição de apenas treze versos:

"Joaquim José da Silva Xavier
Morreu a 21 de abril
Pela independência do Brasil
Foi traído
E não traiu jamais
A Inconfidência de Minas Gerais.

Joaquim José da Silva Xavier
Era o nome de Tiradentes.
Foi sacrificado
Pela nossa liberdade,

---

[10] Brasílio Itiberê, "Morro da Mangueira", crônica incluída no livro *Mangueira, Montmartre e outras favelas*, Rio de Janeiro, Livraria São José, 1970.

Esse grande herói
Pra sempre há de ser
Lembrado..."[11]

De maneira geral, no entanto, o estilo mais comum de samba de enredo — que a partir da década de 1950 seria chamado simplesmente de *samba-enredo* — ia ser na verdade, até o fim dos anos 1960, o dos longos poemas descritivos, revestidos de melodia ampla e solene, e apoiados naquele ritmo de marcação muito segura que constituía um dos característicos da percussão das escolas desde meados da década de 1930, quando o compositor Alcebíades Barcelos, o Bide, introduziu na bateria o surdo de marcação.

A modificação desse tipo de samba-enredo longo, com caráter de exaltação patriótica, ia começar em consequência da diversificação da temática dos desfiles iniciada em 1966 com o lançamento, pela Portela, dos enredos literários. Para ilustrar esse primeiro resumo de um romance — as *Memórias de um sargento de milícias*, de Manuel Antônio de Almeida —, o compositor Paulinho da Viola ainda construiu um longo poema cantado no melhor estilo dos sambas de enredo tradicionais. No ano seguinte, porém, quando a Escola de Samba da Mangueira retomou o filão, focalizando a obra infantil do escritor Monteiro Lobato, o samba "O mundo encantado de Monteiro Lobato", dos compositores

---

[11] Em seu livro *O carnaval carioca através da música* (Rio de Janeiro, Livraria Freitas Bastos, 1965, vol. II), o historiador amigo do carnaval Edigar de Alencar registra o "Tiradentes" como maior sucesso do carnaval de 1955, cinco anos depois, portanto, de sua criação. Isso se explica pelo fato de a composição, embora muito conhecida e cantada nos terreiros de escolas de samba cariocas, não ter sido imediatamente gravada, como passaria a acontecer a partir da década de 1960. O samba "Tiradentes" ficaria sem competidor em matéria de repercussão nacional até o aparecimento do samba "Chica da Silva", de Anescarzinho e Noel Rosa de Oliveira, lançado pelo Salgueiro no desfile de 1963.

Darci, Luís e Batisga, já trazia uma aceleração do andamento que valia como uma antecipação da nova tendência musical: a dos sambas chamados de *empolgação* ou *valentes*.

Anunciado desde 1967 pela esperteza do compositor Martinho José Ferreira, o Martinho da Vila, que no samba "Carnaval de ilusões", para a Escola de Samba Unidos de Vila Isabel, lançara a voga do aproveitamento de músicas folclóricas (o estribilho final era "Ciranda, cirandinha/ Vamos todos cirandar"), o descomprometido samba de empolgação, destinado a levantar o público dos desfiles pela animação do ritmo, surge afinal com a composição "Bahia de todos os deuses", de autoria do engraxate João Nicolau, o Bala, da Escola de Samba do Salgueiro:

> "Bahia, os meus olhos estão brilhando
> Meu coração palpitando
> De tanta felicidade
> És a rainha da beleza universal..."

O agrado do samba — imediatamente transformado em sucesso nacional, com diversas gravações em disco — levou os antigos compositores de circunspectos e patrióticos sambas de enredo tradicionais a lançarem mão do repertório do folclore com uma sem-cerimônia espantosa (o próprio samba "Bahia de todos os deuses" terminava com a quadrinha dos capoeiras baianos "Zum, zum, zum/ capoeira mata um"); no ano seguinte, 1970, seis das grandes escolas de samba do Rio transformavam motivos tradicionais em atração de seus sambas.[12]

---

[12] O samba da Mocidade Independente de Padre Miguel "Meu pé de laranja lima", baseado no livro de José Mauro de Vasconcelos, terminava com a cantiga de roda "Ai, eu entrei na roda/ Ai, eu entrei na dança..."; o da Imperatriz Leopoldinense incluía como estribilho a quadra "O rei mandou me chamá/ Pra casá com sua fia/ O dote que ele me dava/ Oropa, França e Bahia"; o Salgueiro fazia cantar o estribilho de roda de batucada carioca "Oi abre a roda meninada/ Que o samba virou batucada"; a Unidos de Vila

Esse aproveitamento declarado do folclore, ainda incluído nos sambas de enredo com caráter de citação, se transformaria, a partir de 1971, num recurso menos lícito, mas bem-sucedido o bastante para levar definitivamente de vencida os sambas-enredo de feitura antiga. Concorrendo na Escola de Samba do Salgueiro com o compositor Bala, que figurava como favorito das pastoras, no terreiro, com seu samba de enredo "Chegada de um rei negro", o capixaba Adil de Paula, o Zuzuca (que confessaria a um repórter não saber sambar), ia se tornar vencedor com seu suposto samba "Festa para um rei negro", cuja música da segunda parte era apenas uma marcha de Folia de Reis.

A primeira consequência da modificação dos sambas de enredo, para atender ao princípio de redundância que favorece a massificação (qualquer ritmo já universalizado pela repetição torna sua aceitação mais fácil, e daí o sucesso da incorporação de conhecidos estribilhos folclóricos), é que as composições se tornaram cada vez mais curtas.

Ao anunciar em janeiro de 1969 o propósito da Escola de Samba do Salgueiro de romper com o samba de enredo tradicional, o proprietário da venda onde se reuniam os compositores da escola, Jorge Calça Larga, declarou a um repórter, Tato Taborda, do jornal carioca *Última Hora*:

> "O Salgueiro sempre saiu na frente dos outros. Quando aceitamos o 'balé', todo mundo criticou, agora não dá outra coisa. Depois foram os destaques, o pessoal do concurso de fantasias do Municipal. Agora nós vamos lançar um samba mais curto, mais fácil de cantar."[13]

Isabel aproveitava o tema gaúcho "Prenda minha"; e a Portela encaixava os versinhos de dança de roda infantil "Esquindô lá lá/ Esquindô lê lê...".

[13] Tato Taborda, "Samba-enredo é tabu que vai cair", *Última Hora*, Rio de Janeiro, 18/1/1969, 2º caderno, p. 5.

Na mesma reportagem, entretanto, o compositor Anescarzinho (autor do famoso samba de enredo "Chica da Silva") via a novidade com alguma preocupação:

> "Reconheço que para desenvolvimento da escola é bem melhor um samba mais curto, vi um ensaio e senti que é esse o efeito que os carnavalescos desejam. Só existe um perigo. Se encurtarem cada vez mais o samba, os autores de músicas de carnaval, daqui a pouco, vão querer invadir as escolas."[14]

Um ano após o sucesso de "Festa para um rei negro" (também conhecido por "Pega no ganzê"), quando essa mesma Escola de Samba do Salgueiro desfilava pela Avenida Presidente Vargas com seu famoso samba de carnaval "Tengo tengo", ainda do capixaba Zuzuca, a inovação revelou um segundo perigo não previsto por Anescarzinho. Como o samba começara a ser divulgado muito antes do carnaval através do disco, do rádio e da televisão, sua excessiva repetição durante o longo tempo do desfile do Salgueiro provocou uma saturação do público, o que culminou com uma vaia quando, ante a confusão causada pela interpretação desencontrada da música pela gente das arquibancadas, a bateria da escola atravessou o ritmo e seus componentes pararam de cantar.

O fracasso do Salgueiro, no entanto, não mudaria, afinal, a tendência geral das escolas de samba em favor da aceitação dessa nova versão do chamado *samba-exaltação* (como passava a ser também chamado o novo estilo de samba-enredo). A partir do início da década de 1970, estava, pois, definitivamente encerrado o ciclo do samba de enredo tipo lençol, que obrigava os compositores, pela complicação dos temas históricos escolhidos para enredo, a vencer desafios culturais acima de seu nível escolar,

---

[14] *Ibid.*

como tão fielmente ratificou o jornalista e escritor carioca Sérgio Porto, o Stanislaw Ponte Preta, em sua humorística paródia de samba-enredo intitulada "Samba do crioulo doido", de 1968:

"Foi em Diamantina
Onde nasceu JK
Que a Princesa Leopoldina
Arresolveu se casá.
Mas Chica da Silva
Tinha outros pretendentes
E obrigou a princesa
A se casar com Tiradentes.

Ô, ô, ô, ô, ô, ô...
O bode que deu
Vou te contar.

Joaquim José
Que também é
Da Silva Xavier
Queria ser dono do mundo
E se elegeu Pedro II.

Das estradas de Minas
Seguiu pra São Paulo
E falou com Anchieta
O vigário dos índios
Aliou-se a Dom Pedro
E acabou com a falseta
Da união deles dois
Ficou resolvida a questão
E foi proclamada a escravidão.

Assim se conta essa história
Que é dos dois a maior glória

A Leopoldina virou trem
E Dom Pedro é uma estação também.

Ô, ô, ô, ô, ô, ô...
O trem tá atrasado
Ou já passou."

14.
A MÚSICA SERTANEJA

A existência de um tipo de música denominada *sertaneja*, para assim distinguir-se de outra dirigida primordialmente ao público urbano, tem sua origem na histórica dualidade sociocultural representada pela velha oposição entre o campo e a cidade. Na verdade, desde que a partir do século XI as necessidades do comércio começaram a atrair parte da população rural para os centros de serviços e de produção industrial-artesanal que seriam as cidades modernas, as diferenças de relações entre os homens nas duas estruturas iriam determinar características culturais e psicológicas distintas: o habitante do campo, continuando em contato mais direto com a natureza, vive em ambiente mais calmo e tem costumes mais despojados e mais simples (o que o fará aparecer como ingênuo ou simplório); o morador da cidade, estabelecendo em seu meio relações mais dinâmicas, graças ao mecanismo do fazer industrial e às necessidades do comércio, convive com a agitação e o burburinho (o que o faz parecer mais ativo e mais esperto).

Da mesma forma, na área da cultura e do lazer, essas diferenças levam o homem do campo a divertir-se normalmente em grupo (suas festas, realizadas ao ar livre, propiciam o canto e a dança coletivos), enquanto o da cidade tenderá a reunir-se em locais fechados (o que acaba conduzindo o ato de divertir-se à fórmula do espetáculo, com uma divisão entre o público e o artista, e, no plano musical, ao aparecimento da arte individual da canção).

Realmente, não deixa de ser ilustrativo o fato de, ao realizar-se em 1502 em Portugal a primeira representação teatral para um público restrito — ou seja, as pessoas da família do rei D. Manuel, reunidas no quarto em que a rainha D. Maria descansava do parto do príncipe João III —, o autor-ator Gil Vicente estar caracterizado de vaqueiro. Um ser tão estranho à cidade que — e aí estava a graça do espetáculo — já chegava reclamando da oposição à sua entrada, o que o obrigara a desvencilhar-se grotescamente aos repelões:

> "*Pardiez siete arrepelones*
> *me pegaron ala entrada,*
> *mas yo di una punada*
> *a uno pelos rascones,*
> *empero si yo tal supiera*
> *no viniera*
> *y si viniera, no entrara,*
> *y si entrara, yo mirara,*
> *de manera*
> *que ninguno no me viera.*"

Pode-se dizer, pois, que o sucesso da ideia de Gil Vicente nesse seu *Monólogo do vaqueiro* resultou do mesmo impulso de curiosidade ante o exótico da vida rural, que, manifestado na corte de D. Manuel naqueles inícios do século XVI, se repetiria no Brasil trezentos anos depois, quando as condições da sociedade local conduziram o público urbano a uma atitude semelhante em relação aos tipos do campo: no nordeste, o *vaqueiro* e, no centro-sul, o lavrador conhecido primeiro como *roceiro* e, depois, como *caipira*.

Na verdade, também no Brasil o palco dos teatros foi o campo neutro encontrado para a apresentação, ao divertido preconceito da gente citadina, desses tipos humanos do mundo rural que o desenvolvimento das áreas urbanas começava a afastar progressivamente para áreas cada vez mais distantes do interior. Em 1838, quando o teatro brasileiro de costumes começa com o carioca Martins Pena, sua primeira comédia representada tem por título *O juiz de paz da roça*, e, em 1840, a segunda — de enredo ainda mais concludente da dualidade dos estilos de vida do campo e da cidade — recebeu o título inicial de *Uma família roceira*, antes de sair com o nome de *A família e a festa da roça*. E tudo isso sem contar que, entre os papéis de Martins Pena, se achou o manuscrito incompleto do que teria sido sua primeira tentativa de autor no gênero teatro (escrita entre 1833 e 1837), e essa comédia nunca encenada ou editada chamava-se *Um sertanejo na corte*.

De início, é bem verdade, o que o teatro exibia sob a figura do *roceiro* ainda não era o homem do povo — depois conhecido como *caipira* —, mas o dono de terras ou o figurão local, que, tendo dinheiro para eventualmente viajar à Capital, acabava entrando em choque com os costumes da vida urbana. Isso aconteceria em 1862 com o personagem de *Maria ou a bela paulista*, do dr. Theodoro J. H. Langaard (que com sua história do tabelião de Botucatu apaixonado pela esperta moça da Capital anteciparia de quase meio século o enredo da peça *Quebranto*, de Coelho Neto, de 1908), e em 1877 com o roceiro paulista *Nhô Quim*, ingenuamente envolvido por uma *cocotte* francesa só interessada em seu dinheiro (tal como iria acontecer também com o fazendeiro Eusébio de *A capital federal*, de Artur Azevedo, em 1897, na história da família mineira em visita à cidade grande, aliás logo repisada em 1899 por Arlindo Leal em *O boato*, usando personagens paulistas).

Bem examinado, isso tudo queria dizer que, desde meados do século XIX — e é preciso não esquecer que o personagem central da comédia *Uma véspera de Reis*, de Artur Azevedo, consagrara em 1875 o ator Xisto Bahia na figura de um tabaréu baiano —, o público das grandes cidades, principalmente Rio e São Paulo, já se encontrava o bastante distanciado do campo a ponto de receber, com o vivo interesse da curiosidade, os estereótipos da sociedade rural que o teatro, a literatura e, logo depois, o disco, lhe iam fornecer sob a forma de histórias regionais e de poesia e música *sertanejas*.

De qualquer modo, o encontro do público citadino com a figura do *caipira* do centro-sul, agora mais próximo do tipo real, surge, afinal, quando esse filão das histórias engraçadas de coronéis e figurões roceiros se democratiza e, através do teatro de variedades, dirigido às camadas mais baixas, passa das comédias, das burletas e das revistas para as pequenas peças e arranjos cômicos das companhias populares de circos, pavilhões e cine-teatros.

Esse caipira de botinas grosseiras, chapéu de palha desfiada, camisa xadrez e calças remendadas — mais ou menos descrito por Monteiro Lobato, no Jeca Tatu do livro de contos *Urupês*, de 1918, e logo popularizado pela divulgação da história em quadrinhos do *Jeca-Tatuzinho*, editada pelo Laboratório Fontoura — surge no teatro popular de São Paulo em 1916 através de uma criação do ator Sebastião Arruda. O sucesso de Arruda podia ser explicado pelo fato de ele fazer encarnar, objetivamente, na figura do caipira paulista (tão semelhante no físico e na cultura aos trabalhadores do campo mineiros e fluminenses), a imagem de um homem rural antes alimentada difusamente pela poesia "cabocla" de Catulo da Paixão Cearense e pelas canções "sertanejas" de Marcelo Tupinambá, invariavelmente invocadoras de *caboclos* e *morenas* de um sertão idealizado, sem tempo e sem fronteiras. Nesse sentido, ao mostrar nos palcos populares a figura típica do explorado trabalhador *caipira*, Sebastião Arruda fazia no teatro mais ou menos o que Monteiro Lobato realizaria na literatura dois anos depois, ao destruir com a realidade (embora caricatural) de seu Jeca Tatu a imagem romantizada dos caboclos que desde meados do século XIX povoavam os romances e contos de escritores tipo Afonso Arinos e Taunay.

A prova de que o conhecimento dessa figura do caipira real — embora estereotipada, como sempre, para atender à deformação cultural do homem da cidade interessado apenas no "pitoresco" e no "exótico" do mundo rural — vinha atender a uma expectativa do momento, seria fornecida pela verdadeira explosão de caipirismo ocorrida durante esse período da Primeira Grande Guerra. Levada à necessidade de valorizar as possibilidades do mercado interno, em face da interrupção do intercâmbio econômico com a Europa, a burguesia das cidades começava a descobrir a realidade do mundo rural, à medida que a área industrial de São Paulo, expandindo-se, estendia suas fronteiras para as zonas de antigos latifúndios em decadência. E ao abrir estradas para essa interiorização, eram esses caipiras reais que a gente da cidade via passar a pé, com suas sacolinhas às costas, ou acocorados à porta de choças de pau a pique, tirando respeitosamente seus chapéus na cortesia interiorana dos *boas-tardes*, enquanto fumavam seus pitos ou cigarros de palha.

Assim foi que, tão logo Sebastião Arruda entrou a garantir bilheteria para sua pequena companhia de teatro com a caracterização do "matuto paulista", começaram a surgir no teatro de variedades paulistano os seus epígonos: em 1917 a atriz Alda Garrido e seu marido, o empresário-ator Américo Garrido, formam a dupla Os Garridos; em 1918 surgem Os Danilos (par de atores-cantores com repertório também à base de canções "sertanejas" de Marcelo Tupinambá); em 1919, enquanto o ventríloquo Batista Júnior cria tipos caipiras, surge o Trio Viterbo, composto pela cantora Abigail Gonçalves, pelo violonista Américo Jacomino, o Canhoto, e pelo ator Viterbo de Azevedo (que adota o nome de Jeca Tatu); em 1920 aparece o ator Pinto Filho para rivalizar com Arruda (inclusive no Rio); em 1925 ou 1926 surge o casal Os Carolinos; em 1932 é a vez de Genésio Arruda e, finalmente, em 1935 — quando a música caipira já se tornara independente do teatro, graças ao disco e ao rádio — aparece no cinema e nos palcos de cassinos a dupla Alvarenga e Ranchinho.

Portanto, foi para tornar mais real esse caipira estilizado pelo teatro popular a partir da figura típica do trabalhador das áreas de terras pobres e de latifúndio do centro-sul que, pelos fins da década de 1920, ia ser trazida para conhecimento da cidade não apenas a representação dos costumes dessa gente, mas o som de sua música típica.

As tentativas de revelar ao público urbano exemplos do universo da música rural, em geral, e da caipira, em particular, datavam do início do século, mas tinham ocorrido sempre de forma episódica. Cronologicamente, o primeiro a mobilizar representantes da arte musical popular do interior para demonstrações perante o público da cidade grande fora o animador da cultura regional Cornélio Pires, em 1910. Após estrear na poesia em fevereiro daquele ano com o livro *Musa caipira* — o que o levaria a trocar definitivamente sua cidade de Tietê pela capital São Paulo —, Cornélio Pires teve a ideia de realizar no Colégio Mackenzie, ainda em 1910, uma conferência sobre as manifestações musicais de sua região, mas fazendo-as ilustrar pelos próprios caipiras. Ante a curiosidade algo preconceituosa do público do colégio da elite paulistana, Cornélio Pires fez encenar no palco do auditório um velório tipicamente caipira (que inclui brincadeiras e cantoria para passar o tempo), uma cena de tarefa em mutirão (com os cantos de trabalho competentes) e, pela primeira vez, permitiu a um público da capital ouvir cantorias e danças de catira e cururu.

Cinco anos depois, ainda em São Paulo e para ilustrar sua conferência sobre lendas e tradições brasileiras, realizada no Teatro Municipal para a Sociedade de Cultura Artística, o escritor Afonso Arinos contratou no Rio de Janeiro o violonista João Pernambuco para demonstrar com acompanhamento de um regional os números de música e canto por ele citados (o ensaio das danças ficou a cargo do escritor e animador de manifestações folclóricas Mello Moraes Filho).

Em 1920, finalmente, seria o próprio ator Sebastião Arruda quem, decidido a corroborar a autenticidade de seus números caipiras no Teatro Boa Vista, traria a São Paulo um grupo de violeiros autênticos para apresentar-se em números de desafio no palco.

Na verdade, e embora ainda de forma estilizada, conforme o gosto vigente nas cidades, os compositores urbanos vinham tentando oferecer, pelo menos desde o início da segunda década do século XX, uma ideia de como soava a música da área da viola paulista. Por volta de 1910, os cantores pioneiros da Casa Edison do Rio de Janeiro, Eduardo das Neves e Baiano, gravaram sob o título de "Dois caboclos paulistas" o que pretendiam ser um desafio. E, um ou dois anos depois, um "Cateretê paulista", enquanto a própria palavra *caipira* entrava em curso para indicar a preocupação pelo tema, em discos como "O caipira" (monólogo pelo ator Esteves, cerca de 1909), "Carta de um caipira" (monólogo pelo cantor Cadete, provavelmente de 1910 ou 1911) e "Dois caipiras na feira" (cena cômica com Eduardo das Neves e os atores Esteves e Porto). Isso sem contar com as músicas apenas instrumentais que começavam a aparecer sob títulos como "Cateretê caipira" (gravada ainda na Casa Edison pelo Grupo dos Chorosos, provavelmente em 1916) e — já atestando a repercussão do livro *Urupês*, de Monteiro Lobato — "Jeca Tatu" (polca, gravada pelo Grupo Albertino ainda em 1918, ano da publicação do livro, ou pelos inícios de 1919).

Apesar dessa tendência reveladora de inegável receptividade da gente das cidades aos sons particulares da viola caipira, porém, até fins da década de 1920 ninguém havia conseguido apresentar ao público urbano uma criação local capaz de representar, em relação à música sertaneja do centro-sul, o mesmo que as emboladas trazidas ao Rio em 1927 pelo grupo Turunas da Mauriceia e em 1928 por Minona Carneiro, por exemplo, representaram para a identificação de um estilo musical nordestino.

Assim — e apesar de, em 1926, o músico de Botucatu Angelino de Oliveira ter-se aproximado bastante do modelo original com sua célebre *toada paulista* "Tristeza do jeca (muito desfigurada ainda em sua primeira versão instrumental pela Orquestra Brasil-América, mas já apresentando o acompanhamento típico dos violeiros na gravação cantada de Patrício Teixeira) —, seria preciso esperar pelas iniciativas de Cornélio Pires na área do disco, nos anos de 1929 e 30, para datar, daí, o surgimento, na cidade, de uma música caipira destinada a transformar-se, enquanto música comercial, nos estilos englobados sob o nome genérico de *música sertaneja*.

Cornélio Pires (Tietê, SP, 1884-São Paulo, SP, 1958), um autodidata que abandonara a escola no terceiro ano primário e jamais teve emprego fixo, descobrira em 1914 que havia público nas cidades para conferências de humor sobre os costumes dos caipiras de sua região, ou seja, a área fisiográfica que tinha Piracicaba como centro principal. Começa então a apresentar-se em cinemas e clubes, e seu sucesso nessa atividade (que, por sinal, se estende também ao Rio de Janeiro entre 1917 e 1918) chega a ser testemunhado em 1915 em Santos pelo escritor Monteiro Lobato, que em carta ao amigo Godofredo Rangel escreveria: "Dá caboclo em conferências a cinco mil réis a cadeira e o público mija de tanto rir". A prova de que a iniciativa de Cornélio Pires atendia a uma expectativa do público urbano estava em que a ideia logo encontraria seguidores. E de fato, em 1916, o jornalista e teatrólogo santista José Batista Coelho, o João Foca, após formar em parceria com a atriz Abigail Maia e o pianista e maestro de teatro Luís Moreira o Trio João Foca, passa a apresentar-se também em teatros acrescentando uma novidade: suas palestras — tais como as de Cornélio entremeadas de anedotas — incluíam deixas para Abigail entrar cantando os exemplos musicais citados, sempre acompanhada ao piano por Luís Moreira. Assim, não foi novidade o fato de Cornélio — aliás, ainda neste ponto o verdadeiro pai da ideia, pois já em 1910 usara caipiras para ilustrar sua exposição aos alunos do Colégio Mackenzie — aparecer também em 1928 falando de música caipira com apoio de duplas autênticas, como seria o caso de Caçula e Mariano, por ele trazidos de sua região para a capital paulista.

É natural que, ao perceber a boa aceitação do produto cultural que oferecia ao público das cidades com caráter de espetáculo, agora acompanhado do atrativo da música, Cornélio Pires tenha evoluído imediatamente para outra ideia dentro do mesmo projeto, ou seja, a gravação das anedotas que contava juntamente com os exemplos musicais em discos destinados ao comércio. Isso aconteceu no início de 1929, explicando desde logo a segurança com que Cornélio se dirigiu ao empresário Alberto Jackson Byington Jr., representante no Brasil da fábrica de discos norte-americana Columbia, para contratar a prensagem de discos caipiras através da firma Byington & Co. Segundo gostava de contar muitos anos depois Ariovaldo Pires, o Capitão Furtado, sobrinho do pioneiro da música caipira gravada, Cornélio Pires foi obrigado a pagar de seu bolso a produção dos discos porque Byington Jr. não acreditou na sugestão, tendo tentado inclusive dissuadir da ideia o animado humorista. Orgulhosamente, Cornélio Pires teria assumido então o encargo financeiro e a competente responsabilidade da adoção de etiqueta própria (selo vermelho com numeração a partir de 20.000) e da prensagem (cinco mil exemplares iniciais, em vez de apenas mil, como aconselhava a prudência comercial), dispondo-se a vender os discos dois mil réis acima do preço normal da época.

Ia ser nessa série de mais de cinquenta discos independentes, gravados de maio de 1929 a fins de 1930 (ou inícios de 1931), que estreariam, lançadas por Cornélio Pires, algumas duplas destinadas a profissionalizarem-se, passando a figurar como as primeiras a produzir música caipira com caráter comercial: Mariano e Caçula, Zico Dias e Ferrinho e Olegário e Lourenço (esta integrante da Turma Caipira Cornélio Pires, que no alvorecer de 1930 incluiria ainda outros futuros "caipiras do rádio" como Raul Torres, então chamado Bico Doce, e Mandi e Sorocabinha). Aliás, muito simbolicamente, da Turma Caipira Cornélio Pires ia fazer parte também, sob a indicação de "ator Arruda", o famoso Sebastião Arruda, que mais de dez anos antes criara no teatro o tipo clássico do caipira cuja voz, agora, com os discos vendidos sob o selo Columbia, podia ser ouvida em todo o Brasil.

Essas gravações pioneiras de modas caipiras da área de São Paulo, realizadas em duas séries intituladas *Folclórica* e *Regional* (e havia ainda a *Humorística*), conservavam muito fielmente o espírito da música da região de onde provinham as próprias duplas de instrumentistas e cantores. E, como Cornélio Pires viajava pelo interior para colocar pessoalmente os discos entre o público da mesma origem, pode-se dizer que, apesar de apresentarem-se já sob a forma de produto industrial e comercial (houve discos que chegaram a vinte mil exemplares vendidos), tais composições ainda podiam ser consideradas realmente caipiras e folclóricas. Foi apenas quando a fábrica norte-americana Victor, alertada pela existência desse mercado de música rural, entrou na competição em outubro de 1929, criando sua Turma Caipira Victor, que a música caipira paulista se transforma, de fato, em música popular urbana de estilo "sertanejo". E, se fosse preciso fixar uma data para marcar essa transição, essa seria a de 27 de outubro de 1929, quando a expressão *moda de viola* — desconhecida em selos de disco até o advento das gravações de Cornélio Pires — aparece pela primeira vez na etiqueta de um selo Victor, indicando o gênero da composição "Casamento da onça", assinada por M. Rodrigues Lourenço, e por ele mesmo interpretada em dupla com Olegário José de Godoy (disco Victor nº 33.236-B).

A Turma Caipira Victor voltaria a gravar novas modas de viola ao lado de duplas já lançadas por Cornélio Pires, como Zico Dias e Ferrinho, no fim de 1930, e, a partir de março de 1931, outras como Laureano e Soares, mas, ainda assim, a moda de viola comercial só viria a encontrar seu grande criador com a "caipirização" definitiva de um esperto compositor urbano de sons "regionais": Raul Montes Torres (Botucatu, SP, 1906-São Paulo, SP, 1970), o mesmo que na série de discos de Cornélio se escondia sob o pseudônimo de Bico Doce.

Tendo-se iniciado na vida artística como cantor na Rádio Educadora de São Paulo, em 1927, com um repertório de apenas três modas de viola aprendidas ao tempo em que trabalhava no *trem de lenha* da Sorocabana, fazendo o percurso entre a Barra Funda, na capital paulista, até a cidade de Itararé, Raul Torres impressionou-se de tal forma naquele mesmo ano com a exibição dos nordestinos do grupo Turunas da Mauriceia, em São Paulo, que pediu permissão a Augusto Calheiros para interpretar as músicas de seu repertório. E foi assim que, abandonando desde logo a música caipira, passou a funcionar como cantor do conjunto Turunas Paulistas (evidente imitação do grupo vindo de Pernambuco), criado na capital paulista pelo tocador de bandola Cardia.

Paralelamente a essa ação pessoal de Raul Torres (que de 1937 a 1944 faria dupla com o sobrinho Antenor Serra, o Serrinha, e daí em diante com João Batista Pinto, o Florêncio), a música caipira já transformada em "música sertaneja" contaria para sua conquista de 40% do mercado do disco brasileiro com o concurso de dezenas de duplas de cantadores. E, evidentemente, não apenas especialistas no gênero moda de viola, mas em toadas, cururus, cateretês, rasqueados, guarânias e, a partir da década de 1960, corridos, canções-rancheiras, valseados, recortados, toadas-ligeiras, toadas campeiras, arrasta-pés, balanços, pagodes e quantos outros nomes vão sendo criados para designar variantes rítmico-sonoras passíveis de serem obtidas a partir do acompanhamento básico de viola e violão.

Entre essas primeiras duplas estariam, além das originalmente lançadas por Cornélio Pires ou formadas por Raul Torres, Laureano e Soares, Flauzino e Florêncio e Mariano e Luisinho na Columbia; Mandi e Sorocabinha, Nhô Pai e Nhô Fio, na Odeon; e, na Victor, uma longa lista que incluiria entre outros nomes os de Alvarenga e Ranchinho (inicialmente incluindo a voz de seu lançador, o Capitão Furtado), Xerém e Tapuia, Xerém e Bentinho, Mariano e Laureano, Palmeira e Piraci (que ainda formaria dupla sucessivamente com Luisinho e Biá).

Com o advento do disco *long-playing* no Brasil em 1951 (ou, mais precisamente, a partir da primeira gravação de música sertaneja no LP de dez polegadas *Os violeiros*, com a dupla Moreno e Moreninho, na Sinter, em 1956), a relação de novos artistas ligados à música rural cresceria ainda uma vez de maneira incontrolável. E isso teria uma explicação.

É que — como se viu — o surgimento dessas duplas caipiras no rádio e no disco anunciava, na verdade, o aparecimento de um público que, não ainda desvinculado de suas raízes rurais, sentia faltar alguma coisa na música que a cidade lhes oferecia. Quer dizer, já tendo acesso à cidade, ou mesmo residindo em sua periferia, o homem do campo (ou recém-chegado do campo) precisava de um som que lhe lembrasse as músicas de sua região, mesmo que já estilizado sob a forma vaga e diluída dessa chamada *música sertaneja*. A essa música inspirada nos sons ligados à área da viola — que abrange vasta região compreendida por quase todo o Estado de São Paulo, parte do interior do Rio e grandes espaços de Minas, Goiás, Mato Grosso e Paraná — viria juntar-se ainda desde a década de 1960 uma música nordestina que, igualmente fabricada no eixo Rio-São Paulo, passaria a receber o nome genérico de *música de forró*. E isso traduzia, por sua vez, a nova realidade do avanço das áreas urbanas sobre as áreas rurais, através de um processo de industrialização que aproveitava, agora, não apenas trabalhadores locais, mas movimentava vastas massas de antigos lavradores nordestinos migrados de suas regiões para se transformarem em mão de obra não especializada nos mais diferentes pontos do país, conforme os interesses da "política de desenvolvimento" oficial.

No plano cultural, um dos aspectos mais curiosos desse moderno processo era, exatamente, esse da crescente diversificação do mercado de *música sertaneja*, em termos do consumo de cada vez mais variados gêneros musicais vagamente apoiados em sons regionais ligados ao mundo rural.

A necessidade de enfrentar a concorrência do iê-iê-iê, que a partir de meados dos anos 60 do século XX começava a vender com Roberto Carlos sua diluição do *rock* a uma suposta Jovem Guarda (ideal de "modernidade" para gente de periferia urbana), levou os criadores de música sertaneja a uma dupla tentativa de furar o cerco: o lançamento de novos gêneros na área de sua música e a busca de mudança da imagem pessoal de seus intérpretes. Assim, enquanto desde os fins da década de 1950 Luisinho, Limeira e Zezinho procuravam promover sua *moda campeira* à base de rasqueado, e Teddy Vieira com Tião Carreiro e Pardinho seu *pagode*, a voga das introduções imitando trinados da seção de sopro dos *mariaches* mexicanos anunciava a era do sertanejo de circo, que permitiria a duplas jovens como Leo Canhoto e Robertinho se vestirem de *cowboys* para cantar, entre correrias e tiros de festim, histórias do faroeste americano como a de "Jack, o matador".

O sucesso dessa nova imagem americanizada seria tal que, em pouco tempo, nas fotos de capa dos discos e nas reportagens de revista os antigos cavalos seriam substituídos por motocicletas, e surgiria o conceito de *jovem música sertaneja*, destinado a marcar a década de 1970 com duas evidências da progressiva urbanização do gênero: a da adesão de adeptos do iê-iê-iê (como Sérgio Reis) e até de cantores em inglês (como Chrystian e Ralf), e a adoção do estilo *country*, responsável, ainda naqueles mesmos anos 70, pelo título de "Rainha do Cowboy" para a cantora Nalva Aguiar.

Assim, não é de estranhar que, durante a década de 1980, quando do enriquecimento de muitos antigos pequenos centros rurais do centro-sul, beneficiados pelas exportações de soja, laranja e outros produtos locais, o público de *música sertaneja* pudesse assumir seus mitos (no filme *Estrada da vida*, de 1981, Nelson Pereira dos Santos mostrava como a cidade podia fazer um Zé do campo rico e outro milionário), despindo-se afinal de seu velho complexo de caipira nacional, para entrar orgulhosamente na década de 1990 vestido de caipira americano.

15.
OS GÊNEROS RURAIS URBANIZADOS

O aproveitamento, por parte de compositores das cidades, de gêneros de músicas da zona rural, de caráter folclórico, remonta ao século XIX e tem sua origem no interesse que o tema dos costumes do campo começa a despertar no público urbano frequentador do teatro de revista.

A primeira compositora profissional a transformar em sucesso da música popular brasileira a estilização consciente de um gênero de música rural foi a maestrina Chiquinha Gonzaga. Convidada a colaborar em 1897 para a parte musical da revista *Zizinha Maxixe*, de Machado Careca, levada a cena no Teatro Eden Lavradio, do Rio de Janeiro, a maestrina Chiquinha Gonzaga compôs um tango intitulado "Gaúcho", que trazia como indicação, no subtítulo: "Dança do corta-jaca".

A dança chamada *corta-jaca*, da qual se tem muito pouca informação ("dança ginástica, solta, com coreografia individual", conforme Luís da Câmara Cascudo; "espécie de dança sapateada", segundo dicionarização de Cândido Figueiredo), teria chegado ao conhecimento da citadina Chiquinha Gonzaga de uma forma muito vaga, mas que lhe permitira ainda assim estruturar ao piano o corte rítmico cheio de saltos que se revelaria a grande contribuição do tango "Gaúcho".

Transformado em sucesso popular, depois da temporada da peça *Zizinha Maxixe*, em 1897, o "Gaúcho" passou ao repertório pessoal do ator Machado Careca, que, em 1901, apresentando-se ao lado da atriz e dançarina Maria Lino, transforma a música no "Dueto de corta-jaca", escrevendo para isso uma longa versalhada em que documenta a aceitação do ritmo em todas as camadas sociais:

> "*Ela*:
> Neste mundo de misérias, quem impera
> É quem é mais folgazão,
> É quem sabe cortar jaca nos requebros
> De suprema perfeição.
>
> *Estribilho em dueto*:
> Ai! ai! Como é bom dançar, ai!
> Corta jaca assim... assim... assim...
>   Assim, assim..."

E após o estribilho — "Mexe com o pé!/ Ai! ai! Tem feitiço, tem, ai!/ Corta meu benzinho,/ Assim... Olé..." — acrescentava:

> "*Ele*:
> Esta dança é buliçosa, tão dengosa,
> Que todos querem dançar,
> Não há ricas baronesas, nem marquesas,
> Que não saibam requebrar... requebrar."

Na verdade, o sucesso da composição se estende pelos primeiros anos do século XX, e, em 1904, passando a figurar como número da revista de teatro luso-brasileira *Cá e lá*, de Tito Martins e Bandeira Gouveia, acaba sendo levado para a Europa. A acreditar na biógrafa de Chiquinha Gonzaga, a folclorista Mariza Lira, o "Corta-jaca" (como já era então conhecida a música), depois de passar de Portugal para a Espanha, e da Espanha para a França, acaba chegando à Alemanha, "onde, segundo jornais da época, foi plagiado"[1]. Numa época em que a produção de música de dança em todo o mundo ainda era limitada, uma vez

---

[1] Mariza Lira, *Chiquinha Gonzaga: grande compositora popular brasileira*, Rio de Janeiro, Livraria Jacintho Editora, 1939, p. 85.

que o aparecimento da figura do compositor profissional de música popular só se daria com a ampliação do comércio do disco, no correr da primeira década do século XX, é possível que o "Corta-jaca" tenha de fato merecido as honras do plágio. De qualquer forma, a presença na Europa dessa primeira música popular brasileira em um ritmo oriundo da zona rural não pode ser posta em dúvida: além de chegar a Lisboa com a revista *Cá e lá*, em 1904: esse mesmo "Corta-jaca" seria uma das músicas ao som da qual o bailarino Antônio Lopes de Amorim Diniz, o Duque, e a mesma Maria Lino dos tempos de Machado Careca se exibiriam dançando em Paris "*le tango-brésilien*" a partir de 1909.

No Brasil, o renome do "Corta-jaca" de Chiquinha Gonzaga continuaria também crescente até 1914, quando chegou a contribuir para um pequeno escândalo, que vinha revelar a resistência das elites em aceitar, em caráter de igualdade com os gêneros musicais europeus, um tipo de música identificada através dos palcos do teatro de revista com a marca do gosto popular. Ao receber convidados oficiais para uma das tertúlias musicais nos jardins do Palácio Presidencial do Catete, no Rio de Janeiro, a esposa do então Presidente Marechal Hermes da Fonseca (uma desembaraçada moça que vivera em Paris e tinha caricaturas publicadas em revistas brasileiras e francesas) escolheu o famoso tango de Chiquinha Gonzaga para tocar ao violão. A ousadia dessa senhora, Dona Nair de Tefé, que como caricaturista se assinava Rian, foi imediatamente aproveitada pela oposição política, e o episódio ganhou o noticiário dos jornais, como conta Mariza Lira:

> "Quando se tocou o 'Corta-jaca' ao violão no Palácio do Catete, o incidente tomou foros de grande escândalo. Querem provas? A melhor foi a publicação do programa da festa nos jornais cariocas. De um lado, na capa, a estrela da República e a nota de que fora confeccionado na Imprensa Nacional. De outro lado

a relação dos números que enriqueceram o programa. [...] Entre eles, grifado, está o 'Corta-jaca'..."[2]

Apesar de seus dezessete anos de sucesso quase contínuo, a estilização da dança rural corta-jaca, lançada com o antigo tango "Gaúcho", deixaria essa música de Chiquinha Gonzaga como uma composição isolada, e o novo gênero sem seguidores.

Seria, porém, ainda uma vez o teatro que se encarregaria de estimular os compositores da cidade — e entre eles a própria Chiquinha Gonzaga — a procurar nos ritmos, canções e sons do nordeste e do interior da região centro-sul novos motivos musicais destinados a atender a atração de seu público de classe média pelo exotismo e pelo pitoresco.

A primeira dessas peças destinadas a explorar, com a visão necessariamente romântica dos autores da cidade, os temas da vida aparentemente simples do sertão intitulava-se muito a propósito *A sertaneja*. O texto era de Viriato Correia, e seu título original, *A mulata*, fora modificado por sugestão da autora das músicas, Chiquinha Gonzaga, "desde que a peça se passava no sertão".[3]

Esse interesse do público das cidades pelos temas da vida rural vinha indicar a frustração das modernas camadas da classe média contemporânea com a expansão das primeiras indústrias, a partir da República, e sua tendência era colocar em comparação a dura realidade da vida urbana (desemprego, falta de dinheiro, moradias caras, etc.) com o idealizado bucolismo das populações do interior, certamente pobres, mas gozando da sombra dos arvoredos, da calma visão dos rios de águas sussurrantes e da

---

[2] *Ibid.*, p. 85. O escândalo serviu, aliás, para reacender o interesse em torno da música de Chiquinha Gonzaga, sendo o caso glosado na revista de teatro *O corta-jaca*, de Zéantone (Tangerini), encenada no Teatro Carlos Gomes em novembro daquele mesmo ano de 1914 com os artistas da companhia Alfredo Miranda.

[3] *Ibid.*, p. 78.

beleza das noites de luar. Uma tal disposição de espírito, à qual se deveria em 1915 o pronto sucesso da música pernambucana "Luar do sertão", com versos de Catulo da Paixão Cearense:

"Não há
Oh! gente,
Oh! não,
Luar
Como este
Do sertão...",

não era resultado de uma admiração repentina do público urbano pela vida sertaneja, mas começara a ser preparada desde o início do século XX por uma série de circunstâncias ligadas à dinâmica das relações campo-cidade no Brasil.

Enquanto durou o regime da escravidão, a distribuição da mão de obra rural caracterizava-se por seu caráter de estabilidade, uma vez que a movimentação em massa de trabalhadores dependia exclusivamente da vontade e dos interesses dos grandes proprietários e fazendeiros. A partir da abolição do regime escravo, em 1888, e principalmente depois da desorganização econômica estabelecida de 1890 a 1892, durante o Governo Provisório da República (consequência da especulação financeira desencadeada pela chamada *política do encilhamento*), a liberação de mão de obra, nas regiões rurais, principalmente do nordeste, incentivou o surgimento de ativas correntes migratórias do campo para as cidades.

O centro de convergência dessas ondas migratórias internas, desde os fins do século XIX, era o Rio de Janeiro, não apenas por sua condição de capital do país, mas por constituir, até a segunda década dos 1900, o maior parque industrial brasileiro.

Assim, enquanto no campo da própria literatura o regionalismo começava a ser preparado pela aproximação curiosa dos escritores com os temas e tipos do interior, através do sertanismo (*Pelo sertão*, de Afonso Arinos, 1898; *Os caboclos*, contos de

Valdomiro Silveira, publicados em jornais paulistas no limiar do século; *Os sertões*, de Euclides da Cunha, 1902; *Contos gauchescos*, de João Simões Lopes Neto, 1912; *Maria Bonita*, de Afrânio Peixoto, 1914), na área da música popular o aproveitamento de temas regionais ia contar desde logo com o concurso de um autêntico intermediário entre o campo e a cidade: o violonista pernambucano João Teixeira Guimarães, o João Pernambuco (1883-1947).

Nascido na pequena cidade de Jatobá, no interior pernambucano (dezessete quilômetros do Recife), o menino João — órfão aos doze anos de idade, quando já possuía noções de violão — foi levado à capital do Estado para iniciar uma carreira típica de emigrado da zona rural, integrando-se na cidade primeiro como aprendiz de ferreiro e depois como operário de fábricas de tecidos, de fósforos e de outros setores industriais.[4]

Em 1902, com dezenove anos, João Pernambuco chega finalmente ao Rio de Janeiro na condição de operário semiespecializado para trabalhar em uma fundição, e já em 1908 consegue dar o salto definitivo em sua trajetória de ascensão social: torna-se servidor público, obtendo uma nomeação de servente da Prefeitura do Distrito Federal.

Com as facilidades do novo emprego (menos horas de trabalho, garantia de estabilidade, melhoria de *status* proporcionada nem tanto pelo salário, mas pela importância atribuída às funções públicas entre as camadas populares), João Pernambuco integra-se como violonista aos grupos de chorões cariocas do início do século e passa a tocar em festas em casas de família e

---

[4] A informação sobre os primeiros anos de vida do compositor foram colhidas na década de 1940 por seu chefe e amigo, o cantor e musicólogo Sílvio Salema (João Pernambuco era então contínuo do Serviço de Educação Musical e Artística do Rio de Janeiro) ao resumir o resultado de suas conversas com o compositor numa pequena notícia biográfica publicada em outubro de 1957 no *Boletim* nº 14 da Associação Brasileira de Violão, por ocasião do recital em homenagem a João Pernambuco, lembrando o décimo aniversário de sua morte.

em serenatas ao lado de grandes músicos populares cariocas, como Quincas Laranjeiras, Mário Cavaquinho, Casemiro Rocha (autor do famoso "Rato, rato"), Anacleto de Medeiros e Irineu de Almeida, o Batina. É tocando ao lado desses chorões que João Pernambuco teria oportunidade de conhecer em 1912 o poeta popularesco Catulo da Paixão Cearense, que se especializara em letras de vocabulário preciosístico não apenas para modinhas e lundus, mas para polcas e *schottisches* conhecidos desde o século XIX apenas como músicas instrumentais.

Segundo o próprio Catulo, o que mais o impressionou em João Pernambuco foi seu repertório de músicas da zona rural nordestina e das camadas populares da zona canavieira do litoral, ligada ao Recife. Entre essas toadas, cocos e estribilhos na maioria das vezes já folclorizados, Catulo usaria a música de um que dizia:

"Nega, você não me dá
(ô tiá)
Nega, você não dá na...",

e aproveitando a disposição da gente da capital para aceitar os temas rurais como um toque de exotismo, transformou a toada pernambucana na composição que denominaria "Caboca de Caxangá":

"Caboca de Caxangá
Minha caboca vem cá..."

Lançada como *embolada* em 1913, na base uma longa versalhada focalizando, entre outros fatos sem qualquer ligação com o título, a figura da *caboca* supostamente de Caxangá (localidade próxima do Recife), a composição alcançou grande sucesso popular nesse mesmo ano e, ainda, para surpresa geral, acabou se transformando na música mais cantada do carnaval do ano seguinte, 1914.

Ao criar os versos de estilo sertanejo para a embolada "Caboca de Caxangá", a intenção de Catulo — segundo ele mesmo afirmaria numa enfiada de versos publicados em 1915 no livrinho *Florilégio dos cantores* — fora apenas a de colorir o hiperbólico romantismo de sua poesia de cordel urbano com um verniz de nostalgia da suposta vida bucólica do interior. Assim, o espontâneo aproveitamento da composição pelo povo do Rio de Janeiro, como música de carnaval, embora afagando sua vaidade de autor, pareceu a Catulo uma prova de insensibilidade da gente da cidade. E foi isso o que afirmou ao justificar-se ante os coestaduanos de João Pernambuco com os versos da *Carta aberta aos sertanejos*, em que dizia:

> "Sertanejos:
> sertanejas:
> Envergonhado,
> humilhado,
> em contrição,
> quase ajoelhado,
> eu vos peço perdão!
> Se pequei,
> foi por ignorância, vos confesso!!
> ... confesso!!
> Não sabia
> e estou certo que nunca saberei,
> por que a vossa poesia,
> singela e natural,
> pôde servir para a folia,
> para o desbragamento de uma orgia
> do carnaval.
> Assim como é querida do estrangeiro,
> e com mais razão,
> porque é nosso irmão,
> pensei que essa poesia meiga e doce
> querida também fosse

> do brasileiro.
> E minh'alma enganou-se.
> Pois bem. Inocentar-me não procuro.
> Eu vos juro
> que foi, ó sertanejos, sem maldar
> que expus ao riso alvar
> a vossa dor..."[5]

Verdadeira ou não essa confissão de intenções frustradas de Catulo, ela seria importante para demonstrar que, ao iniciar-se a segunda década do século XX, as camadas populares do Rio de Janeiro já possuíam a suficiente consciência de vida urbana para aproveitar o produto poético-musical de inspiração rural como artigo de consumo, uma vez que se deixavam atrair não por sua "poesia singela e natural", mas pelo exotismo do ritmo que lhes permitia entregarem-se ao *desbragamento* da *orgia do carnaval*.

Um dos primeiros artistas populares cariocas a captar essa tendência foi o antigo palhaço de circo e depois cantor de discos da Casa Edison, Eduardo das Neves. Tendo viajado pelo início do século XX pelo nordeste — e seguramente por Pernambuco, como se depreende por uma referência feita em 1905 a um desafio entre cantadores ouvido em Jaboatão —, Eduardo das Neves passou a incluir em seu repertório de "cantigas que prendem as raparigas, cantatas que deleitam as mulatas, modinhas que chocam as crioulas" algumas composições recolhidas na zona rural.

Em 1901, em sua coletânea de letras de cantigas intitulada *Trovador de esquina* (Editora Quaresma, Rio de Janeiro), Eduardo das Neves incluía à página 56 seis versos de origem folclórica que intitulava "Um improviso na viola":

---

[5] A *Carta aberta aos sertanejos*, de Catulo da Paixão Cearense, segue nessa mesma toada perfazendo o total de 140 versos. Vide *Florilégio dos cantores*, Rio de Janeiro, Livraria Quaresma Editora, 1915, segunda parte, "Flores do sertão", pp. 81-5.

> "Lá atrás daquela serra
> siá Dona,
> Tem um pé de jatubá...
> Não há nada mais pió,
> Ai, siá dona!
> Do que um home se casá!"

Quatro anos mais tarde, ao publicar seu famoso livreto *Mistérios do violão* (em que o editor Quaresma o chamava no prefácio "Ao leitor" de "extraordinário bardo do povo, filho do povo"), Eduardo das Neves voltaria a incluir um gênero rural, o "Desafio", que apresentava como novidade para os cariocas, uma vez que tinha o cuidado de esclarecer como subtítulo "Ao som da viola", acrescentando em nota dirigida ao leitor:

> "Na pitoresca vila de Jaboatão, no Estado de Pernambuco, tive ocasião de apreciar, em um domingo de festa, dois cabras cueras no famoso desafio da viola. [...] Não pude guardar em memória mais do que as seguintes rimas que mais me prenderam a atenção, por saber que eram verdadeiras."[6]

É de compreender-se, pois, que ao ser realizada no Rio de Janeiro, em 1908, a Exposição Comemorativa do Centenário da Abertura dos Portos, a presença de estandes com produtos típicos de todos os Estados brasileiros tenha servido definitivamente como ponto de partida para o interesse dos cariocas pelos exotismos rurais. Interesse que explodiria, afinal, no campo da música popular, com o sucesso da "Caboca de Caxangá".

---

[6] Eduardo das Neves, *Mistérios do violão*, Rio de Janeiro, Editora Quaresma, 1905, pp. 37-8. Em seguida ao esclarecimento, Eduardo das Neves transcreve cinco sextetos e uma décima de um desafio à viola entre os cantadores João José e Pedro Roxinho.

Na verdade, Catulo da Paixão Cearense ainda estava se desculpando em 1915 com a gente do interior pelo rebaixamento carnavalesco poético-musical de sua embolada, quando, naquele mesmo ano, a descoberta da vida rural como tema do agrado das massas urbanas não apenas começava a ser explorada também no teatro musicado com a já citada burleta *A sertaneja*, de Viriato Correia, mas já o próprio povo preparava outra surpresa: o aproveitamento da quadrinha folclórica "O meu boi morreu", do auto do bumba-meu-boi, no carnaval de 1916.

Essa inesperada presença de um velho tema do folclore, transformado em música do carnaval carioca, tem uma história que serve para ilustrar, de maneira perfeita, o conjunto de influências que explicavam o sucesso dos temas rurais entre o público das cidades.

A consciência de um sentimento nacional alimentado politicamente, após a República, através das eleições de presidente, pelo "sufrágio direto da nação", pelo exacerbamento do orgulho patriótico em face da pressão estrangeira durante o governo do Marechal Floriano Peixoto e pela descoberta das perspectivas do mercado interno como fonte de riqueza para a crescente indústria brasileira, vinha provocando desde os primeiros anos do século XX um clima de expectativa ansiosa, o que se traduzia, nos grandes centros urbanos, por um permanente estado de ebulição social.

A participação crescente da classe média na vida das cidades se fazia sentir, entre outros setores, na proliferação dos jornais de combate político, no aparecimento das revistas de crítica e caricatura (*O Malho* aparece em 1902, *A Careta* e *Fon-Fon* em 1908), na ampliação do teatro musicado, na criação das primeiras salas de projeção do cinema mudo e na substituição do entrudo pelo carnaval de corsos e batalhas de confete. No campo da literatura, a excessiva preocupação com os modelos europeus, rompida já de certa maneira desde a tentativa de criação de uma *literatura do norte* pelo romancista pernambucano Franklin Távora, em fins do século XIX, levava agora vários autores a procurarem nos característicos da vida regional o traço marcante da literatura nacional. Pois ia ser talvez o mais representativo desses autores pioneiros do regionalismo literário, o contista mineiro Afonso Arinos, o responsável indireto pelo lançamento da toada de "O meu boi morreu" como sucesso do carnaval de 1916.

Em dezembro de 1915, o apaixonado contador de casos do interior (em 1909, visitando na França a Catedral de Chartres, em companhia de Olavo Bilac, interrompeu as elucubrações históricas do poeta para contar-lhe uma caçada nas matas de Minas) Afonso Arinos resolveu demonstrar às elites "o fundo de tradição, de ideal, de poesia, que são a alma de uma raça", e preparou uma série de palestras sobre lendas e tradições brasileiras que deviam terminar com uma demonstração musical ao vivo. Organizado o ciclo de oito palestras pela Sociedade de Cultura Artística de São Paulo, Afonso Arinos (que pouco antes falara em Belo Horizonte sobre "A unidade da pátria") pediu a ajuda do folclorista Mello Moraes Filho, no Rio de Janeiro, e na noite de 28 de dezembro daquele ano de 1915 fez subir ao palco do Teatro Municipal de São Paulo, pela primeira vez, uma mistura de artistas populares e figuras da sociedade para cantarem "loas de Natal e de Reis", "cateretê do norte e um lundu do sul", representarem uma marujada e, finalmente, o "antiguíssimo bumba-meu-boi, conhecido em todo o Brasil".

O animado Mello Moraes Filho, que era de fato a pessoa mais indicada para ensaiar o espetáculo e providenciar a descoberta de artistas populares capazes de bem se desincumbirem da parte musical, convocou para acompanhá-lo a São Paulo nada mais nada menos do que o violonista João Pernambuco.

Embora o programa do 39º sarau promovido pela Sociedade de Cultura Artística no Teatro Municipal de São Paulo apresentasse o bumba-meu-boi como "conhecido em todo o Brasil", a verdade é que os elegantes paulistanos frequentadores do Municipal jamais tinham tomado conhecimento daquela espécie de ópera popular ambulante, que entre suas árias incluía, exatamente, o famoso episódio da morte do boi:

"O meu boi morreu,
Que será de mim?
Manda buscá outro, ó maninha,
Lá no Piauim..."

O certo é que o sucesso alcançado pelo espetáculo foi de tal ordem, que além de precisar ser reapresentado em São Paulo, em janeiro, animou João Pernambuco a formar uma Troupe Sertaneja, que se encarregaria de reprisá-lo no Rio de Janeiro e em Porto Alegre.[7]

Ora, desde o início de 1914, na esteira do sucesso da "Caboca de Caxangá", o próprio João Pernambuco já havia organizado no Rio de Janeiro, com Donga, Pixinguinha, Caninha e outros, um conjunto de músicos que saíram no carnaval fantasiados de nordestinos, sob o nome de Grupo do Caxangá, mas tocando em estilo de choro não apenas aquela toada, mas outros gêneros urbanos da época compostos pelos próprios elementos do grupo.

Assim, como a quadrinha do auto do bumba-meu-boi encenado para coroar as palestras de Afonso Arinos tinha caído no agrado do público dos teatros elegantes, em fins de 1915, está claro que o Grupo do Caxangá não poderia deixar de apresentar como seu carro-chefe para o carnaval de 1916 a *cantiga nortista* "O meu boi morreu", devidamente apropriada, aliás, pelo compositor de teatro de revista Luís Moreira, que se encarregou de entremear o estribilho com uma série de quadrinhas igualmente furtadas ao folclore.[8]

---

[7] Informação de Almirante em seu livro *No tempo de Noel Rosa*, cit., p. 15.

[8] O maestro Luís Moreira aparece como o autor de "O meu boi morreu" na gravação em disco Odeon, da Casa Edison, sob número 121.054. A gravação deve ter sido feita após o carnaval, pois a conhecida voz do chefe de estúdio da Odeon Record, Nozinho, anuncia a música dizendo: "'O meu boi morreu', do repertório da atriz Abigail Maia". Ora, que se saiba, só se começou a cantar essa cantiga nortista na revista de Raul Pederneiras e J.

Os gêneros rurais urbanizados

A verdade é que, após o sucesso carnavalesco dessa composição folclórica, seguindo-se ao da embolada "Caboca do Caxangá", em 1914, e da toada "Luar do sertão", em arranjo de João Pernambuco sobre motivo popular, com letra de Catulo da Paixão Cearense, em 1915,[9] estaria lançada a voga da canção sertaneja, indicação de gênero que se vulgariza definitivamente a partir de 1919, quando o livrinho *Lira brasileira* inclui nada menos que quatro composições com essa indicação: "Maricota sai da chuva", "Que sodade", "Viola cantadera" e "O matuto do Ceará".

Prazeres *O meu boi morreu*, estreada no Teatro São Pedro a 24 de abril de 1916, exatamente para aproveitar a popularidade da música desde o carnaval. É verdade que o crítico de teatro Mario Nunes, em sua série *40 anos de teatro* (Rio de Janeiro, Serviço Nacional de Teatro, 1956, 1º vol., p. 100), comenta a peça *O meu boi morreu* escrevendo: "Título tomado da canção sertaneja que Abigail Maia popularizara, aproveitada em vários carnavais". A única conclusão permitida é a de que, se a atriz Abigail Maia já tinha de fato popularizado a toada "O meu boi morreu" em teatro da Praça Tiradentes antes de 1916, o sucesso da música só aconteceu no carnaval desse ano, após sua divulgação por João Pernambuco ilustrando as palestras de Afonso Arinos. Aliás, se a música "O meu boi morreu" tivesse sido de fato "aproveitada em vários carnavais", por que uma peça com esse título e sua gravação em disco Odeon iriam aparecer apenas depois do carnaval de 1916?

[9] A canção "Luar do sertão", até hoje conhecida como exclusivamente de Catulo da Paixão Cearense, baseou-se num motivo pernambucano que lhe foi cantado por João Pernambuco ("O engenho/ É de Humaitá/ De Humaitá/ De Humaitá..."). Catulo registrou a partitura na Biblioteca Nacional do Rio de Janeiro em seu nome, e em 1945, quando se avolumavam as informações que davam João Pernambuco como seu parceiro, o poeta preferiu dizer que se inspirara em dois compassos de uma música de Beethoven. O pesquisador Almirante, no entanto, consultou sobre o assunto o compositor Villa-Lobos, e recebeu dele uma carta em que o maestro afirma ser Catulo "incapaz de escrever uma célula melódica que fosse", chegando a confessar-lhe certa feita que o autor das músicas de sua fase sertaneja era "um autêntico sertanejo que vinha de conhecer naquele momento". O citado sertanejo, é claro, era João Pernambuco. A carta de Villa-Lobos foi transcrita por Almirante em seu livro *No tempo de Noel Rosa*, cit., p. 13.

É por sinal ainda nesse ano que, segundo o crítico Mário Nunes, se inicia também, no teatro de revista, a onda das peças com motivos e falas caipiras, a partir de *Flor sertaneja*, de J. Miranda, com música de Paulino Sacramento, na qual o autor incluía *sertanejos* visivelmente criados para, no dizer do crítico, "explorar o filão que Viriato Correia elegeu com alguma felicidade".

Com o estímulo da moda teatral, o aproveitamento do tema da vida rural e seus personagens — simbolizados inclusive no plano da caricatura, desde 1919, com a criação da figura do Jeca--Tatu, por Monteiro Lobato — passa a ser obrigatório no limiar da década de 1920, fazendo surgir uma geração de compositores das cidades especialistas em canções, modas e toadas sertanejas, cateretês, cateretês sertanejos, toadas caipiras, canções sulistas, batuques sertanejos, chulas baianas, emboladas e uma variedade incontável de criações do mesmo estilo.

Ao lado desses compositores — entre os quais os mais ativos criadores em estilo sertanejo iam ser Eduardo Souto (1882-1942), Marcelo Tupinambá (1892-1953), Hekel Tavares (1896-1970) e Ari Kerner Veiga de Castro (1906-1963) — figurariam vários grupos de músicos e cantores inspirados na Troupe Sertaneja de João Pernambuco, e, do fim da década de 1920 em diante, também uma série de duplas caipiras, a partir da formada por Jararaca e Ratinho em 1927.

Esses conjuntos, compostos na maior parte dos casos por nordestinos, vinham aprofundar as interinfluências campo-cidade no terreno da música popular, o que se comprovaria pela história mesma de suas formações. Enquanto o sucesso da embolada de João Pernambuco sugeria aos músicos cariocas liderados por Pixinguinha a formação do Grupo do Caxangá, com seus chapéus de palha, a presença no Recife, em 1921, do conjunto de choro Oito Batutas, do mesmo Pixinguinha, ia levar alguns músicos pernambucanos a formarem o grupo intitulado Turunas Pernambucanos (de onde sairia mais tarde a dupla Jararaca e Ratinho). O sucesso dos Turunas no Rio de Janeiro, a partir de 1922, por sua vez, animaria a formação no Recife, em 1926, de outro conjunto, os Turunas da Mauriceia, que também viajaria para o Rio em janeiro de 1927, revelando o cantor Augusto Calheiros (conhecido até sua morte, em 1956, pelo apelido de *Patativa do Norte*), recebido no conjunto, e lançando a música de maior sucesso do carnaval brasileiro de 1928, a embolada "Pinião":

"Pinião, pinião, pinião
oi...
Pinto correu com medo do gavião
Por isso mesmo sabiá cantou
Bateu asas e voou e foi comer melão..."

Por esse final da década de 1920, muitos dos artistas vindos para a capital do país com tais conjuntos de música regional começam a atuar isoladamente (cantor Augusto Calheiros), em dupla (Jararaca e Ratinho), ou formam seus próprios grupos (caso do bandolinista Luperce Miranda, dos Turunas da Mauriceia, que volta ao Recife em 1927 e traz ao Rio no ano seguinte o grupo Voz do Sertão, passando a trabalhar no rádio e em estúdios de gravação).

Dessa forma, quando a novidade dos grupos sertanejos nordestinos perde a força, após mais de dez anos de atuação, os gêneros de música da região centro-sul podem fazer sua entrada no cenário da música urbana. A partir da década de 1930, o estilo roceiro paulista da área da viola, já prenunciado desde 1926 na toada "Tristezas do Jeca", de Angelino de Oliveira, invade a cidade com as modas de viola e irrompe a novidade das duplas caipiras.

As primeiras duplas caipiras de São Paulo a gravarem suas composições em discos foram trazidas do interior, ainda com caráter de amadoras, pelo entusiasta e estudioso da vida rural Cornélio Pires. Autor, desde 1910, de uma coletânea de versos intitulada *Musa caipira*, Cornélio Pires resolve estender sua ação ao disco em 1929, mas esbarra numa dificuldade. A gravadora

Columbia, à qual se dirige para oferecer a ideia da produção de discos caipiras, não acredita nas possibilidades do gênero junto ao público das cidades e exige de Cornélio uma garantia em dinheiro equivalente à venda de determinado número de discos. O autor da *Musa caipira* aceita o desafio, mas assumindo ele mesmo o risco da produção: compromete-se a financiar os discos gravados sob sua orientação e passa a vendê-los pessoalmente, pelo interior, com etiqueta própria, cor de vinho, e numeração iniciada em 20.000.

É nessa série de discos, na qual o próprio Cornélio Pires muitas vezes se apresentava contando anedotas, que estreiam as duplas de caipiras autênticos, trazidos da zona de viola do Tietê para São Paulo, Mariano e Caçula e Zico Dias e Ferrinho[10].

Essas gravações pioneiras de modas caipiras da área de São Paulo conservavam muito fielmente o espírito da região de onde provinham as duplas de instrumentistas e cantores, e, como Cornélio Pires viajava pelo interior para colocar os discos em sua própria área de origem (segundo seu sobrinho, Capitão Furtado, a tiragem de alguns alcançou vinte mil exemplares), pode-se dizer que, apesar de apresentar-se sob a forma de produto industrial e comercial, tais composições ainda soavam folclóricas.

Quando, porém, a fábrica americana Victor reúne um conjunto de músicos sob o nome de Turma Caipira Victor, a partir de outubro de 1929, a música da área rural de São Paulo se transforma realmente em música popular urbana. E assim, no dia 25 de outubro de 1929, a expressão *moda de viola* aparece pela primeira vez no selo de um disco comercial, lançado já agora para venda não apenas na região centro-sul, mas em todo o

---

[10] Zico Dias e Ferrinho (Antônio da Silva) gravaram profissionalmente para a Victor de São Paulo a partir de maio de 1930. Seu primeiro disco Victor foi o de nº 33.295 (gravado no dia 21 de maio de 1930), tendo, na face A, a moda de viola "Vou fazer um barquinho", e, na face B, o cururu, ainda de autoria da dupla, "Cururu", acompanhado por viola e tambor.

Brasil: é a moda de viola de M. Rodrigues Lourenço "Casamento da onça", cantada com acompanhamento de viola pelo próprio autor, em dupla com Olegário José de Godoy (disco Victor nº 33.236-B).

A Turma Caipira Victor, com Olegário e Lourenço, voltaria a gravar outra série de modas de viola ao lado das de Zico Dias e Ferrinho, no fim de 1930, e das de Laureano e Soares, a partir de março de 1931, mas o gênero só encontraria seu grande criador com o aparecimento, no correr dos anos 1930, do mais completo estilizador não apenas de moda de viola, mas de gêneros nordestinos: o ex-carroceiro filho de imigrantes espanhóis da cidade de Botucatu Raul Montes Torres (1906-1970).

Iniciando-se como cantor na Rádio Educadora de São Paulo em 1927 com um repertório de apenas três modas de viola aprendidas no tempo em que trabalhava no *trem de lenha* da Sorocabana fazendo o percurso entre a Barra Funda, na capital paulista, e Itararé, Raul Torres impressionou-se de tal forma, nesse mesmo ano, com a exibição dos Turunas da Mauriceia em São Paulo, que pediu permissão a Augusto Calheiros para interpretar seu repertório e passou a funcionar como cantor do conjunto Turunas Paulistas, fundado pelo tocador de bandola Cardia, imitando o dos pernambucanos.

Com a volubilidade de um autêntico profissional dos primeiros anos do rádio, Raul Torres, além de se apresentar na sala de espera do Cinema Odeon, da Consolação, na zona central da capital, estreou em disco na filial da fábrica Parlophon de São Paulo, em 1929, não como especialista em música caipira, mas — seguindo o interesse do público das grandes cidades da época — com a embolada "Jacaré no caminho" (parceria com Atílio) e o samba-canção "Olhos de morena", dele sozinho.

Quando o conjunto Turunas Paulistas de Cardia se dissolve em 1929, Raul reúne quatro dos antigos companheiros (Grani, flauta; Armandinho, José de Lima e Azulão, violões), e, com ele mesmo tocando pandeiro e ganzá, passa a exibir-se pelo interior, na esteira do sucesso alcançado pelas primeiras gravações do conjunto na Parlophon (por sinal dirigida, na época, pelo maestro e compositor erudito Francisco Mignone). A partir de 1933, com o fechamento do estúdio de gravação da Parlophon em São Paulo, Raul Torres inicia uma série de viagens ao Rio de Janeiro para gravar, primeiro na Odeon e de 1937 em diante na Victor, os mais variados gêneros de origem folclórica, do centro-sul e do nordeste.

Uma dessas primeiras gravações na Odeon, no Rio de Janeiro, foi a do jongo "Sereno cai" (divulgado com a indicação de *toada*, sob número de disco 11.030-A), um gênero certamente familiar a Raul Torres, por seu contato com as fontes de música rural do interior de São Paulo. Do outro lado do disco, porém, o compositor e intérprete paulista cantava com sotaque nordestino nada menos que a embolada "Pisei no rabo do tatu", que levava seu nome, mas em cuja letra havia versos claramente apropriados do folclore do nordeste.

Nessa mesma série de gravações de 1934 (a fim de aproveitar sua estada no Rio, para onde viajava de trem, o compositor gravou catorze músicas em uma semana), Raul Torres incluiu uma batucada cuja originalidade era, exatamente, a de não se parecer em nada com o tipo de ritmo que os cariocas conheciam sob esse nome. A música do esperto paulista de Botucatu chamava-se "A cuíca está roncando", e sua batida muito marcada aproximava-se mais dos batuques do chamado *samba rural* paulista descrito por Mário de Andrade como uma sobrevivência negra em São Paulo, aproximadamente pela mesma época em que Raul Torres promovia sua estilização no Rio de Janeiro.

O sucesso da *batucada* — que mais propriamente deveria ser chamada de *batuque* — estendeu-se pelo ano de 1934 e, para surpresa do próprio compositor paulista, tornou-se uma das músicas mais cantadas do carnaval de 1935 no Rio de Janeiro, chegando, ao que afirmava Raul Torres, a inspirar a Luís Peixoto e César Ladeira uma revista de teatro com o mesmo título.[11]

---

[11] A batucada "A cuíca está roncando" foi lançada pelo ator-cantor

O sucesso alcançado no carnaval carioca garantia a Raul Torres a maior liberdade para gravar o que desejasse na fábrica Odeon, com a qual, aliás, já firmara contrato em nível artístico-comercial, recebendo trezentos réis de direito artístico por disco, e um mil réis na venda de cada exemplar. Isso permitiu ao compositor entregar-se às mais curiosas experiências no campo do aproveitamento de músicas apanhadas na área do folclore, como faria com grande talento na gravação do jongo "Quero ver o sol nascer", em que faz o coro (ensaiado e liderado pelo cantor Francisco Alves) responder ao canto solista, interpolando os versos iniciais da composição:

"(*solo*) Quero ver o sol nascer
 (*coro*) Quero ver o sol nascer...
(*solo*) No meio da batucada
 (*coro*) Batucando com você...
(*solo*) Quero ver o sol nascer
 (*coro*) Quero ver o sol nascer...
(*solo*) No meio da batucada
 (*coro*) Batucando com você...
(*solo*) Quando me pego no samba
 (*coro*) Quero ver o sol nascer...

João Fernandes, da companhia do diretor-empresário Jardel, em um dos quadros da revista de estreia do locutor de rádio César Ladeira *Cidade maravilhosa*. A peça foi estreada no Teatro João Caetano da Praça Tiradentes, Rio de Janeiro, no dia 4 de janeiro de 1935, e a música do paulista Raul Torres era um dos números que se seguiam à abertura do primeiro ato, que era realizada ao som da marcha "Cidade maravilhosa", de André Filho. A informação sobre a existência de uma revista posterior intitulada *A cuíca tá roncando* foi dada ao autor deste livro em São Paulo, em 1969, pelo próprio Raul Torres, que afirmou ter viajado para o Rio exclusivamente para assistir à peça. Na obra *40 anos de teatro*, de Mario Nunes, que alcança o fim de 1935 e relaciona as produções do teatro musicado carioca, esse nome não aparece até dezembro daquele ano, ficando registrado apenas o lançamento da música na citada revista *Cidade maravilhosa*.

(*solo*) Fico até de perna bamba
(*coro*) Batucando com você...
(*solo*) Branco aqui não mete a cara
(*coro*) Quero ver o sol nascer...
(*solo*) Que este samba é coisa rara
(*coro*) Batucando com você...
(*solo*) Quando vai clareando o dia
(*coro*) Quero ver o sol nascer...
(*solo*) Acaba nossa alegria
(*coro*) Batucando com você..."

Essas estilizações inegavelmente criativas continuariam a ser promovidas também nas gravações de Raul Torres na Victor, para onde passou em 1937, estreando em meados de março com a recriação da velha história do boi amarelinho, sob a forma de uma moda de viola gravada pela dupla caipira do rádio Alvarenga e Ranchinho com o clássico acompanhamento de viola e violão, sob número de disco 34.159-A.

Nessa série de dezenove gravações (cantando só, ou em dupla com Serrinha, em dezoito composições de sua autoria, e num caso apenas como cantor de música alheia, a moda de viola "Tristeza do meu rancho", de seu parceiro Antenor Serra, o Serrinha), Raul Torres misturava, às modas de viola, cateretês e toadas de sabor paulista, desde batucadas e emboladas nordestinas, até um inesperado maracatu ("Quando o sol descamba", Victor nº 34.195-B), realmente difícil de imaginar criado por um compositor que jamais conhecera o Recife.

Pela altura dessa segunda metade da década de 1950, quando a importância da ação do pioneiro estilizador de temas rurais Raul Torres entra em declínio, o mercado da música popular brasileira enfrentava nos grandes centros a avassalante concorrência de numerosos gêneros estrangeiros impostos maciçamente pelos trustes internacionais do disco, muito fortalecidos a partir da Segunda Guerra Mundial.

Na tentativa de luta em pé de igualdade com o estilo comandado pelos lançadores da música de massa (bolero, beguine, *guaracha*, chá-chá-chá), os compositores de sambas-canções ligados às rádios e gravadoras do Rio de Janeiro transformaram seu ritmo, criando sambas abolerados, lentos como baladas (e alguns intitulados mesmo de *samboleros* e *sambaladas*), o que só servia para empobrecer ritmicamente o gênero urbano nacional, sem modificar a realidade da invasão musical estrangeira.

Durante esse período de intensificação do processo de desnacionalização da música popular no Brasil, entretanto, era ainda o aproveitamento dos ritmos e temas rurais que ajudava a salvar — ao lado do baião urbano — as aparências da criação nacional.

Um dos últimos discos gravados pelo veterano cantor Francisco Alves, antes de morrer num desastre de automóvel, em setembro de 1952, fora sua toada-baião "Que saudade", com letra do jornalista David Nasser. E era com toadas do tipo da intitulada "Boiadeiro",

"Vai, boiadeiro, que a noite já vem,
Junta o teu gado e vai pra junto do teu bem...",

que os compositores de músicas de carnaval Klecius Caldas (carioca) e Armando Cavalcanti (pernambucano) contribuíam para enfrentar durante o chamado "meio de ano" a alienação bem-sucedida de conjuntos de ritmo de dança afro-cubana, como os do cantor paulista Ruy Rey e do cantor e ritmista carioca Álvaro Francisco de Paula, autonomeado *El Cubanito*.

E muito curiosamente, até o futuro maior compositor da fase descritivo-romântica da bossa nova, o pianista e arranjador de música popular Tom Jobim, ia alcançar um de seus primeiros sucessos com uma toada cantada pela especialista em canções aboleradas Ângela Maria ("A chuva caiu", parceria com Luís Bonfá, gravada em 1956 em disco Copacabana n° 5.540-A), cuja letra ainda repisava a mesma visão nostálgica, romântica e alienada do sertão tipo paisagem de folhinha de Catulo da Paixão Cearense, quase meio século antes:

"A chuva caiu,
Caiu lá na serra,
Lavou o meu rosto
Molhou toda a terra..."

Com o advento da bossa nova, a partir de fins dos anos 1950 e inícios da década seguinte, o público adulto da alta classe média dos grandes centros divide seu interesse entre a música estrangeira do momento e o novo gênero híbrido brasileiro, enquanto os jovens começam a criar seus primeiros ídolos macaqueadores de ritmos de massa, dos quais a primeira representante foi a cantora de *rock* Celi Campelo, a famosa intérprete de "Estúpido cupido", de Neil Sedaka e Howard Greenfield, e de "Banho de lua", de Migliacci e De Filippi, ambos em versão de Fred Jorge.

A música inspirada em ritmos rurais brasileiros contava, porém, com muito poucas oportunidades nesse alvorecer da década de 1960, mas, ainda assim, dois novos compositores pernambucanos, ambos de nome Luís e radicados no Rio de Janeiro, não deixariam morrer nas cidades o som algo nostálgico das toadas: eram Luís Bandeira (Recife, 1923) e Luís Vieira (Caruaru, 1928).[12]

Foram esses compositores vindos de Pernambuco trinta anos depois dos Turunas Pernambucanos que, atuando na área da classe média do sul do país, contribuíram para que a música de inspiração regional não ficasse reduzida apenas às composições das duplas caipiras do rádio ou às exibições divertidas de artistas urbanos como Jackson do Pandeiro e Almira, em auditórios de rádio e espetáculos de circo em todo o Brasil.

---

[12] Com menor repercussão, em termos de sucesso pessoal e de vendagem de discos, outro estilizador de ritmos nordestinos merece ser citado: o cearense Catulo de Paula, autor de composições como "O nordeste não se rende", "Lá vem Virgulino", "Luá luá", "Minha fulô", "Os olhos da cabocla" e "Sodade traiçoeira".

Em composições como "Menino de Braçanã" e "Maria Filó" (parceria com João do Vale), de Luís Vieira, e "Toma jeito, João" e "Cafundó", de Luís Bandeira e Luís Vieira, a música de inspiração rural esteve representada em seus melhores momentos, até que, pelos meados da década de 1960, o advento dos festivais de música popular viesse mostrar com "Disparada", de Theo de Barros Filho e Geraldo Vandré, as grandes possibilidades da matéria-prima musical nordestina.

O paraibano radicado no Rio de Janeiro Geraldo Vandré tinha sido, a partir da composição "Canção nordestina", de 1963, um dos primeiros compositores da geração ligada à bossa nova a escandalizar os jovens universitários da época com essa heresia da pesquisa de formas regionais brasileiras. Segundo testemunho de contemporâneos, ao ser cantada pela primeira vez em um show no Colégio Mackenzie de São Paulo, a música que inaugurava o rompimento com os esquemas do momento foi recebida com uma exclamação por parte de vários dos jovens estudantes filhos da alta classe média paulista, que revelava seu espanto: "Mas isso não é bossa nova!".

De fato, não era. E mais do que negação da gratuidade do estilo musical de gosto universitário desde os fins da década anterior, valia por uma antecipação da tendência para nova fase de aproveitamento do manancial da música rural nordestina, não apenas por parte do próprio Vandré (que nesse mesmo ano de 1963 voltaria a explorar o gênero com a toada "Fica mal com Deus"), mas por parte de outro importante compositor igualmente preocupado com pesquisa musical: o paulista Sérgio Ricardo.

Já considerado precursor do movimento de popularização da bossa nova desde seu samba "Zelão", de 1960, Sérgio Ricardo foi levado a descobrir a potencialidade da música nordestina ao ser convidado em 1964 pelo cineasta Glauber Rocha para musicar seu filme *Deus e o diabo na terra do sol*.

Segundo depoimento do próprio diretor do filme e autor das letras, escrevendo o texto da contracapa do *long-playing* que registrou sua trilha sonora (etiqueta Forma FM-3), Sérgio

Ricardo precisou ouvir longamente fitas com gravações do cego Zé, de Monte Santo, e de seu primo e guia Pedro das Ovelhas, até conseguir deixar os "preconceitos" e soltar "a voz e os dedos no violão".

Esse LP — apresentado como *Cancioneiro do nordeste composto e interpretado por Sérgio Ricardo* — era contemporâneo do chamado afro-samba, a tendência musical que encobria sob esse nome historicamente sem sentido o aproveitamento de temas populares da Bahia, iniciado pelos compositores Baden Powell e Vinicius de Moraes com o samba "Berimbau". E em pelo menos duas das músicas feitas para o filme de Glauber Rocha — "A procura" e "Antônio das Mortes" — o compositor Sérgio Ricardo já incorporava a imitação da batida do berimbau estilizada ao violão por Baden Powell naquela composição.

Assim, quando os compositores baianos Gilberto Gil e Caetano Veloso viajaram para o sul na segunda metade da década de 1960, para tornarem-se os novos ídolos das mais recentes camadas de jovens universitários geradas pela intensificação do processo de urbanização brasileiro, eles só teriam que acrescentar a essas experiências anteriores os exemplos de sua própria criatividade em composições como "Procissão" e "Louvação", de 1965, do primeiro, e "No dia em que eu vim me embora", de 1968, a autêntica toada em que o segundo consegue infundir grande lirismo, apesar do arranjo com pretensões "universais" composto para gravação da música em disco pelo maestro Rogério Duprat.

Assim, embora a estilização das toadas de sabor rural nordestino sofresse uma interrupção de seu processo evolutivo no fim da década de 1960, após a proibição, por motivos políticos, da música de Geraldo Vandré "Pra não dizer que não falei das flores", ou "Caminhando", lançada no III Festival Internacional da Canção Popular do Rio de Janeiro, em 1968, seria com duas composições ainda ligadas à música nordestina que o compositor Gilberto Gil marcaria sua nova fase brasileira, em 1972, após quatro anos de exílio na Inglaterra. Essas composições, intituladas "Oriente" e "Expresso 2222", divulgadas num disco compacto duplo encartado na efêmera revista *O Bondinho*, de São Paulo, dirigida às camadas da juventude culturalmente mais sofisticada do país, iam ficar como a prova mais evidente de que, no momento de suas mais descomprometidas pesquisas dentro do campo da música popular de vanguarda dos países mais desenvolvidos, era ainda na fonte humilde da criação dos violeiros do nordeste que o inquieto compositor baiano, engajado na tendência *pop*, ia retemperar as cordas do violão para um reencontro com o povo de seu país.

16.
O BAIÃO

O ritmo do baião nordestino, transformado em gênero de música popular urbana a partir de meados da década de 1940, graças ao trabalho de estilização do acordeonista pernambucano Luís Gonzaga e do advogado cearense Humberto Teixeira ("Eu vou mostrar pra vocês/ Como se dança o baião/ E quem quiser aprender/ É favor prestar atenção", dizia o pioneiro "Baião", de 1944), tem sua origem num tipo de batida à viola denominado exatamente de *baião*.[1]

Nascido provavelmente de uma forma especial dos violeiros tocarem lundus na zona rural do nordeste (onde essa dança e depois canção citadina chamada de lundu chegou com o nome de *baiano*), o baião estruturou-se como música de uma dança que, no dizer do maestro Batista Siqueira, "evita a síncopa, começando a frase melódica depois de pequena pausa".

Na verdade, esse "pequeno trecho musical executado pelas violas nos intervalos do canto no desafio" — segundo a definição

---

[1] Segundo a folclorista Mariza Lira, em seu artigo "Baião I", da série "Brasil sonoro" (*Diário de Notícias*, Rio de Janeiro, 1/3/1958), "o baião é de um modo geral o ritmo da viola sertaneja. Tanto que no Ceará, Pernambuco e Paraíba, tocar baião significa marcar na viola o ritmo alegre e contagiante com que se acompanham os cantadores nos improvisos, desafios ou pelejas". O sanfoneiro e compositor Luís Gonzaga refere-se à modalidade de tirar um baião batendo com a mão no corpo da viola. O maestro Guerra Peixe, no artigo "Variações sobre o baião" (*Revista da Música Popular*, n° 5, fev. 1955, p. 32), refere-se ao primeiro tipo de baião chamando-o de *baião de viola*, e mostra não desconhecer o segundo citado por Luís Gonzaga, ao escrever: "Além dessa modalidade de baião de viola há outra, em que, simultaneamente, o músico produz um ruído característico e ritmado no seu instrumento (no tampo superior e com as pontas dos dedos)".

O baião 251

de baião do folclorista Luís da Câmara Cascudo, que o dá como sinônimo de *rojão* —, o baião, teria tido dificuldade em passar de reminiscência de ponteado de lundu à música de dança, quando as clássicas sanfonas nordestinas, encarregadas de animar os bailes do interior, começaram a desenvolver e a enfeitar com acordes aquela introdução musical de compasso 2/4.

Essa evolução alheia às influências diretas dos gêneros populares urbanos, iniciada na segunda metade do século XIX, já tinha completado seu ciclo ao iniciar-se a década de 1940, quando um grande e injustamente pouco conhecido maestro compositor cearense, Lauro Maia (1913-1950), descobriu a riqueza desse manancial de música nordestina e começou a compor num ritmo que chamava de *balanceio*.[2]

O balanceio, a partir do próprio nome — que não consta sequer dos dicionários —, era uma adaptação do balanço rítmico da música de dança produzida pelos conjuntos de zabumba, sanfona, pífaros e triângulos do nordeste. Em um artigo intitulado "Baião", escrito especialmente para a revista *Boletim Social da UBC* (União Brasileira de Compositores), de julho a setembro de 1949, Humberto Teixeira, um dos criadores do baião urbano, ia reconhecer implicitamente a importância dessa precedência, ao incluir uma longa enumeração de particularidades nordestinas capazes de explicar o baião: "Estrofes de Rogaciano Leite... O balanceio de Lauro Maia... A viola do cego Aderaldo...".

Aliás, o próprio compositor Luís Gonzaga indicaria também essa ligação do baião com o balanceio, ao afirmar na letra de seu baião "Tesouro e meio", lançado em disco RCA-Victor de 1951:

---

[2] Em 1947, já em pleno apogeu do baião como *música de meio de ano*, Lauro Maia, em parceria com Humberto Teixeira, lançou o balanceio adaptado para ritmo de carnaval, e a composição "Marcha do balanceio" chegou a alcançar relativo sucesso no Rio: "Oi balancê, balançá/ Balança pra lá e pra cá/ Eu vou até de manhã/ Só neste balanceá". Bastaria essa marcha para revelar a semelhança entre o balanceio e o famoso *baião* de Humberto Teixeira e Luís Gonzaga.

"Uma peixeira, um gibão, um chapéu de couro,
Vale um tesouro
Vale um tesouro
Mas o gemer de uma sanfona num balanceio
Então isso é baião
E baião por si só é tesouro e meio.

Oi, baião, faz a gente lembrar e esquecer,
Oi, baião, traz saudade gostosa de ter,
Um triângulo, uma sanfona, um zabumba.
Uma cabrocha baionando num balanceio...
Quanto vale?
Tesouro e meio."

É verdade que, preocupado em reivindicar a exclusividade da criação do ritmo do baião, o compositor Luís Gonzaga afirmaria vinte anos depois, em inícios de 1972, ter sido também o introdutor do triângulo nesse conjunto típico de sanfona e zabumba, formando assim a composição instrumental mais indicada para produzir o ritmo do novo gênero. Porém, a fotografia de uma banda de música do interior do Estado de Alagoas, publicada pela revista *Ilustração Brasileira* em número de 1929, já mostrava, ao lado dos tocadores de pífaros, caixa, zabumba e rabeca, um menino segurando um triângulo de ferro.[3]

Descontadas, no entanto, essas reivindicações formuladas em nome da vaidade, a melhor explicação sobre o processo de estilização que daria como resultado a criação do baião cantado urbano ainda partiria do mesmo compositor e sanfoneiro Luís

---

[3] Em suas declarações publicadas como entrevista sob o título "Luís Gonzaga falando de sua volta" (revista *Veja*, São Paulo, 15/3/1972), Luís Gonzaga diz ter tido a ideia de agregar o triângulo ao conjunto ao ver no Recife "um menino vendendo cavaco chinês, com aquele tubo nas costas, tocando tinguilim, tinguilim, num ritmo danado" (p. 82).

Gonzaga, quando, após afirmar em entrevista de 1972 que "o baião foi ideia minha e do Humberto Teixeira", acrescentava:

> "Quando toquei um baião para ele, saiu a ideia de um novo gênero. Mas o baião já existia com coisa do folclore. Eu tirei do bojo da viola do cantador, quando faz o tempero para entrar na cantoria e dá aquela batida, aquela cadência no bojo da viola. A palavra também já existia. Uns dizem que vem de *baiano*, outros que vem de *baía grande*. Daí o baiano que saiu cantando pelo sertão deixou lá a batida e os cantadores do nordeste ficaram com a cadência. O que não existia era uma música que caracterizasse o baião como ritmo. Era uma coisa que se falava: 'Dá um baião aí...'. Tinha só o tempero, que era o prelúdio da cantoria. É aquilo que o cantador faz, quando começa a pontilhar a viola, esperando a inspiração."[4]

A consciência da importância desse ritmo como parte destacável da cantoria e muito próprio para dança já existia, aliás, desde a década de 1920, chegando a ser fixada em disco pelo menos desde 1928, quando num *samba nortista* de Luperce Miranda, gravado em selo Odeon, n° 10.360-B, a voz do violonista alagoano José Luís Rodrigues Calazans, o Jararaca, então líder do Grupo do Calazans, destacava-se cantando em solo:

> "Baiana eu vou mergulhando
> No compasso do baião
> Requebra mais baianinha
> Machuca meu coração..."

---

[4] "O eterno rei do baião", reportagem publicada na *Veja*, São Paulo, 15/3/1972.

Criada, pois, a música que caracterizava o baião, como quer Luís Gonzaga, o novo tipo de canção popular e ritmo de dança explodiu em 1946 no mercado musical saturado de boleros e sambas-canções abolerados como uma redescoberta da vitalidade rítmica.

É verdade que o cearense Lauro Maia lançava, há algum tempo, suas novidades regionais do *miudinho*, da *schottisch* e do *balanceio*, por ele estilizados, e o próprio Luís Gonzaga — descoberto no programa de calouros de Ary Barroso depois de tocar o choro "Vira e mexe na sanfona" — tentava encontrar um novo caminho nesse mesmo ano de 1946, compondo toadas como a intitulada "Feijão com couve", em que cantava:

"Ai, o que será
Tenho prantado muita côve no quintá
Ai, o que será
Feijão com côve que talento pode dá."

Todas essas músicas, porém, revelavam-se ainda muito presas ao velho filão das toadas que exploravam o linguajar rural, num ostensivo apelo à nostalgia e ao desejo de exotismo do público das cidades, sempre ligado de uma forma muito viva ao campo em consequência da migração contínua de nordestinos para os centros urbanos à procura de trabalho.

Com o lançamento, em fins de 1946, da música de Luís Gonzaga e Humberto Teixeira intitulada exatamente "Baião", o novo gênero se apresentava, de maneira muito feliz, com uma letra em que, além de acentuar essa novidade, ainda revela claramente seu propósito de servir como ritmo de dança:

"Eu vou mostrar pra vocês
Como se dança um baião
E quem quiser aprender
É favor prestar atenção

> Morena chegue pra cá
> Bem junto ao meu coração
> Agora é só me seguir
> Pois eu vou dançar o baião
> O baião, o baião
> Eu já dancei balanceio,
> Xamego, samba e xerém,
> Mas o baião tem um quê
> Que as outras danças não têm
> Oi quem quiser é só dizer
> Pois eu com satisfação
> Vou dançar cantando o baião..."

Como se lembraria com muita oportunidade o cronista Cruz Cordeiro no artigo "Folcmúsica e música popular brasileira" (*Revista da Música Popular*, n° 7, maio-jun. 1955), enquanto o samba se amolengava desde meados da década de 1940, "sendo mais bolero, *blue*, tango, qualquer outra coisa, menos samba brasileiro", o baião ia ganhar rápida popularidade pela vitalidade de sua contribuição rítmica. Em 1955, referindo-se aos quase dez anos de existência do gênero, escrevia Cruz Cordeiro:

> "O baião se manteve única e exclusivamente pelo ritmo próprio pelo qual se tornou música popular e internacional."

O ritmo do baião, por sinal, sendo muito marcado e sem a complexidade da batida do samba, prestava-se admiravelmente para exportação, pois os bateristas estrangeiros se tornavam capazes de aprender ao menos sua cadência básica, o que até então só acontecera com os pomposos sambas cívicos para grande orquestra, lançados por Ary Barroso a partir da composição "Aquarela do Brasil", de 1939.

E assim, enquanto o mercado interno brasileiro ia sendo alimentado pelo talento de Luís Gonzaga e seus parceiros com baiões cantados, hoje julgados antológicos, como "Siridó", de 1948, "Juazeiro", "Qui nem jiló" (todos com Humberto Teixeira), "Vem morena" (com Zé Dantas) e "Dezessete légua e meia" (com Barroso), todos de 1949, um baião instrumental — o "Delicado", de Waldir Azevedo — ia abrir caminho para a divulgação do novo ritmo em todo o mundo.

Lançado em inícios de 1951 em disco Continental número 16.314-A pelo próprio autor, que tocava magistralmente seu cavaquinho à frente de um conjunto de dois violões e um pandeiro, o baião "Delicado" já tinha conseguido em meados de 1951 o prodígio de vender duzentos mil discos em seis meses (recorde brasileiro, na época), quando começaram a chegar da Europa os primeiros pedidos de direitos para sua reprodução.

Esse sucesso da música do baião "Delicado", logo reforçado por outra gravação do acordeonista Chiquinho, levou ao seu lançamento também como canção, com letra de Ari Vieira, encarregando-se de sua interpretação a cantora Ademilde Fonseca, então especialista no malabarismo vocal de cantar chorinhos com uma rapidez vertiginosa.[5]

Enquanto isso, o próprio Waldir Azevedo começava a excursionar, executando incansavelmente seu baião, e já em princípios de 1952 chegava a notícia de seu sucesso em Buenos Aires, onde, segundo um exaltado telegrama da International News Service (INS), "o autor de 'Delicado' foi materialmente assaltado pelas mulheres durante sua permanência nesta capital, frenéticas por arrancar-lhe adornos como recordação".

Durante essa estada de Waldir Azevedo na cidade de Buenos Aires, o baião "Delicado" foi em poucos meses gravado em cinco diferentes versões, e 130 mil discos foram vendidos em toda a Argentina.

---

[5] Na verdade, a cantora Ademilde Fonseca era mesmo a única talvez capaz de gravar "Delicado" na época, pois, considerando sua cerrada tessitura rítmica, a música de Waldir Azevedo era, de fato, um *baião-choro*.

Em meados de 1952, Waldir Azevedo receberia uma carta aflita do diretor de relações artísticas da fábrica Decca Records Inc., dos Estados Unidos, Michael Conner, pedindo urgentes dados biográficos para atender à curiosidade dos compradores americanos em torno do desconhecido tocador de cavaquinho. Paralelamente, a Decca francesa incluía em sua seção Disques Brésiliens o disco de 78 rotações MC-21.524, onde o baião "Delicado" aparecia acoplado com o choro "Brasileirinho", do próprio Waldir Azevedo.

Artistas internacionais começaram a gravar também a novidade do baião. Entre essas primeiras gravações estrangeiras estava a do norte-americano Stan Kenton, responsável pela versão orquestral do "Delicado", lançada com sucesso no disco Capitol número 5.226, o que levou o então cronista de discos do jornal carioca *Última Hora* a escrever em sua coluna do dia 24 de maio de 1952:

> "Como veem os leitores, depois do 'Tico-Tico no fubá' de Zequinha de Abreu e 'Aquarela do Brasil' de Ary Barroso, o 'Delicado' de Waldir Azevedo será a nossa terceira música com âmbito internacional de indiscutível sucesso e popularidade."

Transformado em ritmo da moda internacional, o baião, cantado por Ademilde Fonseca com acompanhamento de orquestra de Severino Araújo, foi uma das atrações da famosa festa brasileira organizada em Paris em meados de 1952 pelo costureiro Jacques Fath em seu castelo de Corbeville, embora o cantor Jean Sablon tivesse comparecido com um chapéu mexicano, e o jornal *France Soir* tenha noticiado que a cunhada do anfitrião, Magda Gabor, se fez notar dançando um mambo "*avec beaucoup de conviction*".

De qualquer forma, seria ainda em 1952 que, com um novo baião, o compositor Humberto Teixeira tentaria ilusoriamente aliar uma voz brasileira ao sucesso internacional do ritmo. Numa das primeiras experiências de *playback* realizadas no Brasil, a orquestra especialista em ritmos sul-americanos de Roberto Inglês gravou em Londres a música do baião "Kalu", e nos estúdios da Odeon, no Rio de Janeiro, a cantora Dalva de Oliveira encaixou sua voz, lançando-se o disco no selo azul internacional da fábrica, sob o número X-3.361-A, com a indicação que era verdadeira apenas pela metade: "Kalu-baião — Gravado em Londres — Dalva de Oliveira e Roberto Inglês e sua orquestra".

Ainda no Rio de Janeiro a fábrica RCA-Victor lançaria também com numeração especial (J-55.006-A) um disco com o baião "Paraíba", de Humberto Teixeira e Luís Gonzaga, apresentando a novidade de um selo bilíngue, em que o título, o gênero e os nomes dos autores apareciam em português, e as restantes indicações em caracteres japoneses, fazendo crer aos compradores tratar-se de uma gravação feita no Japão. A versão em japonês do baião "Paraíba", entretanto, fora feita nos estúdios da RCA--Victor, no Rio de Janeiro, com um conjunto de música brasileiro (a cantora era Keiko Ikuta e o autor da versão Kikuo Furuno), mas isso os orgulhosos compradores do mercado brasileiro só poderiam saber se tivessem alguém para lhes decifrar os caracteres japoneses do selo do disco.

Essas desesperadas tentativas de promover a internacionalização do ritmo de dança do baião, que revelava da forma mais encorajadora a oportunidade de seu aparecimento no mercado da música popular de todo o mundo, iam fracassar, evidentemente, pela falta de suporte industrial brasileiro.

Tal como aconteceria menos de dez anos depois com a bossa nova, a incapacidade de impor seu produto no mercado do disco (a exemplo do que os norte-americanos faziam com o *rock'n'roll*, ainda nos primeiros anos da mesma década de 1950) levaria os compositores brasileiros a contribuírem apenas com a matéria--prima, cabendo os lucros de sua industrialização aos países mais desenvolvidos.

Na verdade, de nada adiantou em 1953 o filme *O cangaceiro* ter levantado a palma de ouro no Festival de Cinema de

Cannes, com menção especial para sua música. O filme ia ser apenas responsável por nova vitória internacional do baião com o sucesso da toada "Muié rendera", adaptada para o ritmo de baião urbano por Zé do Norte (cujo nome, por sinal, não aparecia no filme).

Essa popularidade, no entanto, se chegou a fazer com que o júri do Grande Prêmio da Academia do Disco Francês, presidido pelo então presidente da França, Vincent Auriol, conferisse o primeiro prêmio à composição "Muié rendera", naquele mesmo ano de 1953, não foi suficiente para manter o baião na crista da onda na Europa.

Apesar de o maior interessado na divulgação do baião, Humberto Teixeira, ter conseguido como deputado, em 1958, um convênio entre a UBC (União Brasileira de Compositores) e o Ministério da Educação, destinado a permitir a promoção da música popular brasileira no exterior, o ritmo estilizado pelo sanfoneiro Luís Gonzaga não teria condições de competir com a novidade do *rock*, que então estourava no mercado internacional firmado no magnetismo pessoal do cantor Elvis Presley e na força da indústria norte-americana do disco.

Por esses meados dos anos 1950, como acentuaria o próprio Humberto Teixeira em seu projeto de lei nº 1.544, apresentado à Câmara dos Deputados em julho de 1956, além de não mais se repetirem fenômenos de sucesso do tipo Waldir Azevedo, o Brasil (ainda uma vez como aconteceria anos depois com a bossa nova) ainda tinha que consumir os baiões de torna-viagem, que os compositores estrangeiros sempre encontravam forma de fazer chegar ao mercado nacional. Referindo-se à capacidade dos estrangeiros de conseguirem divisas no Brasil, ponderava o deputado Humberto Teixeira:

> "Também a Itália, financiando por processos sutis a indústria cinematográfica, por seu intermédio nos faz chegar, além das romanzas, barcarolas e tarantelas, até mesmo os seus 'Baiões de Ana', com os quais nos

disputam um mercado que, por direito de nascença, devia ser apenas nosso."⁶

O compositor Humberto Teixeira ainda tentou modificar essa realidade, levando à Europa, em 1958, o conjunto Os Brasileiros (Trio Irakitan, Sivuca, Abel Ferreira, entre outros, sob a direção do maestro Guio de Moraes); em 1959, o Brasília Ritmos (à base de ritmistas dirigidos pelo maestro Léo Peracchi e tendo Waldir Azevedo como chefe da delegação); em 1960, a III Caravana Oficial da Música Popular Brasileira (ainda mantendo o nome de Brasília Ritmos, com o Sexteto de Radamés Gnattali, da Rádio Nacional, Edu da Gaita, Zé Menezes, cavaquinho e bandolim, o baterista Luciano Perrone e o compositor e cantor Luís Bandeira); em 1961, a IV Caravana (à base do grupo de show Ataulfo Alves e Suas Pastoras); em 1962, o conjunto Brasília Samba (cantor Francisco Carlos, Leonel do Trombone, músicos de menor nome e bailarinas); em 1963, a VI Caravana Oficial (levando ao Oriente Médio e Europa o flautista Altamiro Carrilho, o violonista e compositor Catulo de Paula, músicos, passistas, o cantor Pery Ribeiro e a indefectível difusora do baião cantado Carmélia Alves); e, finalmente, em 1964, a VII Caravana (grupo de capoeira e ritmistas, tocador de berimbau, pistonista Abel Ferreira e maestro Guio de Moraes).

No entanto, apesar de Humberto Teixeira insistir, nas primeiras caravanas, para que os músicos aparecessem exoticamente vestidos com chapéus de couro na cabeça, para acentuar a cor local, a ilusão da propaganda da música popular, em geral, e do baião, em particular, terminou melancolicamente sem resultados.

---

⁶ Projeto nº 1.544, de 1956, de Humberto Teixeira, publicado na íntegra em *Boletim da UBC*, ano XII, nº 43, de abr.-jun. 1956, p. 8. A referência do deputado compositor aos "Baiões de Ana" era provocada pelo sucesso do baião italiano "Baião de Ana", cantado pela atriz Silvana Mangano no filme *Anna* (1951) e lançado no Brasil em disco MGM nº 9.154-B, de 78 rotações, com seu título original "El negro zumbón" entre parênteses.

Para o humilde sanfoneiro Luís Gonzaga, estilizador do balanceado ritmo folclórico, a decadência do baião como música da moda equivaleria ao anonimato, até que, em 1968, o boato de que o conjunto inglês dos Beatles ia gravar seu arranjo do tema popular nordestino "Asa branca" chamou a atenção das novas gerações de compositores de nível universitário para sua obra. E, assim, Luís Gonzaga, elogiado pelos dois compositores mais influentes da juventude intelectualizada do início da década de 1970, Caetano Veloso e Gilberto Gil, pôde voltar a experimentar o sucesso em shows no teatro e na televisão dos grandes centros do Brasil, numa espécie de canto de cisne do baião.

17.
A BOSSA NOVA E A CANÇÃO DE PROTESTO

A chamada *bossa nova*, surgida no fim da década de 1950, tal como o choro, quase um século antes, não constituiu um gênero de música, mas uma maneira de tocar. Preparada, desde os fins dos anos 1940, no pós-guerra, pela descontinuidade de acentuação rítmica muito usada pelos tocadores de contrabaixo de cordas dos conjuntos de dança, a partir do surgimento do *bebop* no *jazz* norte-americano, a bossa nova constituiu — como o próprio *bop* nos Estados Unidos — uma reação culta, partida de jovens da classe média branca das cidades, contra a ditadura do ritmo tradicional (no caso do Brasil, representado pela obediência ao tempo forte do 2/4, estabelecida pela percussão dos negros).

Historicamente, o aparecimento da bossa nova na música urbana do Rio de Janeiro marca o afastamento definitivo do samba de suas fontes populares.[1]

O samba, ligado desde sua origem ao ritmo de percussão desenvolvido em núcleos urbanos de população predominantemente

---

[1] Esse fato não escapou sequer a um dos primeiros letristas e ideólogos do movimento de bossa nova, Nelson Lins e Barros (parceiro de Carlos Lyra em composições como "Maria do Maranhão"), que em artigo na *Revista da União Nacional dos Estudantes*, n° 6, de out. 1962, escrevia: "Está, ainda, incluída nessa classe [referia-se à música não largamente popularizada] a música da alta classe média, cujo exemplo típico é o da chamada bossa nova. Essa música ainda não produz padrões com capacidade de popularização e dos quais possam sair as fornadas comerciais. É a expressão de uma classe que pouco tem em comum com as classes populares, com o agravante de sofrer influência da música estrangeira".

negra, evoluíra durante quase quarenta anos sofrendo alterações praticamente apenas na parte melódica. O ritmo — que representava a *paganização* das batidas de pés e mãos na marcação dos batuques e nos *pontos* de candomblé — conservava ainda (embora abastardado pelos bateristas de orquestras de tipo *jazz--band* das décadas de 1930 e 40) aquele elemento primitivo fundamental da correspondência entre a percussão e uma competente resposta neuromuscular.

Essa correspondência, observada também na música negra norte-americana pelos estudiosos do *spiritual* ("o ritmo exige movimento físico", segundo R. W. Gordon), poderia ser comprovada facilmente pelos brancos da classe média com a simples tentativa de imitação do movimento de pés dos passistas, ao som da bateria de uma escola de samba, durante qualquer ensaio para o desfile de carnaval.

A década de 1950, porém, marcava o advento de uma recente separação social no Rio de Janeiro — pobres nos morros e na Zona Norte, ricos e remediados na Zona Sul — que não favorecia de modo algum esse contato com as fontes do ritmo popular. Ao contrário, proporcionava o surgimento de uma camada de jovens completamente desligados da tradição musical popular, pela ausência daquela espécie de promiscuidade social que permitira anteriormente aos representantes da classe média carioca participar, até certo ponto, do contexto cultural da classe colocada um degrau abaixo na escala social.

Esse divórcio, iniciado com a fase do samba tipo *bebop* e abolerado de meados da década de 1940, atingiria o auge em 1958, quando um grupo de moços, entre dezessete e 22 anos, rompeu definitivamente com a herança do samba popular, modificando o que lhe restava de original, ou seja, o próprio ritmo.

Tal acontecimento, resultante da incapacidade dos moços desligados dos segredos da percussão popular de sentirem *na própria pele* os impulsos do ritmo negro, seria representado pela substituição da intuição rítmica, de caráter improvisativo, por um esquema rígido: o da multiplicação das síncopas, acompanhada de uma descontinuidade entre o acento rítmico da melodia e do acompanhamento. A essa espécie de birritmia originada pelo desencontro dos acentos se daria o expressivo apelido de *violão gago*, e sobre esse esquema repousaria, basicamente, o acompanhamento dos sambas de bossa nova.

Em matéria de música popular, a experiência dos jovens da Zona Sul do Rio de Janeiro constituía um novo exemplo (não conscientemente desejado) de alienação das elites brasileiras, sujeitas às ilusões do rápido processo de desenvolvimento com base no pagamento de *royalties* à tecnologia estrangeira.

Um equívoco do tipo daquele que levara o Presidente Juscelino Kubitschek a saudar com um discurso de afirmação nacionalista o lançamento dos primeiros modelos de automóveis JK no Brasil, diante de algumas unidades trazidas às pressas da Itália pelos espertos e dinâmicos donos da Alfa Romeo, que tinham vindo fabricar seus modelos com as iniciais do presidente nas instalações da Fábrica Nacional de Motores no Estado do Rio de Janeiro.

Foi dentro desse mesmo espírito que os rapazes dos apartamentos de Copacabana, cansados da importação pura e simples da música norte-americana, resolveram também *montar* um novo tipo de samba, à base de procedimentos da música clássica e do *jazz*, de vocalizações colhidas na interpretação jazzística de cantores como Ella Fitzgerald e de uma mudança da temática para o campo intelectual mais identificado com os componentes do grupo, ou seja, da poesia erudita (o que explica o sucesso do poeta Vinicius de Moraes como letrista).

A intenção — em coerência com a euforia geral da população das cidades em face do *desenvolvimentismo*, destinado a tornar o Brasil *a maior nação do mundo* — era a melhor possível, tendo o musicólogo Brasil Rocha Brito definido o movimento como "o culto da música popular no sentido de integrar no universal da música as peculiaridades específicas daquela".

Na verdade, os fundadores do movimento denominado *bossa nova* haviam chegado à música popular através do *jazz* ou —

como foi o caso de Antônio Carlos Jobim — pela frustração das ambições no campo da música erudita.

A proliferação das boates, no bairro de Copacabana, exigindo para sua clientela de turistas estrangeiros e de representantes do chamado *café-society* brasileiro um tipo de música de dança mais disciplinada e universal, incentivara desde o pós-guerra a formação de pequenos conjuntos de piano, violão elétrico, contrabaixo, saxofone, bateria e pistão, que se especializaram num tipo de ritmo misto de *jazz* e de samba.

Como a finalidade era tocar para um público interessado apenas em dançar no escuro, os componentes dos conjuntos se permitiam imitar os *jazz-bands* pioneiros, subindo sucessivamente ao primeiro plano, para desenvolvimento do tema em solos de improviso, o piano, o violão, o saxofone, etc.

Os cantores — que nas orquestras de boate não deviam brilhar como cantores, mas simplesmente fazer sua parte sem incomodar com rasgos de interpretação um público que os ignorava —, estes passaram a imitar também os cantores de *jazz* americanos, adotando as vocalizações que integravam a voz no conjunto instrumental.

Aí estavam já reunidos, pois, todos os elementos que, a partir de meados da década de 1950, os criadores da bossa nova invocariam para justificar seu movimento. Eram a música anticontrastante (*cool jazz*), a integração da voz do cantor da orquestra ("ambas se integram e se conciliam, sem apresentarem elementos de contraste", na definição do musicólogo Brasil Rocha Brito), a melodia não diatônica e a esquematização rítmica, representada pelo abastardamento da batida tradicional do samba através do estabelecimento de uma correspondência com as configurações rítmicas da estrutura melódica (impressão de birritmia conhecida por *violão gago*).

E foi assim que, por volta de 1956, um grupo de jovens filhos de famílias de boa situação econômica começou a reunir-se no apartamento da Srta. Nara Leão, na Avenida Atlântica, em Copacabana, para realizar, no campo amadorístico, aquilo que os conjuntos de boate já faziam profissionalmente, ou seja, as chamadas *samba sessions*: a execução de sambas em estilo jazzístico sem hora para começar ou acabar, e com liberdade de improvisação.

Desse primeiro grupo faziam parte de oito a dez rapazes de sobrenomes notórios — Roberto Menescal, Ronaldo Bôscoli, Luís Carlos Vinhas, os irmãos Castro Neves e outros —, a maioria ainda frequentando o curso colegial ou preparando-se para o ingresso em faculdades.

Reunidos à volta de um mesmo ideal — encontrar uma saída para o samba "que havia parado", "era quadrado" e "só falava em barracão" —, os moços de Copacabana continuavam a balançar seu ritmo na base do jazz, quando surgiu um baiano que se acompanhava ao violão com uma batida de bossa realmente nova. Esse baiano de Juazeiro chamava-se João Gilberto, e os moços do *jazz* em samba haviam-no descoberto tocando violão na boate Plaza, de Copacabana, onde chamava a atenção com improvisos dentro de sua invenção de acordes compactos, com passagens que deixavam perceber uma clara bitonalidade em relação ao fundo instrumental.

Descoberto aquele original suporte rítmico, sobre o qual se apoiavam sem dificuldade os esquemas harmônicos da música norte-americana influenciadora da nova geração de músicos, todo um campo inesperado se abriu à perspectiva dos rapazes perdidos em meio à massa sonora do *jazz*, e em pouco tempo começaram a surgir composições dentro do ritmo recém-inventado, todas com arranjos à base do acompanhamento de violão no estilo João Gilberto.

Esse pioneirismo incontestável do violonista baiano seria reconhecido pelo maestro Antônio Carlos Jobim quando, ao escrever a contracapa do *long-playing* denominado *Chega de saudade* (Odeon MOFB 3.073) — o primeiro com produções no estilo bossa nova —, referiu-se a ele dizendo: "Em pouquíssimo tempo influenciou toda uma geração de arranjadores, guitarristas, músicos e cantores".

Atraído para o círculo de músicos amadores, João Gilberto começou a interpretar em seu estilo também muito pessoal as composições daqueles moços de Copacabana, impondo, a partir desse momento, como nova música da juventude da classe média do pós-guerra, esse estilo de interpretação que criava um samba híbrido, afinal conhecido como *samba de bossa nova*.

O nome *bossa*, para designar a queda especial de uma pessoa para determinada atividade, é de etimologia popular até agora não determinada, mas existia como palavra corrente no Rio de Janeiro pelo menos desde o início da década de 1930, quando Noel Rosa o registrou no samba "São coisas nossas", que diz em uma de suas estrofes: "O samba, a prontidão/ e outras bossas,/ são nossas coisas,/ são coisas nossas".

No campo da música popular a palavra teria largo uso a partir da década de 1940, principalmente em referência ao samba de breque, que apresentava o novo tipo de bossa representado pelas paradas súbitas da música a fim de serem encaixadas frases faladas. Foi quando surgiu a expressão *cheio de bossa*, para designar alguém capaz de frases ou atitudes inesperadas, recebidas como demonstração de inteligência ou de reconhecido humor.

Assim, quando na segunda metade da década de 1950 os jovens de Copacabana começaram a tornar conhecido seu samba de batida claudicante, o reconhecimento desse achado como uma *bossa nova* estava mais ou menos imanente.

Segundo os depoimentos de componentes do núcleo pioneiro de músicos de 1956, o batismo da nova maneira de tocar se daria nos primeiros meses de 1959 por um acaso que indicava o reconhecimento geral do que os jovens apresentavam como sua maior bossa: convidado pelo Grupo Universitário Hebraico Brasileiro para uma exibição no bairro carioca de Laranjeiras, o conjunto de Roberto Menescal deparou logo à entrada com um quadro-negro em que se lia, escrito a giz: "Hoje, João Gilberto, Silvinha Telles e um grupo bossa nova apresentando sambas modernos". E assim foi que, à medida que iam entrando com seus instrumentos, várias pessoas — sugestionadas pelos dizeres do cartaz — perguntavam aqui e ali aos componentes do conjunto: "Vocês é que são os bossa nova?".

"Não tivemos outra solução senão concordar", contou Ronaldo Bôscoli, ao relembrar o fato em entrevista publicada em 1960, na qual confirmava que só a partir dessa noite o movimento passaria realmente a ser conhecido por esse nome, imediatamente adotado por todos.

O convite para essa exibição no clube de jovens israelitas, aliás, fora feito exatamente no momento em que o grupo liderado por Ronaldo Bôscoli, após uma série de exibições em casas de pessoas amigas, começava a associar-se a cantores de rádio — como João Gilberto e Silvinha Telles — por força de uma tendência que logo ensejaria também a profissionalização de vários dos componentes do grupo e ainda de outras figuras até então à margem dos meios do rádio e dos estúdios de gravação.

Eram simples amadores, a essa época, os jovens Ronaldo Bôscoli (letrista); Roberto Menescal (violão); João Mário (bateria); irmãos Castro Neves (Antônio Carlos, o Iko, Leo e Oscar, contrabaixo, bateria e violão, respectivamente); Normando Santos (violão); e Francisco Feitosa (violão), este conhecido por *Chico Fim-de-Noite* não por dormir tarde, mas por ter composto um samba denominado "Fim de noite", com letra de Ronaldo Bôscoli.

A esses pioneiros — assim julgados por terem comparecido à noite histórica em que o movimento ganhou o nome de *bossa nova* — juntavam-se também como amadores Luís Eça (o Luisinho, aluno de piano de Bené Nunes, na Gávea, desde os onze anos de idade); Bebeto (saxofone); o sergipano José Henrique (contrabaixo de cordas); Carlos Lyra (compositor, violonista e cantor, mais conhecido por Carlinhos Lyra); e outros.

A tais jovens, tão logo a popularidade do samba em estilo bossa nova ensejou a oportunidade de ganhar dinheiro com discos, juntar-se-iam numerosos cantores, cantoras, vedetas, compositores, orquestradores e pianistas profissionais, como foram os casos de Lúcio Alves, Alaíde Costa, Norma Bengell e Elizabete

Gasper, Radamés Gnattali, Gaya, Lyrio Panicali, Carioca, Astor, Severino Filho e vários outros jazzistas de talento variável, formados no período alienado do pós-guerra.

Sobre todos esses pairaria a figura do único instrumentista, compositor e cantor realmente original: o baiano João Gilberto do Prado Pereira de Oliveira.

O estabelecimento de uma linha de classe na música popular, baseada na coincidência de só uma minoria de jovens brancos das camadas médias alcançar o nível cultural necessário para torná-los capazes de incorporar os signos musicais altamente sofisticados da bossa nova, valeu por uma clara divisão entre os ritmos e canções cultivados pelas camadas urbanas mais baixas e a música produzida ao nível da alta classe média.

Dividida assim em duas grandes tendências, a partir da década de 1960, a música popular urbana passou a evoluir numa perfeita correspondência com a situação econômico-social dos diferentes tipos de público a que se dirigia.

A música chamada de *tradicional* (porque continuava a desenvolver-se dentro da interação de influências culturais campo-cidade, ao nível das camadas mais baixas da sociedade) seguiria sendo representada por frevos pernambucanos, marchas, sambas de carnaval, sambas de enredo, sambas-canções, toadas, baiões, gêneros sertanejos e canções românticas em geral. Isto é, como a situação econômica e cultural das grandes massas não se modificava substancialmente e suas condições de lazer não mudavam, sua música continuava a dirigir-se ao carnaval e às necessidades de lirismo, sentimentalismo ou drama, conforme as pressões maiores ou menores exercidas pelo sistema econômico--social sobre sua estrutura estabilizada na pobreza e na falta de perspectivas de ascensão.

A bossa nova, logo identificada ao conceito mais amplo de *música popular moderna* (a MPB indicadora da música de nível universitário, posterior à bossa nova), ia sofrer nos anos seguintes à sua criação as atribulações a que o desenvolvimento brasileiro, na base de uma economia dependente e sem poder de decisão nacional, submeteria as camadas da classe média a que ela se vinculava.

Iniciada dentro de uma linha de preocupação internacionalista, à custa da assimilação de recursos culturais da música popular norte-americana e da música erudita (o que correspondia, no plano econômico, à tentativa de industrialização do país com uso de tecnologia importada), a bossa nova, não tendo conseguido impor-se no mercado internacional como produto brasileiro (o LP de bossa nova mais vendido em todo o mundo foi o do norte-americano Stan Getz), procurou no plano nacional aproximar-se do povo.

O primeiro compositor ligado à bossa nova a demonstrar inquietação em face do excesso de informação cultural estrangeira no movimento foi Carlos Lyra. Embora sua escola de violão fosse responsável por toda uma geração de jovens cariocas formada dentro da batida que ensejava exatamente a superposição de uma harmonia jazzificada (ele possuía uma academia de violão no bairro de Copacabana e dava aulas pagas), Carlos Lyra compôs em 1957 um samba em que, citando nominalmente o bolero, o *jazz*, o *rock* e a balada, criticava sua influência na música brasileira. Essa composição, intitulada "Criticando", ia revelar-se afinal uma antecipação de seu samba "Influência do *jazz*", composto dentro do mesmo pensamento crítico em 1961, mas que estava destinado a soar como uma ironia: ao apontar a absorvente influência do estilo americano de tocar, a música de "Influência do *jazz*" indicava ela mesma o quase mimetismo a que chegara a bossa nova na incorporação de células musicais e recursos particulares da música norte-americana.

No início da década de 1960, como a realidade da política *desenvolvimentista* iniciada durante o governo de Juscelino Kubitschek se revelava incapaz de absorver em seu quadro econômico as primeiras gerações de profissionais universitários, a falta de perspectiva de ascensão socioeconômica levou os estudantes a uma atitude de participação crítica da realidade, o que os conduzia inapelavelmente ao campo da política.

O reflexo mais visível dessa nova atitude da jovem geração carioca da alta classe média dos anos 1960 — ainda mal acordada do sonho ilusório da conquista lírica de uma boa vida, claramente expressa na temática da flor, amor, céu, azul e mar de seus primeiros sambas — foi a formação na União Nacional dos Estudantes, a UNE, de um Centro Popular de Cultura, o chamado CPC. Entre os objetivos do CPC — criado para promover, além de discussões políticas, a produção e divulgação de peças de teatro, filmes e discos de música popular — constava o de deslocar "o sentido comum da música popular, dos problemas puramente individuais para um âmbito geral: o compositor se faz o intérprete esclarecido dos sentimentos populares, induzindo-o a perceber as causas de muitas das dificuldades com que se debate".[2]

Ora, como se pode perceber pelo uso do verbo *induzir*, os jovens estudantes partiam de uma posição de superioridade de sua cultura e propunham-se (diante do fracasso e suas primeiras ilusões) a assumir paternalistamente a direção ideológica do povo, comprometendo-se a revelar-lhe as causas de suas dificuldades sob a forma de canções glosando a dura realidade da pobreza e do subdesenvolvimento. Aliás, não apenas de canções, mas de representações de peças em praças públicas (foram feitas várias encenações sobre a carroçaria de caminhões) e do aproveitamento de formas poéticas populares, como experimentou o requintado poeta concreto Ferreira Gullar, ao escrever versos no estilo da literatura de cordel nordestina.

Aconteceu porém que, como para o desempenho dessa bem--intencionada missão o CPC da UNE só contava com artistas e músicos formados exatamente na fase da maior influência de valores não brasileiros, os estudantes chegaram a um momento

---

[2] Texto da apresentação do compacto *O povo canta*, editado pelo CPC da UNE com músicas de temática política: "João da Silva ou o falso nacionalista", de Billy Blanco; "Canção do trilhãozinho", de Carlos Lyra e Francisco de Assis; "Grileiro vem, pedra vai", de Rafael de Carvalho e "Zé da Silva é um homem livre", de Geni Marcondes e Augusto Boal.

de contradição cultural, ao tentarem falar ao povo com uma linguagem musical que ele não entendia e com a qual não se identificava.

Assim, ao realizar-se dentro desse espírito de atuação ideológica o semidocumentário cinematográfico *Couro de gato*, produzido pelo jovem diretor Joaquim Pedro de Andrade, em 1960 (focalizando os pobres meninos dos morros cariocas, que caçavam gatos para tirar-lhes a pele e com ela fazer tamborins), o compositor escolhido para musicar o filme era o mesmo autor de "Criticando", Carlos Lyra, que aí lançava com Geraldo Vandré uma requintada composição em estilo bossa nova, em chocante desacordo com a realidade das cruas imagens do filme:

"Quem quiser encontrar o amor
Vai ter que sofrer,
Vai ter que chorar..."

Porém, onde a contradição se revelaria mais evidente, no plano da música popular, seria na tentativa de estabelecimento de parcerias com criadores das camadas mais baixas do povo promovida em 1961 por Carlos Lyra e seu parceiro e teórico da bossa nova nacionalista Nelson Lins e Barros (1920-1966). Levados ao apartamento que Nelson repartia com Carlos Lyra, na Rua Francisco Sá, em Copacabana, os compositores Cartola, Nelson Cavaquinho e Zé Kéti foram convidados a mostrar sua ignorada produção diante do excitado interesse dos dois compositores de bossa nova. Comovidos com a candidez dos visitantes, Nelson Lins e Barros e Carlos Lyra não se limitavam durante as conversas a gravar em fita as músicas que iam sendo cantadas, mas ainda serviam com prodigalidade rodadas de cachaça e cerveja, compradas especialmente no bar mais próximo para atender ao gosto pouco refinado dos representantes do povo.

Esses encontros — que marcaram o lançamento dos compositores Cartola e Nelson Cavaquinho como representantes oficiais do *samba tradicional* perante a classe média (Zé Kéti já era aceito desde sua colaboração com Nelson Pereira dos Santos nos filmes *Rio, 40 graus* e *Rio Zona Norte*, respectivamente de 1955 e 1958) — revelaram, entretanto, seu fracasso na hora de os músicos das duas tendências musicais tocarem juntos. Ao empunhar o violão juntamente com os dois compositores realmente populares, Carlos Lyra descobriu que, apesar de todo o seu desejo de colaboração, eles não falavam a mesma linguagem musical. Os acordes compactos, à base de dissonâncias, do violão bossa nova não se casavam com a baixaria do violão de Cartola e muito menos com a quase percussão de Nelson Cavaquinho, que beliscava as cordas numa acentuação rítmica das tônicas absolutamente pessoal.

Assim foi que, da pretendida colaboração, só ia nascer uma parceria, e exatamente com aquele que não tocava violão e cuja carreira posterior estava destinada a revelar maior capacidade de integração com os artistas da classe média: a parceria de Zé Kéti e Carlos Lyra no "Samba da legalidade", de 1962.[3]

Se não conseguiam, porém, uma identificação musical com o povo, os jovens criadores da bossa nova passavam a tomá-lo como tema obrigatório.

Exatamente como fizera o compositor citadino Catulo da Paixão Cearense, no início do século XX, ao falar de idealizados caboclos, imitando-lhes a fala matuta, os compositores bossa-novistas começaram, a partir do samba "Zelão", de Sérgio Ricardo, de fins de 1960, a cantar romanticamente as dores e desditas dos pobres moradores dos morros cariocas, como aliás faria tão representativamente em 1962 a dupla Tom Jobim e Vinicius de Moraes ao dizer, no samba "O morro não tem vez":

---

[3] Em entrevista a Sérgio Cabral publicada no Caderno B do *Jornal do Brasil* (Rio de Janeiro, 24/5/1962), Carlos Lyra, depois de lançar a ideia de um simpósio sobre a bossa nova (cuja morte temia "por inanição, por falta de conteúdo, e por ser um tipo de música totalmente divorciada do povo"), concluía: "Depois [do LP em que lançava "Influência do *jazz*"], os meus parceiros serão Zé Kéti, Nelson Cavaquinho e outros indispensáveis a qualquer movimento por uma música popular brasileira autêntica".

"O morro
Não tem vez
E o que ele fez
Já foi demais
Mas olhem bem vocês
Quando derem vez ao morro
Toda a cidade vai cantar
Vai cantar... vai cantar... vai cantar..."

Essa onda de ternura paternalista pelo povo sofredor, que no teatro se iniciara com a peça *A mais-valia vai acabar, Seu Edgar*, de Oduvaldo Vianna Filho, musicada por Carlos Lyra, ia estender-se ao cinema em 1962, com o filme *Cinco vezes favela* (que incluiria o curta-metragem *Couro de gato* como um de seus capítulos), e em 1963 com *Gimba*, no qual — ainda uma vez sobre um samba no estilo bossa nova de Carlos Lyra — o autor Gianfrancesco Guarnieri fazia cantar:

"Feio,
Não é bonito,
O morro existe,
Mas pede pra se acabar..."

Um dos recentes letristas e teóricos dessa corrente de samba participante de nível universitário, o angolano diretor de cinema Ruy Guerra (parceiro de Edu Lobo em 1963 na música "Canção da terra", em que usava esotericamente palavras africanas), justificava essa tendência da bossa nova político-social dizendo ser possível "ir ainda mais longe no samba, que seria o veículo ideal de renovação ideológica, justamente por sua possibilidade de penetração nas massas".[4]

---

[4] Entrevista a Flávio Eduardo de Macedo Soares, publicada sob o título "Ruy Guerra e o samba participante" na seção Jazz Bossa Nova de *O Jornal*, Rio de Janeiro, 3º caderno, 15/9/1963.

Porém, como as massas, cultural, política e economicamente marginalizadas, continuavam a cantar sentida e liricamente suas dores de cotovelo em sambas de velha bossa, os compositores da geração posterior à criação da bossa nova — entre eles o líder da ala nacionalista musical Edu Lobo, e o jovem estudante de sociologia Sidney Miller — sentiram em 1965 a necessidade de insistir na tese de Carlinhos Lyra, procurando contato direto com a cultura popular. Edu Lobo realizava seu trabalho individualmente, mas Sidney Miller procurou reunir grupos de jovens — os *novíssimos*, de meados da década de 1960 — e criou o chamado Movimento de Integração. Embora sem ligação direta com grupos de intenção semelhante, que centralizavam suas realizações no Teatro Vila Velha, de Salvador, tendo à frente o compositor Caetano Veloso, o Movimento de Integração chegou a contar em fins de 1965 no Rio de Janeiro com várias células (Grupo Unidade, em Copacabana, e Grupo Corrente, no bairro da Tijuca), além de uma ramificação em Brasília, com a formação do Grupo Decisão.[5]

Todos esses movimentos, destinados a encontrar uma fórmula de nacionalização e popularização para a bossa nova, esbarravam, entretanto, no mesmo artificialismo do show *Opinião*, estreado no Rio em dezembro de 1964, que consistia em procurar

---

[5] Em artigo intitulado "Movimento de integração e desintegração: a bossa nova", publicado no suplemento dominical do *Jornal dos Sports* (Rio de Janeiro, 9/1/1966), o autor do presente livro interpretava o sentido daquele movimento escrevendo: "Assim, o que parece uma coincidência (com o grupo de Caetano na Bahia) nada tem de gratuito, mas representa a evidência de um fato novo no comportamento da nova geração da classe média urbana, e sociologicamente explicável: levados a iniciarem-se em estudos superiores, representativos da cultura das elites, e, portanto, internacionalista, os jovens universitários, incompatibilizados com a atual elite nacional (que lhes veda os horizontes pela oposição de barreiras ao desenvolvimento), negam-se à aceitação pura e simples da sua cultura, preferindo a integração com a das camadas populares".

uma síntese a partir da mistura de níveis de cultura irredutíveis, pela impossibilidade de fusão das diferenças de classe.

No show *Opinião*, essa procura equivalia a uma verdadeira reversão de expectativa cultural, considerando que, exatamente dois anos antes, os compositores de bossa nova haviam partido para o festival de 21 de novembro de 1962 no Carnegie Hall, de Nova York, com o compositor Antônio Carlos Jobim declarando em entrevista ao jornal *O Globo*:

> "Já não vamos 'vender' o aspecto exótico do café, e do carnaval. Já não vamos recorrer aos temas típicos do subdesenvolvimento. Vamos passar da fase da agricultura para a fase da indústria. Vamos aproveitar a nossa música popular com a convicção de que ela não só tem características próprias, como alto nível técnico."

Na verdade, a julgar pelo texto de apresentação do show *Opinião*, essa reviravolta de conceito chegava a ser chocante, pois nele o diretor do espetáculo, Augusto Boal, escrevia com todas as letras:

> "Este show representa, em outras palavras, o abandono da busca do produto industrial perfeito, e um retorno aos meios mais ricos da fabricação artesanal de produtos manufaturados."

O espetáculo *Opinião* reunia, na tentativa impossível de integração, um nordestino cantor de temas rurais (João do Vale, autor de "Carcará"), um compositor urbano de camada popular (Zé Kéti) e uma moça carioca da alta classe média (Nara Leão), e seu velado sentido político, nove meses depois da vitória do movimento militar de 31 de março de 1964, era expresso na parte em que Nara Leão se apresentava ao público dizendo:

"Ando muito confusa sobre as coisas que devem ser feitas na música. Mas tenho uma certeza: a de que a canção pode dar às pessoas algo mais que distração e deleite. A canção popular pode ajudá-las a compreender melhor o mundo onde vivem e a se identificar num nível mais alto de compreensão."

Verificado afinal que todas essas tentativas de integração com o povo se revelavam impossíveis, uma vez que os músicos e compositores da classe média insistiam em obter a comunhão cultural a partir da autoritária aceitação do estilo bossa nova (o que se tornava uma barreira intransponível), os artistas representantes das camadas mais elevadas resolveram abandonar tais tipos de experiência e passaram à procura de um resultado musical mais diretamente ligado à realidade da própria classe.[6]

A partir de fins de 1965, concorrendo já no mercado das cidades com o novo estilo musical internacionalizado pelos Beatles (em janeiro de 1966 era lançado no Brasil o filme *A hard day's night*, sob o título de *Os reis do iê-iê-iê*), os componentes da segunda geração da bossa nova — Edu Lobo, Geraldo Vandré, Chico Buarque de Hollanda, principalmente — lançam através de festivais de música popular os primeiros produtos bem-sucedidos da nova fase, que já começava a quase nada ter de bossa nova: "Arrastão", de Edu Lobo, vencedor do I Festival de Música Popular Brasileira, realizado no Guarujá, no litoral paulista, em 1965;

---

[6] O compositor Paulinho da Viola, originalmente ligado às camadas populares, mas desde essa época muito preocupado em justificar essa sua origem, para não passar por inculto ou ultrapassado, exemplificava muito bem essa aspiração de ascensão sociocultural da classe média, ao declarar em 1965, durante uma das "sessões da Feira do Compositor" no Rio de Janeiro: "Cultura e aprendizado não tiram autenticidade do compositor e não é autêntico só quem faz música de morro". Sete anos depois de ter dito essas palavras, o mesmo músico deformaria um samba do compositor do povo Nelson Cavaquinho, ao gravá-lo em LP com um arranjo calcado em experiências do músico norte-americano Miles Davis.

"Disparada", de Geraldo Vandré e Theo de Barros Filho, e "A banda", de Chico Buarque de Hollanda, vencedores empatados do II Festival, realizado em São Paulo, em 1966.

A essa altura, como se verificava ter sido impraticável a conquista da aliança popular para fins de protesto contra as injustiças sociais por meio de canções, outro grupo de compositores presos à mesma formação bossa-novista lança ao lado dessas tentativas de regionalismo sofisticado os *sambas de participação* e a *canção de protesto*.

Tais canções, contemporâneas da explosão de vida universitária verificada a partir de 1965, principalmente no Rio de Janeiro e em São Paulo (onde é lançada a moda dos shows nas faculdades, despertando desde logo o interesse comercial das televisões),[7] vinham atender a um propósito de protesto particular da alta classe média contra a dureza do regime militar instalado no país.

Assim, e em resposta a uma certa necessidade de grandiloquência, uma vez que esse tipo de canção exigia um tom épico, os compositores e letristas de músicas de protesto, todos formados na época de vigência da bossa nova intimista (Edu Lobo, Vandré, Gilberto Gil, Capinam, Ruy Guerra, Torquato Neto, entre outros), rompem afinal com o estilo Carnegie Hall e passam a cantar as belezas do futuro, com dezenas de versos dedicados ao *dia que virá*.

Em excelente interpretação ideológica dessa fase da música popular ao nível da classe média de cultura universitária — que se estende a rigor desde 1965, com o show *Joana em flor*, no Teatro de Arena do Rio (autoria do poeta Reynaldo Jardim, aproveitando músicas de crítica social do velho compositor Alberto Ribeiro), até a proibição da canção "Pra não dizer que não falei das flores", ou "Caminhando", de Geraldo Vandré, de 1968 —,

---

[7] O show *O fino da bossa*, que conseguiu altos índices de audiência na TV Record, de São Paulo, de 1965 a 1968, tirou seu título de um espetáculo organizado por universitários paulistas.

Walnice Nogueira Galvão demonstrava em meados de 1968 que a canção de protesto não passava de "evasão e consolação para pessoas altamente sofisticadas":

> "Dentre os seres imaginários que compõem a mitologia da MMPB (Moderna Música Popular Brasileira) destaca-se *o dia que virá*, cuja função é absolver o ouvinte de qualquer responsabilidade no processo histórico. Está presente num grande número de canções, onde aparece ora como o dia que virá, ora como o dia que vai chegar, ora como o dia que vem vindo."[8]

Politicamente, a gratuidade da insistência em cutucar o poder militar com a vara curta das canções de protesto determinou a reação das autoridades sob a forma de maior repressão e endurecimento da censura, levando alguns compositores a sair do país, como Chico Buarque de Hollanda e Geraldo Vandré, e outros a serem presos, como aconteceu com Gilberto Gil e Caetano Veloso.

Musicalmente — e levando em conta a chegada de novas gerações de jovens da classe média, massificados pela música de consumo internacional —, a interrupção do processo de criação das canções de participação e de protesto, que ingressava naquele ano de 1968 numa nova etapa e em novo plano, com o movimen-

---

[8] Walnice Nogueira Galvão, artigo "MMPB: uma análise ideológica", em revista *Aparte* (editada pelo Teatro dos Universitários de São Paulo), nº 2, maio-jun. 1968, p. 19. Entre as letras de canções de protesto citadas pela autora estão as de "João e Maria", de Geraldo Vandré ("... quem sabe o canto da gente/ seguindo na frente/ prepare o dia da alegria"); "Ponteio", de Edu Lobo e Carlos Capinam ("... certo dia que sei por inteiro/ eu espero não vai demorar/ este dia estou certo que vem..."); "Aleluia", de Edu Lobo e Ruy Guerra ("Toma a decisão, tá na hora/ que um dia o céu vai mudar"); e "Vento de maio", de Gilberto Gil e Torquato Neto ("... desapeie dessa tristeza/ que eu lhe dou de garantia/ a certeza mais segura/ que mais dia menos dia/ no peito de todo mundo/ vai bater a alegria").

to denominado *tropicalismo*, serviu para desorganizar de vez o quadro cultural ao nível universitário.

Em artigo escrito no início de 1968 especialmente para sua coletânea intitulada *Balanço da bossa*,[9] Augusto de Campos, professor e teórico do movimento tropicalista desencadeado pelos compositores baianos Caetano Veloso e Gilberto Gil, parecia adivinhar esse final inglório das ilusões culturais da bossa nova, ao concluir sua análise escrevendo:

> "O 3º Festival da Música Popular Brasileira, promovido pela TV Record em 1967 (1º lugar 'Ponteio', de Edu Lobo; 2º lugar 'Domingo no parque', de Gilberto Gil; 3º lugar 'Roda viva', de Chico Buarque de Hollanda; 4º lugar 'Alegria, alegria', de Caetano Veloso), foi o palco onde se desenrolaram as primeiras escaramuças de uma nova batalha, a que agora travam Caetano Veloso e Gilberto Gil por uma 'abertura' na música popular brasileira. Os dois compositores são os primeiros a pôr em xeque e em confronto, criticamente, o legado da bossa nova, através do seu mais radical inovador, João Gilberto, e a contribuição renovadora dos Beatles. Esse movimento, que ainda não tem nome definido, vai incorporando novos dados informativos: o som universal, música *pop*, tropicalismo, música popular moderna... O que ainda virá pertence ao domínio da imprevisibilidade..."[10]

Quase cinco anos depois, já chegando aos meados da década de 1970, os compositores e o público da classe média continuavam procurando um novo denominador comum musical,

---

[9] Augusto de Campos, "Informação e redundância na música popular", em *Balanço da bossa*, São Paulo, Perspectiva, 1968.

[10] *Ibid.*, p. 176.

enquanto incorporavam sem cessar aqueles novos dados que a cultura de massa seguia atirando diariamente ao mercado consumidor sob a forma de bossas, ondas, modas e tendências de vanguarda.

E isso enquanto o povo, tranquilo em sua permanente *unidade cultural*, estabelecida pelo semianalfabetismo, e *social*, determinada pela pobreza e pela falta de perspectivas de ascensão, continuava a criar e a cantar alegremente seus sambas de carnaval, malhando no bumbo em seu vigoroso compasso 2/4.

18.
O TROPICALISMO

O movimento denominado *tropicalismo* ou *tropicália*, surgido em São Paulo no fim da década de 1960 por iniciativa de compositores baianos herdeiros da repercussão da bossa nova carioca nos meios universitários de Salvador, constituiu a tentativa de — como definiria o próprio líder do grupo, Caetano Veloso — obter "a retomada da linha evolutiva da tradição da música brasileira na medida em que João Gilberto fez".[1]

Assim como na segunda metade da década de 1960, segundo escreveria em novembro de 1967 o músico Gilberto Mendes, "a MPB se desnorteara, frente ao iê-iê-iê, mas passou novamente à vanguarda, retomando o espírito de pesquisa que caracterizou a BN",[2] tal retomada da "linha evolutiva" aparecia como a tentativa de criação, a partir do *rock* americano e de seu instrumental eletrificado, de um sucedâneo musical brasileiro semelhante ao obtido dez anos antes em relação ao *jazz*, através da bossa nova. Bem interpretado, o tropicalismo propunha-se a representar, em face da linguagem "universal" do *rock*, o mesmo que a bossa nova representara em face da linguagem "universal" do *jazz*.[3]

---

[1] Participação de Caetano Veloso no debate intitulado "Que caminho seguir na música popular brasileira", promovido pela *Revista Civilização Brasileira* sob a coordenação do músico Airton Lima Barbosa, e publicado no nº 7 da mesma revista (maio 1968, pp. 375-85).

[2] Gilberto Mendes, "De como a MPB perdeu a direção e continuou na vanguarda", Suplemento Literário, *O Estado de S. Paulo*, 11/11/1967, p. 3.

[3] Esse paralelismo foi percebido ainda em fins da década de 1960 pelo menos por dois observadores: o professor Affonso Romano de Sant'anna,

De fato, com o progressivo envolvimento da juventude universitária no movimento de resistência ao modelo de economia dependente imposta pelas elites desde o governo Kubitschek (o que se consolidaria com a tomada do poder pelos militares em 1964), a música mais típica da alta classe média, prefigurada desde 1958 na bossa nova, passara da sofisticação e intimismo iniciais à tentativa de abertura em relação às camadas mais amplas (vide espetáculo *Opinião*, de 1965), o que acabou levando-a ao "retrocesso" da grandiloquência dos arranjos de festival, da aproximação com os temas folclóricos e da preocupação ideológica nas letras.

Ora, essa evolução realmente algo equivocada dos músicos continuadores da bossa nova, baseada na preocupação politicamente bem-intencionada, mas idealista, de abolir as fronteiras de classe para aproximar-se de um povo *in abstrato*, além de dividir o movimento (linha original, intimista *versus* nova tendência aberta ao regional e político-participante), conduzia a música da classe média a um impasse. E esse impasse era representado pelo fato de que, enquanto a perda de sua substância de música de minorias a levava ao rebaixamento de sua sofisticação estética, a aproximação com o "popular" e o "folclórico" não conseguia identificá-la definitivamente com a maioria do povo. E, o que agravava ainda mais a contradição — e se tornava evidente em meados da década de 1960 —, o súbito apego da ala nacionalista

---

em artigo publicado no Caderno B do *Jornal do Brasil*, de 2 de março de 1968, sob o título "Tropicalismo! Tropicalismo! Abre as asas sobre nós" ("Tropicalismo também tem raízes históricas e políticas: está para o Governo de 1964 assim como a bossa nova para o Governo de JK e o CPC para o Governo de João Goulart"); e o jornalista Nelson Motta, em crônica sem data incluída em seu livro *Música humana música*, Rio de Janeiro, Salamandra, 1980, p. 52 ("... Gilberto Gil e Caetano Veloso decidiram assumir as influências do melhor *rock* inglês dos anos 60 (os Beatles), da mesma forma que a 'Bossa Nova' havia assumido as conquistas harmônicas do *jazz* e do pensamento europeu").

da bossa nova à tradição do samba urbano e dos temas rurais colocava-a em choque com a nova tendência da música internacional em moda no momento, representada em dois planos pelo *rock* sofisticado dos Beatles consumido pelas camadas mais altas, e sua diluição comercial, dirigida às camadas mais amplas pelo iê-iê-iê de Roberto Carlos.

Foi essa contradição surgida no âmbito da música produzida desde fins da década de 1950 pelos compositores de nível universitário — o que vale dizer da elite da classe média dos grandes centros — que os compositores baianos vieram romper, contando para isso com o espírito de arrivismo de provincianos migrados para o sul dispostos à realização pessoal e ao sucesso.

Assim, enquanto os criadores de música da linha nacionalista, politicamente preocupados com a invasão do internacionalismo programado pelas multinacionais, reagiam usando recursos da bossa nova (inicialmente americanizada) na procura de um tipo de canção baseada em sons da realidade rural (Edu Lobo, Vandré) ou da vida popular urbana (Chico Buarque), os baianos ligados ao tropicalismo fariam exatamente o contrário. Alinhados com o pensamento expresso por seu líder, Caetano Veloso — "Nego-me a folclorizar meu subdesenvolvimento para compensar as dificuldades técnicas" —, os tropicalistas renunciaram a qualquer tomada de posição político-ideológica de resistência e, partindo da realidade da dominação do *rock* americano (então enriquecido pela contribuição inglesa dos Beatles) e seu moderno instrumental, acabaram chegando à tese que repetia no plano cultural a do governo militar de 1964 no plano econômico. Ou seja, a tese da conquista da modernidade pelo alinhamento complementar às características do modelo importador de pacotes tecnológicos prontos para serem montados no país.

E foi assim que, como primeiros sintomas desse novo conceito de produção musical, enquanto no acompanhamento da música "Disparada", no II Festival de Música Popular Brasileira, de 1966, um ritmista tirava som de uma queixada de boi, na apresentação da música "Alegria, alegria", um ano depois, no festival seguinte da mesma TV Record de São Paulo, o cantor-compositor Caetano Veloso fazia-se acompanhar pelo conjunto de iê-iê-iê dos Beat Boys, composto por jovens argentinos e à base de guitarras elétricas e da percussão estereotipada a partir do ritmo do *rock* de consumo.

Mal aceita pela parte do público ligada às lutas estudantis da antiga União Nacional dos Estudantes, a UNE (fechada pelo governo em 1965), a atitude dos tropicalistas baianos ganharia, no entanto, desde o primeiro momento, o apoio decidido dos setores mais fechados da música e da poesia de vanguarda, que viam no novo movimento um reforço na luta contra o tradicional (indicador da realidade do subdesenvolvimento do país) e um apoio em favor da abertura para o internacional (ligado à realidade da imposição do "novo" e do "universal" pelos interessados no conceito da "aldeia global").

Em artigo publicado no Suplemento Literário do jornal *O Estado de S. Paulo* logo após a realização do III Festival de Música Popular Brasileira da TV Record, em 1967 (quando as duas tendências se enfrentaram com "Ponteio", de Edu Lobo, em 1º lugar; "Domingo no parque", de Gilberto Gil, já com as guitarras dos Mutantes no acompanhamento, em 2º; "Roda viva", de Chico Buarque, em 3º; e "Alegria, alegria", de Caetano Veloso, com os Beat Boys, em 4º), o músico de vanguarda Gilberto Mendes resumiria o entusiasmo das elites culturais pelo rompimento com a tradição proposto pelos baianos escrevendo:

"A contribuição do grupo baiano foi decisiva e representou a abertura de uma etapa nova para a MPB. E feita na base do levantamento da tradição viva, pela recriação dos elementos folclóricos em termos atuais--atuantes, via Mutantes e Beat Boys. O *'make it new'* poundiano. E ainda teve a virtude de liquidar rápida e definitivamente a velha pendência nacionalismo-cosmopolitismo, existente na música erudita, provando, na própria área popular, que não há barreira na criação artística, que estamos todos diante de um mercado comum de significados, de um verdadeiro internacionalismo artístico."[4]

Ao citar a tendência — aproveitada com muita oportunidade pelos baianos — para o "internacionalismo artístico", o autor do artigo vinha, por sinal, chamar a atenção para um pormenor revelador não da pretendida novidade da próxima criação do tropicalismo, mas da própria integração do movimento apenas como mais um episódio da dominação dos modelos impostos a todo o mundo pelos interesses multinacionais, dentro da nova divisão internacional da economia que então se acelerava.

De fato, como proposta teórica de obtenção do novo através do uso estilizado de elementos do "ultrapassado", "cafona" ou "subdesenvolvido", com sentido de paródia, o tropicalismo representava em 1967-1968 apenas um momento retardado do processo de contracultura iniciado pelos artistas plásticos americanos e ingleses responsáveis pelo lançamento, a partir de 1955, da chamada arte *pop*, que aproveitava na pintura, na escultura ou nas colagens os mais diferentes objetos e materiais do meio urbano para a obtenção de seus objetivos de reconhecimento da estética do lixo industrial.

Enquanto enquadramento da classe média brasileira de nível universitário às tendências do movimento *pop*, gerado na década de 1950 pelo descontentamento da mesma espécie de camada pensante nos grandes centros europeus e norte-americanos, o tropicalismo representou, na realidade, a inclusão da música popular em uma série de eventos artísticos iniciada com a VIII Bienal de São Paulo de 1965, divulgadora do que havia de mais atual no mundo em matéria de técnicas e concepções de colagens, montagens e uso de efeitos de som.

---

[4] Gilberto Mendes, *op. cit.*

Em espécie de resposta (como sempre atrasada) a essa nova onda de ruptura com a arte tradicional — incluindo já agora também a "moderna", vinda da virada da década —, que se processava sob a forma de uma contracultura surgida da indústria de massa e da guerra fria, iam alinhar-se logo pelo menos três acontecimentos marcantes: a exposição em 1965 do projeto de arte ambiental de Hélio Oiticica no Museu de Arte Moderna do Rio, muito significativamente denominada "Tropicália"; o lançamento do filme *Terra em transe*, de Glauber Rocha (prêmio Air France de melhor de 1967); e a estreia nacional em setembro de 1967, no Teatro Oficina de São Paulo, da peça *O rei da vela*, escrita em 1933 pelo criador da teoria do antropofagismo literário, Oswald de Andrade.

No plano da evolução da cultura urbana brasileira, em particular, os novos enfoques da contracultura, caracterizados por sua tendência à agressão, ao propósito de chocar e de comunicar suas ideias através de improvisações (*happenings*) ou pela paródia e pelo deboche, reforçavam, aliás, com sua chancela de novidade internacional, o espírito de irreverência do "Manifesto antropófago" estampado no primeiro número da *Revista de Antropofagia*, de maio de 1928, cujo autor, Oswald de Andrade, vinha sendo relembrado em artigos de jornal desde o início da década de 1960 por intelectuais de vanguarda de São Paulo, principalmente os irmãos Haroldo e Augusto de Campos e Décio Pignatari.

A própria tomada de posição oswaldiana desses setores mais avançados da inteligência brasileira (representados desde a década de 1950 pelos poetas e artistas ligados ao movimento da arte concreta) tinha, porém, sua história, e por ela se explicava seu entusiasmo por tudo o que parecia contrariar os valores estabelecidos.

A radicalização política progressivamente estabelecida no país a partir dos anos 1950, pelo aprofundamento das contradições provocadas pelo modelo de desenvolvimento à base da abertura ao capital estrangeiro na área industrial, estava destinada a gerar uma contrapartida no plano cultural. É que o chamado "desenvolvimentismo" instaurado pelo governo Juscelino Kubitschek, promovendo o processo de concentração capitalista, fazia surgir no Rio e em São Paulo um novo tipo de classe média de formação universitária, que, pelo acesso a níveis de informação cultural mais sofisticada (até então só acessível a pequenos grupos de intelectuais facilmente assimiláveis pelo poder), acabava entrando em conflito com a realidade global do país, pobre e subdesenvolvido.

Tal como já acontecera na Europa, do início do século ao período da Guerra de 1914-1918 — quando os padrões do mundo burguês vindos do século XIX foram contestados pela intelectualidade marginal dos grandes centros, sob a forma de movimentos voltados para a modernidade, como os do futurismo italiano de Marinetti e do Dada francês —, também no Brasil após a Segunda Guerra Mundial começaram a surgir grupos de vanguarda dispostos a romper com o *ultrapassado* em nome do *novo*.

Coerentes com sua posição de inteligência anunciadora de uma nova estética e um novo saber ligados à era industrial avançada que começava a instalar-se no país, as vanguardas artísticas e literárias brasileiras das décadas de 1950 e 60 partiam do pressuposto de sua superioridade, revelando como principais características a agressividade e a arrogância intelectual. No entanto, ao anunciarem seu desejo de buscar o *novo*, não se dispunham a rejeitar o *velho* — que era a estrutura político-econômica geradora de sua sensação de desconforto ante a mesmice geral —, mas apresentavam-se, pelo contrário, como instrumentos potenciais do avanço da própria indústria capitalista, em sua fase tecnológica mais avançada.

Um desses grupos de vanguarda ligados ao impacto do moderno capitalismo no campo das artes era o dos chamados concretistas de São Paulo, que, além de definirem suas produções como "o poema produto: objeto útil" (Haroldo de Campos), não escondiam a afinidade de seus conceitos artísticos com a técnica da propaganda comercial e de outras formas de comunicação gráfico-literárias de penetração ideológica da indústria cultural, como deixaria claro um dos líderes do movimento, o poeta Augusto de Campos, ao escrever:

> "A poesia concreta procurou infiltrar-se no mundo da comunicação de massa, através do processo de grande ênfase visual, ligado às técnicas de publicidade, das manchetes de jornal às histórias em quadrinhos."[5]

Ora, foram exatamente esses teóricos da vanguarda mais identificada com o advento da recente realidade da era da indústria de massa — no caso do Brasil, importada e para a efetiva participação de poucos — os que mais se entusiasmaram com a proposta artístico-cultural evidenciada nas músicas e no comportamento dos compositores do grupo baiano que logo iriam criar, na área da música popular, o movimento de ajustamento com o "moderno" chamado de tropicalismo.

A ideia básica do antropofagismo cultural, conforme seu próprio criador definiria, constituía um "culto à estética instintiva da terra nova", ou seja, uma adaptação à modernidade que respeitasse certos traços julgados gerais do caráter brasileiro, necessariamente primitivo, o que deveria ser buscado dentro do melhor espírito religioso do rito antropofágico dos indígenas, quando devoram o inimigo valoroso para herdar-lhe as virtudes. Ou, como ainda o mesmo Oswald de Andrade esclareceria em 1950, em sua tese "A crise da filosofia messiânica", "através da operação metafísica" da "transformação do tabu em totem", que permite passar "do valor oposto, ao valor favorável".

Seria dessa proposta que o poeta Augusto de Campos, tal como deixaria claro em sua introdução de 1975 à publicação da edição fac-similar da *Revista de Antropofagia*, ia tirar em meados da década de 1960 a conclusão conceitual que levaria a vanguar-

---

[5] Augusto de Campos, *Balanço da bossa e outras bossas*, 2ª ed., São Paulo, Perspectiva, 1974, p. 289.

da a enxergar, na linha de criação adotada pelos compositores baianos a partir do Festival de 1966, o mesmo caminho proposto por Oswald de Andrade:

> "Conotação importante derivada do conceito de 'antropofagia' osvaldiano é a ideia da 'devoração cultural' das técnicas e informações dos países superdesenvolvidos, para reelaborá-las com autonomia, convertendo-as em 'produto de exportação' (da mesma forma que o antropófago devorava o inimigo para adquirir as suas qualidades). Atitude crítica, posta em prática por Oswald, que se alimentou da cultura europeia para gerar suas próprias e desconcertantes criações, contestadoras dessa mesma cultura."

Essa conclusão típica de um teórico da dependência, que coincidia, para o cultural, com a do Ministro do Planejamento do governo militar de 1964, Roberto Campos, em sua aplicação na área da economia, já havia servido, aliás, desde a virada das décadas de 1950 e 60, para a defesa de outro produto musical brasileiro montado a partir da música americana: a bossa nova. Em artigo publicado em 1966, o mesmo poeta e teórico Augusto de Campos já empregava com frequência a palavra *deglutir* ao referir-se à necessidade de curvar-se à influência da música estrangeira, e escrevia:

> "A expansão dos movimentos internacionais se processa, usualmente, dos países mais desenvolvidos para os menos desenvolvidos, o que significa que estes, o mais das vezes, são receptadores de uma cultura de importação. Mas o processo pode ser revertido, na medida mesma em que os países subdesenvolvidos consigam, antropofagicamente — como diria Oswald de Andrade — deglutir a superior tecnologia dos supradesenvolvidos e devolver-lhes novos produtos

acabados, condimentados por sua própria e diferente cultura."[6]

Embora, porém, a experiência do tropicalismo tenha sido descrita quase sempre através dessas suas afinidades com a vanguarda artística e literária, de forma a conferir-lhe o característico de projeto com intenções que incluiriam desde propostas teórico-culturais até projeções para as áreas da reforma dos costumes e da contestação do sistema,[7] os depoimentos dos próprios criadores do movimento, principalmente os de Caetano Veloso, revelam ter tudo acontecido da forma mais simples e trivial.

Segundo se pode reconstituir através de algumas dezenas de entrevistas concedidas pelos componentes do grupo baiano responsável pelo tropicalismo, o movimento surgiu, na verdade, pela convergência espontânea de uma série de fatos que, coincidentemente, acompanham todos muito de perto a trajetória pessoal do mais talentoso e criativo dos envolvidos no acontecimento, o compositor Caetano Veloso.

Filho de família da classe média do Recôncavo baiano com símbolos indicadores do desejo de ascensão — na casa do pai, funcionário dos Correios, havia piano na sala —, Caetano Veloso demonstrou desde cedo tendência ao exibicionismo,[8] ligada talvez

---

[6] Augusto de Campos, "Boa palavra sobre a música popular", *Correio da Manhã*, Rio de Janeiro, 14/10/1966.

[7] Em artigo publicado no jornal *Correio da Manhã*, do Rio de Janeiro, de 30/10/1968, a propósito do lançamento do compacto *É proibido proibir*, o poeta e teórico do concretismo Augusto de Campos escrevia: "Em vez de fazer a revolução na epiderme temática, Gil, Caetano e seus companheiros estão fazendo uma revolução mais profunda que atinge a própria linguagem da música popular. Por isso mesmo eles incomodam, mais que muitos protestistas ostensivos, logo assimilados pelo Sistema" (reproduzido com o título de "É proibido proibir os baianos", em *Balanço da bossa e outras bossas*, 2ª ed., São Paulo, Perspectiva, 1974, p. 262).

[8] "Desenhava muito, lia demais, gostava de ser notado"; "Nas aulas,

a uma exacerbação da imaginação, que o levava também a um sentimento de predestinação, marcado pela ideia de constituir um ser privilegiado por uma espécie de iluminação, no sentido religioso do termo. E isso o próprio compositor confirmaria em entrevista de 1972: "... desde menino eu tenho um negócio meio místico, eu era predestinado a salvar o mundo. E... quando a realidade às vezes parece confirmar, isso me angustia, entende?".[9] Tudo isso viria contribuir para uma crença pessoal de Caetano Veloso nas possibilidades ilimitadas da realização de sua inteligência e disposição artística em qualquer ramo das artes, como ainda uma vez ele mesmo se encarregaria de afirmar em entrevista, ao recordar seus primeiros contatos com a vida cultural de Salvador no início da década de 1960: "Eu não tinha a menor ideia do que eu queria fazer. Gostava de tudo, me sentia capaz de fazer cada uma daquelas coisas, tinha vontade de fazer todas, e não sabia direito o que ia fazer".[10] E a seguir acrescentava: "E, até hoje, não tive uma ideia do que queria fazer, porque não sei exatamente o tipo de arte que é para eu fazer, entendeu? Tenho impressão de que faria bem qualquer tipo de arte, entendeu?". Para concluir mais adiante: "Uma das coisas que eu pensei quando estava falando antes se poderia fazer qualquer coisa numa das artes... eu poderia ser ator simplesmente também, entende? Podia ser ator de cinema, de teatro, gostaria de ser, e acho que faria tudo isso bem, se me dispusesse a isso".[11]

---

porém, sentava-se nas últimas carteiras e, quando não estava perdido em profundos devaneios, era o que se costuma chamar de 'palhaço da classe'", conforme reportagem de Décio Bar sob o título "Acontece que ele é baiano" (revista *Realidade*, São Paulo, Editora Abril, dez. 1968).

[9] Entrevista ao repórter Hamilton de Almeida, publicada na revista *Bondinho* de São Paulo, número de 31 de março a 13 de abril de 1972, sob o título "Quem é Caretano? — O Caretano sou eu".

[10] *Ibid.*

[11] *Ibid.*

A partir dessas características de autoconfiança ligadas a um sentimento de unção sobrenatural — ou talvez em consequência desse próprio sentido de excepcionalidade em relação aos demais seres comuns —, Caetano Veloso ia evidenciar sempre um individualismo muito exacerbado, o que por sua vez explicaria sua incompatibilidade com a participação política e sua aversão às ideologias e interpretações dialético-materialistas da História. Em longa entrevista de 1972 à revista *Bondinho*, de São Paulo, ao declarar-se incomodado com a atribuição de poder que lhe era feita pela imprensa, no sentido de capacidade de influir sobre os jovens em idade universitária da época, manifestou-se contra a hipótese de ser tomado por líder e esclareceu:

> "Eu reajo quase que burguesmente, quer dizer, imediatamente tenho necessidade de dizer para mim mesmo, pra todo mundo, que tá legal, que eu faço as coisas, que eu quero que as coisas sejam bonitas... mas o que prefiro é a felicidade à grandeza."[12]

Dois anos depois, em entrevista à Rádio Jornal do Brasil do Rio de Janeiro, ao falar de sua admiração pelo criador da batida de violão da bossa nova, João Gilberto (em quem reconhecia o mesmo individualismo), Caetano Veloso diria, demonstrando sua aversão às interpretações sociológicas do fenômeno artístico:

> "Já ouvi uma porção de bobagens sobre a bossa nova; já se falou que ela era música de apartamento, música de pequenos-burgueses e uma série de sociologismos imbecis que nem quero repetir."[13]

---

[12] *Ibid.*, p. 28.

[13] Entrevista a Simon Khouri, da Rádio Jornal do Brasil do Rio de Janeiro, série Especial, cujo resumo — que inclui a fala citada — foi publicado no Caderno B do *Jornal do Brasil*, em 22/8/1974.

A expressão *sociologismo* era empregada aí por Caetano Veloso de forma depreciativa, por constituir tentativa de descobrir nexos entre a atividade artística e cultural e o momento social e histórico em que tal atividade se processa, o que evidentemente entra em choque com a explicação divinatória da criação. E isso ele deixava claro na mesma entrevista, ao explicar seu apoliticismo:

> "Uma vez me perguntaram porque eu não fazia mais política, e eu respondi: você acha que o toque de violão do Baden Powell é da esquerda ou da direita? Porque uma coisa não tem nada a ver com outra. Tal ou qual opinião política não valida, como também não invalida, o trabalho de arte de ninguém."[14]

Essa incompatibilidade com a política, coerente afinal com a tendência confessada à adoção pessoal da indefinição ("Sou um ser indefinido. Já disse isso ao meu analista e ele achou legal"),[15] vinha, aliás, dos primeiros tempos de estudante universitário, quando procurou isolar-se do movimento estudantil (responsável na década de 1960 pela virada da bossa nova no sentido do protesto), preferindo ficar com a ala elitista e intimista. E, assim, enquanto a maior parte dos colegas discutia o problema da possível criação de uma consciência política no público de música popular através do aproveitamento das canções como veículo de mensagens ideológicas, Caetano Veloso — tal como confessaria à revista *Manchete* em 1973 — reagia com tédio a essas preocupações sociais:

---

[14] *Ibid.*

[15] Declaração de Caetano Veloso reproduzida na reportagem "Caetano mistério", jornal *City News*, São Paulo, 17/9/1972, p. 21.

"Não me iludo e cansei de dizer que não tenho o menor interesse em política. Na época da faculdade achava esse assunto muito enjoado."[16]

Não é surpresa, pois, que, após voltar ao Rio de Janeiro — em cujo subúrbio vivera em 1956 — agora como acompanhante da irmã Maria Bethânia (chamada da Bahia para substituir Nara Leão no show *Opinião*), Caetano Veloso tenha sido atraído nos dois anos seguintes pelo sucesso crescente da música de massa dirigida à primeira juventude e cujo maior representante era Roberto Carlos, o rei do *rock* comercial diluído chamado de iê-iê-iê. E foi, de fato, o que aconteceu: instado pela irmã a atentar para o sucesso do iê-iê-iê e seu novo instrumental elétrico ("Eu fui alertado para o *rock* e para Roberto por Bethânia. Ela me dizia: 'Vocês ficam nesse papo furado aí e o que interessa mesmo é Roberto Carlos. Vocês já viram o programa *Jovem Guarda* na televisão?'").[17]

Caetano Veloso admitiu assim sem maiores problemas a realidade da dominação cultural estrangeira em marcha ("Porque não sou nacionalista, e não advogo nenhum nacionalismo..."),[18] e partiu para a procura de um estilo de música equivalente, dirigida aos jovens de nível universitário de sua geração. Ou, como mesmo lembraria em 1968:

"Eu comecei a sentir a necessidade de fazer esse tipo de música há um ano e meio [1966] mais ou me-

---

[16] Reportagem nº 3 da série Os ídolos dez anos depois, publicada sob o título "Caetano Veloso — Quando riram dos meus requebros eu vi que o Brasil tinha mudado", revista *Manchete*, nº 1.109, 7/7/1972.

[17] Entrevista concedida à jornalista Ana Maria Bahiana, transcrita por Waly Salomão, sem indicação de fonte e data, na coletânea *Alegria, alegria*, Rio de Janeiro, Pedra Q. Ronca, s.d., p. 177.

[18] Entrevista "Quem é Caretano? — O Caretano sou eu", cit., p. 35.

nos. Sabe de uma coisa? A estrutura da música brasileira estava ficando muito clássica. Foi por esse motivo justamente que era preciso vir a renovação."[19]

Tomada a decisão de integrar-se, de algum modo, à nova onda musical da era do instrumental eletroeletrônico, comandada pelas multinacionais do disco, Caetano Veloso — estimulado pelo sucesso comercial do iê-iê-iê de Roberto Carlos entre os jovens até 18 anos, e do som dos Beatles entre a juventude universitária, mais exigente — acelerou o processo de mudança em seu trabalho de criação, o que em menos de dois anos o levaria ao tropicalismo.[20]

Assim, após passar a assistir ao programa *Jovem Guarda*, de Roberto, Erasmo Carlos e Wanderléa na TV Record de São Paulo, e tornar-se conhecido por sua memória e conhecimento do repertório histórico da música popular no programa *Esta Noite Se Improvisa*, inscreve em 1967, no III Festival de Música Popular Brasileira da TV Record, a marcha "Alegria, alegria", cujo acompanhamento pelas guitarras e ritmos da moda do conjunto de "música jovem" dos Beat Boys, somado à letra de estilo novo, à base de imagens soltas, de sugestão quase pictórica, já se apresentava como o indicador do futuro movimento tropicalista. De fato, "Alegria, alegria", com seus versos finais:

---

[19] Reportagem "Este tropicalismo histórico", de José Maria Santos, em jornal *Folha de S. Paulo*, de 30/10/1968.

[20] Em seu resumo para o Caderno B do *Jornal do Brasil* das duas longas entrevistas concedidas por Caetano Veloso à Rádio Jornal do Brasil, (e publicado na edição de 22 de agosto de 1972 daquele jornal), o entrevistador Simon Khouri observaria: "Surgiu nessa época na TV Record o programa *Frente Ampla*, com pessoas encasacadas que iam defender a música brasileira. Silvinha Telles foi cantar uma música de Roberto Carlos e foi vaiada. Todos esses fatos e mais a audiência de Roberto Carlos, *Jovem Guarda*, foram empurrando Caetano Veloso para o tropicalismo. Surgiu a música do iê-iê-iê romântico".

O tropicalismo

"sem lenço sem documento
nada no bolso ou nas mãos
eu quero seguir vivendo
amor
eu vou
por que não? por que não?",

colocava da forma mais clara a disposição de rompimento com as expectativas culturais e o estilo de vida até então seguidos pelo autor, os quais na verdade coincidiam com os de tantos outros jovens da classe média dos grandes centros, desejosos de fugir pela via do individualismo, do descomprometimento político e do escapismo *hippie* à falta de perspectivas e à mediocridade do momento histórico posterior ao movimento militar de 1964: *sem lenço* (porque, desligado do passado, não haveria lágrimas para secar), *sem documento* (uma vez que nada devia identificar o indivíduo com o sistema), *nada no bolso ou nas mãos* (quer dizer, "sem livros e sem fuzil", ou sem responsabilidade ideológica ou política, como indicava outro verso da mesma canção), *eu quero seguir vivendo/ amor* (ou seja, fugindo egoísta e hedonisticamente às responsabilidades sociais), o que desde logo — ante tantos apelos à disponibilidade total — explicava o último verso em forma de pergunta-sugestão: *por que não? por que não?*

Exatamente nesse ano de 1967, dois outros eventos artístico-culturais permitiram ao autor de "Alegria, alegria" encontrar uma direção nesse caminho até o novo, representado no caso pela cultura importada para uso da classe média urbana, através dos conceitos da contracultura em que se inscreviam a arte *pop*, o marginalismo *hippie* (aliás, garantido pelas mesadas da família tradicional) e da música internacional à base do *rock*: Caetano Veloso assiste ao filme *Terra em transe* (em que vê morrer de idealismo político um equivocado intelectual de esquerda) e meses depois à peça *O rei da vela*, de Oswald de Andrade (onde a queda mostrada é a dos valores burgueses, sujeitos nos países de periferia a um poder maior representado pelo capital estrangeiro, que, afinal, é o único vitorioso).

Impressionado com as inovações de Glauber Rocha na linguagem do cinema, Caetano Veloso (antigo admirador do cinema de vanguarda francês da escola de Godard) não apenas criaria as imagens em *takes* soltos de "Alegria, alegria", mas — e curiosamente — uma semana antes de assistir a *O rei da vela*, ia compor a canção cujo título de "Tropicália", sugerido pelo produtor de cinema Luís Carlos Barreto,[21] já punha em foco o jogo de contrastes da realidade brasileira no tom osvaldiano dos versos, e acabaria dando nome ao próprio movimento musical, a partir do uso da palavra como título do LP *Tropicália ou panis et circensis*, que em maio de 1968 juntava arranjos do maestro Rogério Duprat a sons de guitarras elétricas dos conjuntos RC-7 e Os Mutantes.

Com a contribuição de suporte teórico a cargo dos poetas e especialistas em comunicação criadores da corrente de vanguarda da arte concreta — principalmente Augusto de Campos, que descobriu desde logo afinidades entre a linguagem não discursiva das letras de Caetano Veloso e o concretismo em poesia, além de parentesco de comportamento do grupo baiano com as propostas do "Manifesto antropófago" de Oswald de Andrade —, as apresentações de Caetano e Gil passaram a configurar realmente um movimento.

O sucesso de "Alegria, alegria" — gravada imediatamente por Caetano em seu primeiro disco solo em fins de 1967, álbum

---

[21] "Até o nome de *Tropicália* foi dado por um sujeito do cinema novo. A música estava feita, mas não tinha nome, e o Luís Carlos Barreto deu a sugestão e ainda me disse: é o nome do trabalho de um artista plástico, o Hélio Oiticica, depois me informar, e me lembro que disse ao Luís Carlos que havia feito a música depois de ter visto *Terra em transe*. E *Tropicália* acabou se tornando também o nome do movimento" ("Caetano Veloso — A luta permanente contra os rótulos", reportagem publicada no Caderno B do *Jornal do Brasil*, 22/8/1974, p. 4.

que antecedeu o LP *Tropicália ou panis et circensis* de maio de 1968 —, saudado na imprensa em artigos assinados por nomes ligados à vanguarda cultural e artística, como Gilberto Mendes, Júlio Medaglia, Hélio Oiticica, Augusto de Campos, Affonso Romano de Sant'anna, José Lino Grünewald, entre outros (todos invocando a abertura da proposta expressa em seus versos e música), levou o grupo dos baianos a aparecer nos mais diferentes programas, como os da *Jovem Guarda* e *Buzina* do Chacrinha, e a figurar como personagens obrigatórios em entrevistas e reportagens nas TVs Record, Tupi e Excelsior.

Nessas apresentações, que Hélio Oiticica definiria como "processos criativos abertos", o tom geral era o do deboche (Gilberto Gil usava o termo "chacoalhar") e seu sentido, claramente anárquico, como explicaria um dos próprios defensores do movimento:

> "A ausência de uma ideologia rígida, longe de ser algo reacionário, ou uma forma de liberalismo, liga-se mais a um processo anárquico que visa desintegrar certas estruturas ou anular o que se convencionou como sendo o 'belo', o 'bom gosto', a 'moral', a 'obra acabada', etc."[22]

Reunidos esses ingredientes de forma a situar a atuação dos criadores da tropicália como acontecimento de interesse público — o que era ajudado pelo próprio escândalo de certas apresentações, como o da vaia do público à roupa de plástico com que Caetano Veloso entrou na noite de 12 de setembro de 1968 no palco da PUC paulista para defender sua música "É proibido proibir" —, houve o despertar dos interesses comerciais e, ao mesmo tempo em que o grupo passava a ser empresariado por Guilherme Araújo (autor, por sinal, da expressão "som univer-

---

[22] Hélio Oiticica, "O sentido de vanguarda do grupo baiano", *Correio da Manhã*, Rio de Janeiro, 24/11/1968, 4º caderno, p. 4.

sal" para vender o tipo de música dos tropicalistas), a indústria Rhodia firmava contrato de patrocínio que lhe permitia promover seus fios e padronagem de tecidos nos camisolões exibidos pelos baianos em seu show na VIII Fenit, além de criar um corpo de bailarinas para animar *happenings* como os realizados em meados de 1968 na gafieira Som de Cristal e no *dancing* Avenida Danças de São Paulo.

Paralelamente, como a agitação provocada pelas promoções do grupo tropicalista de música popular, já agora com ampla cobertura da imprensa e da televisão, coincidia com o agravamento das tensões sociais no Brasil — onde os fatos da insurreição dos estudantes e de grupos de trabalhadores parisienses em maio de 1968 repercutiam em movimentos estudantis e passeatas de protesto político nas grandes cidades —, o poder militar dominante desde 1964 começou a enxergar no descomprometimento e na atitude de deboche dos artistas baianos uma oculta intenção política de desmoralização das instituições, dentro de uma hipotética estratégia de enfraquecimento das democracias estimulada e orientada internacionalmente pelos comunistas.

Assim, embora a música "É proibido proibir" tivesse sido sugerida a Caetano Veloso apenas pela foto de uma reportagem sobre a revolta de maio, em que essa frase de origem anarquista aparecia escrita em um muro de Paris, a preocupação do poder militar em torno dos rumos do movimento aumenta, e as pressões diretas ou pressentidas começam a partir de fins de 1968 a gerar entre os componentes da tropicália — principalmente Caetano Veloso e Gilberto Gil — um sentimento de angústia. Em determinado momento Caetano Veloso percebeu que, apesar de seu individualismo e apoliticismo, estava sendo transformado em porta-voz de inquietações coletivas das camadas mais altas da classe média dos grandes centros, elas também indiferentes a ideologias políticas, mas esperando palavras de ordem transcendentais, como as vindas das bocas dos gurus de religiões orientais, então muito em moda por influência dos *hippies* e mesmo dos Beatles. Em março de 1972 o próprio Caetano Veloso, escrevendo após sua volta à Bahia, explicaria a realidade daquela sua posição não assumida:

> "Como Glauber (mais ou menos involuntariamente) tornei-me uma caricatura de líder intelectual de uma geração. Nada mais. Um ídolo para consumo de intelectuais, jornalistas, universitários em transe. Só que jogando sem grandes grilos nos apavorantes meios de comunicação de massa. Isso, creio, é o que fez com que se esperasse demais de mim. Na sua miséria, a intelectualidade brasileira viu em mim um porta-estandarte, um salvador, um bode expiatório."[23]

Essa consciência de se terem transformado realmente em bodes expiatórios de uma aventura anárquica — montada, de um lado, por sua própria ingenuidade e seu desejo provinciano de sucesso no sul, e, de outro, pelo interesse comercial e pelo desejo de promoção de intelectuais e músicos até então apagados em seus pequenos grupos — aumentou nos artistas baianos o sentimento de beco sem saída cultural e de angústia pessoal a que os conduzia o tropicalismo. E prova disso seria a declaração de Gilberto Gil ao recordar para a revista *Bondinho* de São Paulo, em 1972, o que foram aqueles tempos "dilacerantes" destinados a terminar com sua prisão e a de Caetano Veloso pelo Exército em 31 de dezembro de 1968, duas semanas após a instauração do Ato Institucional nº 5 pelo chefe do governo militar, General Costa e Silva:

> "Não dava pra avaliar [o que viria a ser o tropicalismo], porque já era um estado de angústia pra nós, cê tá entendendo? Já era penoso, aquela já tava difícil,

---

[23] Crônica escrita por Caetano Veloso na Bahia, em junho de 1972, para o jornal local (*Verbo*?), transcrita sem maiores indicações na coletânea *Alegria, alegria*, cit., sob o título "Verbo encantado", pp. 87-8.

a gente já tava... o programa *Divino Maravilhoso* era uma coisa já penosa pra gente fazer, eu reputo como um dos tempos mais difíceis, era uma carga de tensão... eu já nem me lembro. De qualquer forma era muito angustiante, era muito... angústia no sentido psiquiátrico cê tá entendendo?"[24]

De fato, a partir de meados de 1968, a chamada tropicália ou tropicalismo, sem ideologia, sem programa e musicalmente sem linguagem ("É impossível saber onde eu quero chegar. Palavra que eu não sei. Vou fazendo música"),[25] constituiu na realidade uma série de eventos de tipo improvisado, tal como os realizados na gafieira Som de Cristal, em junho, sob o título de *Vida, paixão e banana da tropicália*; em agosto, para a gravação do *tape* de um projetado programa de televisão com o nome de *Tropicália ou panis et circensis*, no *dancing* Avenida Danças (de mistura com um público popular) e na boate Sucata (como espetáculo para grã-finos); e, a partir de outubro, no programa da TV Tupi de São Paulo, inicialmente intitulado *Tropicália* e depois *Divino Maravilhoso*, até seu encerramento, no final de novembro de 1968, quando haveria ainda uma apresentação esporádica na TV Excelsior sob o nome de *Ensaio Geral*.

Menos de duas semanas após o fim desse ciclo de espetáculos da tropicália, o governo militar, desafiado pela crescente onda de protestos contra a ditadura — marcadas pela morte do estudante carioca Edson Luís em março, pela chamada Passeata dos Cem Mil, em junho, e pela realização de um congresso clandestino da UNE na cidadezinha paulista de Ibiúna em outubro —, resolveu endurecer a repressão através da assinatura de um ato adicional à Constituição, o AI-5. Desencadeada em conse-

---

[24] Depoimento de Gilberto Gil ao repórter Hamilton Almeida, *Bondinho*, São Paulo, nº 3, 16/2/1972, p. 27.

[25] Declaração de Caetano Veloso conforme reportagem "Este tropicalismo histórico", *Última Hora*, São Paulo, 30/10/1968, p. 11.

quência uma onda de prisões de pessoas suspeitas de oposição militante contra o governo, Caetano Veloso e Gilberto Gil foram conduzidos a um quartel sob o vago pretexto de desrespeito ao Hino e à Bandeira nacionais — e tiveram suas cabeças raspadas. E, então, aconteceu a coisa mais ridícula e mais desmoralizadora que se possa imaginar, em termos do que se espera de um serviço de informações militar responsável: realizados os interrogatórios e consultadas as fichas com os informes sobre as atividades ou possíveis ligações políticas dos dois presos, nada foi encontrado que pudesse sequer justificar uma suspeita. Pelo contrário, todas as declarações públicas de Caetano Veloso eram contra a posição das esquerdas em matéria de música popular, e Gilberto Gil, após breve envolvimento com a pretendida união de músicos contra a invasão da música estrangeira (chegou a participar de uma passeata de protesto contra a concorrência dos conjuntos à base de guitarras elétricas com os músicos tradicionais), aderira ao som internacional e confessava preocupações espirituais voltadas para religiões orientais. Como, porém, as cabeças já estavam raspadas, as autoridades militares se depararam com a dificuldade de ordenar a libertação dos presos, pois seu aparecimento público exibindo a marca da violência inútil, contribuiria para má propaganda das Forças Armadas no exterior, considerado o interesse jornalístico do fato para as agências de notícias internacionais. A saída encontrada foi, então, após dois meses de prisão, o confinamento de Caetano Veloso e Gilberto Gil na Bahia, com ordem expressa de não se apresentarem em público nem se deixarem fotografar, enquanto seus cabelos não voltassem a atingir um comprimento razoável para o bom nome das instituições militares. E esse prazo — tal como revelaria Caetano Veloso, em 1979, em depoimento incluído no livro *Patrulhas ideológicas* — acabou sendo de quatro meses:

"... prenderam a gente rápido, não sabiam o que era, depois ficaram sem saber o que fazer... rasparam a nossa cabeça, não tinham prova de nada, mas não tinham coragem de soltar, porque não conseguiam decidir... Solta, deixa voltar para a televisão com a cabeça raspada? Não pode... Então confinaram a gente na Bahia, ficamos na Bahia sem trabalhar feito dois inválidos, uma coisa doida, não podíamos ser fotografados, dar entrevista, cantar, trabalhar, durante quatro meses. Não dava mais, já estávamos casados, e ficamos pedindo para deixarem a gente trabalhar... tínhamos que nos apresentar todo dia ao coronel, um coronel Luís Artur... todo o dia a gente ia lá: 'olha estamos aqui...'. Aí o coronel Luís Artur ficou pedindo para deixarem a gente trabalhar. Então, deram a sugestão de sair do Brasil; dissemos que sim, aceitamos, e tivemos quatro dias para sair."[26]

O grande erro de perspectiva do poder militar, ao insurgir-se contra a irreverência e o deboche do tropicalismo através da

---

[26] Depoimento de Caetano Veloso datado de 26 de outubro de 1979 para a coletânea *Patrulhas ideológicas*, organizada por Carlos Alberto M. Pereira e Heloisa Buarque de Hollanda (São Paulo, Brasiliense, 1980, p. 112). Estabelecido o acordo de exílio "espontâneo", Caetano Veloso e Gilberto Gil obtiveram permissão para a realização de um espetáculo de despedida no Teatro Castro Alves de Salvador, em fins de junho. A apresentação teve o título de *Barra-69* e, nela, Gilberto Gil lançou seu depois famoso samba de despedida "Aquele abraço", que havia composto no Rio de Janeiro ao ser posto em liberdade pelo Exército na quarta-feira de Cinzas de 1969 (a prisão de dois meses foi em quartel da Vila Militar do I Exército, no subúrbio carioca de Realengo, o que explica o verso "Alô, alô Realengo, aquele abraço"). Após viajarem para Londres (onde a Embaixada do Brasil recebeu ordem de acompanhar de perto as atividades dos exilados, principalmente em seus contatos com a imprensa), Caetano Veloso e Gilberto Gil tentaram penetrar no mercado musical europeu — principalmente Inglaterra e França e, no caso de Gil, também os Estados Unidos —, mas, em vista das dificuldades naturais opostas a estrangeiros de países subdesenvolvidos e após algumas visitas ao Brasil, voltaram definitivamente no início de 1972, passando a desenvolver individualmente novas propostas de trabalho.

medida política de expulsão de Caetano Veloso e Gilberto Gil, foi não perceber que, afinal, a proposta dos baianos correspondia exatamente, no plano cultural, ao da filosofia de atualização tecnológica programada pelo movimento de 1964 no plano econômico.

De fato, ao anunciarem o propósito de casar o instrumental elétrico importado dos países mais desenvolvidos com a matéria-prima musical *kitsch* ou subdesenvolvida, que constituía a realidade cultural a superar — afastando assim, desde logo, o esquema nacional da "folclorização" —, os tropicalistas nada mais faziam do que repetir a política da queima de etapas proposta desde 1964 pelo Ministro do Planejamento, Roberto Campos, com seu plano de liquidação ou absorção das rudimentares estruturas de produção nacionais por meio da importação de indústrias e pacotes de tecnologia estrangeiros.

Quanto à identidade fundamental entre os dois projetos, ou seja, o modelo político-econômico imposto pelos militares e o cultural proposto pelos baianos, o futuro viria comprová-la através de seus resultados: enquanto pela introdução das guitarras elétricas na música popular mais requintada o tropicalismo abriu caminho para a dominação do *rock* internacional a partir da década de 1970 entre a juventude universitária (porque os mais moços já estavam dominados pelo iê-iê-iê), a abertura ao capital e ao *know-how* estrangeiros conduziria o país à dominação econômica e financeira pelas multinacionais.

Para terem evitado o ridículo da prisão dos dois artistas, que, afinal, se situavam muito mais à direita do que se podia imaginar pelas aparências, bastaria ao poder militar ter acompanhado pela imprensa o noticiário em torno do espetáculo com que, em outubro de 1968, o grupo tropicalista liderado por Caetano Veloso e Gilberto Gil, acompanhado pelo conjunto Os Mutantes e pelo *hippie* norte-americano Johnny, apresentou sua proposta musical para o público de alta classe média reunido na boate Sucata. Na verdade, a julgar pelo título e antetítulo com que a reportagem fotográfica dessa apresentação apareceu na revista

O Cruzeiro de 26 de outubro de 1968, a proposta do grupo baiano revelava apenas inconformismo contra padrões estéticos e atitudes ainda aceitos pela classe média vinda do tempo do desenvolvimentismo nacionalista do período juscelinista: "Caetano, Gil e os Mutantes contra a arte bem-comportadinha — Abaixo os preconceitos". E os textos assinados pela repórter Marisa Alves de Lima que acompanhavam as fotos não podiam ser mais conclusivos. Além de esclarecer que "o público permaneceu atônito durante todo o espetáculo. Houve os que não entenderam e os que não aceitaram. A maioria entendeu e aceitou. E aplaudiu", a repórter resumia:

> "Às favas a opinião pública, os preconceitos, a mania de tudo certinho, quadradinho, bonitinho. É proibido proibir mesmo! Seja o que for (haja o que houver?). Caetano Veloso, Gilberto Gil e Os Mutantes estão dispostos a aguentar com todas as consequências pelo direito de ser o que são. Guitarras elétricas em ritmo de loucura. Luz psicodélica. Gritos. Muitos gritos. Urros até. Uma verdadeira alucinação. Noventa minutos. Na Sucata. Caetano, Gil, Os Mutantes. E Johnny, um americano intranquilo. Um show? Talvez. Acima de tudo uma afirmação. De talento. De inconformismo."

Aí, bem interpretado, estava realmente tudo o que poderia tranquilizar o poder militar. O inconformismo, afinal, referia-se ao sentimento de frustração das classes médias do mundo ocidental com o desfecho da Segunda Guerra Mundial (quando lhes foi anunciada uma nova era de delícias a partir do Plano Marshall de 1947, e já na década seguinte lhes recrutavam os filhos para intervenções na Coreia em 1950, no Líbano em 1958 e no Vietnã desde 1962). Como, porém, não conseguiam enxergar (ou até mesmo desprezavam) a relação política entre esses fatos — o que até pouco antes os artistas da era da canção de protesto vinham procurando fazer através de letras voltadas para as denúncias —, esses novos artistas das camadas médias emergentes, representados pelos baianos, assumiam a posição individualista em favor da libertação pessoal, isto é, passavam a reclamar o direito de não serem proibidos de contrariar, com suas cabeleiras, o barulho de seu instrumental elétrico e seu comportamento atípico, os velhos padrões estabelecidos por uma sociedade incapaz de compreender as mudanças em seu próprio sistema.

E a prova estaria em que, mesmo *proibidos* pela incompreensão incompetente do poder militar, que interrompeu a trajetória do movimento com a prisão de seus dois líderes, o tropicalismo não deixou, ainda assim, de cumprir seu papel de vanguarda do governo de 1964 na área da música popular: rompidas as resistências da parte politicamente consciente da classe média universitária, que tentava a defesa de uma música de matrizes brasileiras, as guitarras do *som universal* puderam completar sua ocupação do mercado brasileiro. E assim, a partir da década de 1970, em lugar do produto musical de exportação de nível internacional prometido pelos baianos com a "retomada da linha evolutiva", instituiu-se nos meios de comunicação e da indústria do lazer, definitivamente, a era do *rock*. O qual, aliás, muito tropicalisticamente, o espírito satisfeito dos colonizados passaria a chamar, a partir da década de 1980, de *rock brasileiro*.

19.
GÊNEROS NACIONALIZADOS

Em termos de criação de novos gêneros de música popular, existem duas formas de influência a explicar a maior ou menor semelhança de um estilo com o equivalente de outro país: a imposição do modelo de cima para baixo, de fora para dentro, através da massificação do som pelos meios de comunicação, e a aceitação natural do gênero estrangeiro pela semelhança das características culturais dos dois povos envolvidos no processo.

Não será preciso dizer que, no primeiro caso, a influência, não surgida de maneira espontânea, mas induzida, representa uma interferência — quando não uma violência — cultural, enquanto, no segundo, a assimilação do modelo, desde logo nacionalizado ou recriado, consiste em acontecimento, além de natural e compreensível, muitas vezes enriquecedor.

Os dois gêneros de música popular brasileira de adoção a seguir historiados — a guarânia recebida através da fronteira do Paraguai e a lambada criada no Pará através do merengue caribenho, aclimado à região como resultado de uma subterrânea ligação histórica entre os dois povos — constituem os mais claros exemplos do segundo tipo de influência, a qual, exatamente por ser natural e democrática, merece espaço neste livro.

20.
A GUARÂNIA BRASILEIRA

Criado pelo compositor e depois chefe de orquestra paraguaio José Asunción Flores (1904-1972), em Assunção, no ano de 1925, o novo gênero musical intitulado guarânia iria levar algum tempo para popularizar-se no próprio país de origem. De fato, tendo surgido sob a forma de música revestida de certo aparato instrumental — primeiro para execução por banda militar, depois por orquestra convencional, de formação basicamente europeia —, a guarânia chegou, no início (como bem observou o maestro Mauricio Cardozo Ocampo), a caminhar musicalmente na direção do poema sinfônico, o que excluía de saída a possibilidade de seu cultivo pelos músicos do povo. A beleza das melodias dolentes das guarânias de Asunción Flores e de seus primeiros seguidores, no entanto, associada ao lirismo nostálgico das letras dos poetas logo chamados a contribuir com seus versos para o novo gênero de canção, acabaria depois de certo tempo despertando o interesse dos músicos paraguaios ligados a gêneros mais populares, como a polca. E, assim, ao despontar da década de 1930, a guarânia pôde, afinal, descer aos violões e harpas índias do povo paraguaio e se democratizar, transformando-se a partir de então em gênero de música realmente nacional.

No Brasil, esse período correspondia, exatamente, ao do aparecimento de um mercado para o novo tipo de música que, sob a designação de *música caipira* — logo depois mais corretamente designada genericamente de *música sertaneja* —, vinha anunciar a incorporação, pela gente das cidades, de sons e gêneros musicais até então circunscritos ao gosto e às peculiaridades da vida das camadas rurais do centro-sul do país. Na verdade, a aceitação dos primeiros discos de música da área da moda de viola (as primeiras gravações de *música caipira* foram feitas em São Paulo a partir de 1929, por iniciativa do escritor Cornélio Pires) significava, nada mais, nada menos, do que um novo fenômeno de interação campo-cidade, resultante do rápido avanço da área industrial sobre vastas zonas de vida tradicionalmente agropastoril. Atraídos para as cidades pelas oportunidades de trabalho em atividades industriais ou urbanas, as novas camadas de antigos caipiras e seus descendentes iriam formar, dos fins da Primeira Grande Guerra em diante, principalmente em São Paulo, o público destinado a consumir os recentemente lançados gêneros de música que, embora criados por espertos profissionais ligados ao disco e ao rádio, traduziam, pela busca do clima *sertanejo*, o gosto e as expectativas da gente do campo.

Assim, foi na onda dos novos gêneros de música do mundo rural da área em que a viola e o violão predominam como instrumentos de acompanhamento (tocados quase sempre em dueto) que iriam aparecer no Brasil, a partir de inícios da década de 1940, inesperados modelos paraguaios de *música sertaneja*: os *rasqueados* (como "Chinita mia", de Roberto Valdez e Raul Torres, gravada por Raul Torres e Florêncio), as *modas guarânias*, que casavam vagamente a moda de viola com o acompanhamento básico da guarânia ("Beicinho vermeio", de Raul Torres e Ziquinho Amaral Alves, também de 1942, gravada ainda por Torres e Florêncio em disco Odeon), e, finalmente, as próprias guarânias, como seria o caso de "Cuiabana porá-mi", de Rielinho, gravada em 1947 na mesma Odeon pela dupla Serrinha e Caboclinho.

Estabelecida definitivamente a voga das músicas de estilo paraguaio no meio da chamada *música sertaneja brasileira* (fenômeno para o qual iria contribuir, desde a década de 1940, o extraordinário sucesso da guarânia de José Asunción Flores, "Índia", em suas gravações em espanhol pelo Conjunto Folclórico Guarani, em 1944, e em português pela dupla Cascatinha e Inhana, na versão de José Fortuna, em 1952), rasqueados e guarânias incorporaram-se definitivamente ao repertório da música popular do Brasil.[1] E essa integração seria reforçada, aliás, quando em 1973 a cantora Gal Costa (que então ditava a palavra de ordem do gosto musical para grande parte da gente da classe média brasileira) lançou seu disco *Índia*, fazendo retornar ao sucesso a música do paraguaio Flores, agora perante o público de universitários que a aplaudiria no show realizado naquele mesmo ano no Teatro da Universidade Católica de São Paulo.

O que ainda precisaria ser explicado, então, seria este pequeno fato, que acabaria por assumir o curioso aspecto de um desafiador fenômeno histórico-cultural: como se processou essa incrível expansão da guarânia, gênero de música urbana do Paraguai, para além de sua fronteira, a ponto de transformar-se em gênero "nacionalizado" entre as músicas de origem rural do país vizinho, o Brasil?

A resposta, segundo o que a pesquisa histórica revela, não se prendia apenas à existência de uma continuidade sociocultural na área da fronteira paraguaio-brasileira, marcada pelas semelhanças de paisagem e de vida às margens do rio Paraguai, ao sul de Mato Grosso, mas a um pouco detectado fenômeno de inter-relacionamento de origem econômica: a presença de tropeiros paulistas na vasta área que se estende desde a região cuiabana e as barrancas do rio Paraguai até o sul de Campo Grande, na direção do rio Paraná.

De fato, segundo as próprias letras de muitas modas de viola, rasgueados e guarânias dão a perceber, foram os boiadei-

---

[1] A presença da guarânia dentro da música sertaneja do Brasil chegou a ser tão marcante, pela década de 1950, que em 1958 os compositores brasileiros Nonô Basílio (Alcides Felismino de Sousa) e Mário Zan anunciaram a criação de um novo gênero musical intitulado *tupiana* (derivado do nome indígena tupi, assim como guarânia vem de guarani), apresentando-o como uma alternativa brasileira para resistir à "invasão" da guarânia paraguaia. A proposta não teve repercussão, e a guarânia produzida no Brasil continuou sua carreira.

ros e peões encarregados, desde a década de 1920, de conduzir as boiadas de Mato Grosso para as invernadas paulistas que passaram a trazer de torna-viagem, adaptada ao som de suas violas, a notícia sonora daqueles gêneros musicais populares paraguaios, logo assimilados no Brasil, inclusive pela facilidade de entendimento da língua guarani, ainda hoje cultivada na intimidade por grande parte das camadas populares brasileiras da zona de fronteira com o Paraguai.

É isso, ao menos, o que Raul Torres, um dos primeiros incorporadores de gêneros musicais paraguaios à música sertaneja brasileira, iria registrar em fins da década de 1930 na letra de sua moda de viola "Boiada cuiabana":

> "Vô contar a minha vida
> Do tempo queu era moço
> Duma viage queu fiz
> Lá pro sertão de Mato Grosso
> Fui buscar uma boiada
> Isso foi no mês de agosto."

Segundo essa história cantada-contada da "Boiada cuiabana" (que Raul Torres afirmava ter resultado de conversa com um antigo boiadeiro casado com uma paraguaia), o paulista de Botucatu, após viajar trinta dias em sua "besta ruana" até Aquidauana, iria conhecer, em um cassino, em sua passagem de volta por Campo Grande, a "linda paraguaia" que lhe conquistaria o coração:

> "De Campo Grande parti
> Cuá boiada cuiabana
> Meu amor veio na anca
> Da minha besta ruana
> Hoje tenho quem me alegre
> Na minha veia choupana."

É evidente, pois, que nos cassinos e cabarés de cidades sujeitas à influência fronteiriça, os paulistas não iam conhecer apenas belas chinitas dispostas ao amor, mas também a música dos conjuntos paraguaios à base de violões e harpas índias, contratados para animar esses locais de diversão em que circulava à larga o dinheiro dos ingênuos agenciadores, boiadeiros e peões tangedores de gado. E a prova é que, em um rasqueado dos Irmãos Correa intitulado "Praia de Corumbá", gravado pela dupla Nhô Pai e Nhô Fio em meados da década de 1940, essa síntese cultural brasileiro-paraguaia podia ser atestada até no emprego comum de certas expressões em guarani, e mesmo de alguns costumes, como o de tomar tererê, o refresco de mate servido em bombilhas:

"Se você não vem
Eu vô te buscá
Na branca praia
De Corumbá.

Eu quero um beijinho
Da tua boquinha
'Eijhú mi chinita'
Me consolá.

Encosta a barca na barranca
Prá livrá dos jacaré
Você tece 'inhanduti'
Enquanto eu tomo tereré."

Estabelecida assim, pois, a ponte musical entre o Paraguai e o Brasil, através dessa importação espontânea de gêneros musicais do povo paraguaio, a partir de 1940, não seria preciso mais de vinte anos para que, ao lado das violas caipiras, começasse a se tornar comum, nas gravações de guarânias brasileiras, o som das próprias harpas paraguaias. Esse novo capítulo no campo do inter-relacionamento cultural-musical paraguaio-brasileiro se daria com a vinda para o Brasil, em 1960, de um extraordinário artista guarani, o harpista Luis Bordon. Após se integrar no meio da música popular brasileira como instrumentista, Luis Bordon começou a compor e a gravar músicas paraguaias, e, diante do sucesso alcançado pelo som de seu instrumento, passaria a orientar inclusive a fabricação de "harpas paraguaias" em São Paulo.

E foi assim que, graças ao gênio dos grandes compositores paraguaios, responsáveis por músicas logo transformadas em clássicos do repertório popular, e contando com o talento de especialistas em versões de guarânias para o português — como seriam os casos de José Fortuna, Palmeira e Ariovaldo Pires (o famoso Capitão Furtado, falecido a 10 de novembro de 1979, exatamente em meio à produção de um disco de guarânias) —, a música paraguaia pôde identificar-se a tal ponto com a de seu irmão-vizinho brasileiro, que até compositores de longínquos estados do nordeste, como Luís Vieira, e intelectuais e escritores como o ex-embaixador do Brasil no Paraguai, Mário Palmério, conseguiram compor guarânias sem deixarem de se sentir brasileiros.

E é exatamente por isso que, em matéria de guarânias, já no segundo meio século da criação de José Asunción Flores, pode-se dizer que paraguaios e brasileiros passaram a ser uma coisa só, como lembraria em sua "Moreninha de Itaipu" o letrista Ariovaldo Pires, fazendo cantar seus versos sobre a música do maestro Hermínio Gimenez:

> "Numa saudade cheia de encantos,
> eu volto, em sonho, a ser feliz!
> Revejo unidos no amor fraterno,
> os brasileiros e os guaranis.
> Vejo a beleza do Véu de Noiva,
> nas Cataratas do Iguaçu...
> Então suspiro, porque me lembro
> da moreninha de Itaipu.

E na noite calma fomos bem juntinhos
ver o Lago Azul de Ipacaraí...
E a índia bela foi cantarolando,
como gorjeios de 'guirá-mimi'.
Passando a bela Ponte da Amizade,
ela me ensinou que 'techagaú'
quer dizer 'saudade' que eu sinto ainda
dessa moreninha de Itaipu."

21.
A LAMBADA DOS CARIMBÓS

O ritmo de dança cantada aparecido na década de 1970, no Pará, sob o nome de lambada — destinado aliás a uma explosão de popularidade internacional que incluiria o sucesso da música na Europa a partir da França, em fins dos anos 1980, e o lançamento quase simultâneo de seis filmes de Hollywood sobre o tema, no início de 1990[1] —, constituiu apenas mais um produto do velho batuque, produzido em sua versão paraense desde 1880, chamado *carimbó*.

O carimbó, que tirou o nome do tambor de tronco cavado a fogo, de cerca de 1 x 0,30 m, e sobre o qual se acocoram os tocadores que batem com as mãos, iria constituir, desde a segunda metade do século XIX, o equivalente amazônico — e depois eventualmente maranhense — das mesmas rodas de batuque crioulo-africanas responsáveis pelos sambas de roda carioca, baiano, cearense e paulista, pelo tambor de crioula maranhense, pelo bambelô rio-grandense-do-norte, pelo coco alagoano-pernambucano e, finalmente, pelo jongo e pelo caxambu da área comum de cultura do café do Vale do Paraíba paulista e fluminense.

Os batuques crioulo-africanos do Pará, no entanto, estavam destinados a revelar, em face dos demais em todo o país — apesar da identidade da origem —, uma série de características responsáveis não apenas por sua grande originalidade, mas pela variedade de suas criações. Em primeiro lugar, ao incluir ao lado

---

[1] Os filmes lançados no mercado entre o segundo semestre de 1989 e inícios de 1990 foram: *Lambada: set the night on fire*; *The forbidden dance*; *Blame it on lambada*; *Naked lambada*; *Lambada: the seduction*; e *Lambadamy*.

de negros e mulatos os caboclos descendentes dos índios locais, o batuque à base do som dos carimbós enriqueceria as danças de roda com recursos coreográficos inspirados nas danças indígenas imitativas de aves e animais, como acontece até hoje com a dança do "Peru do Atalaia", em que "o rapaz corteja a dama, fazendo volteios ao seu redor, com as fraldas da camisa levantadas pelas pontas dos dedos, imitando as asas da ave, o peito saliente, todo inflado como se fosse um peru".[2] Depois, ao acrescentar, no início do século XX, ao núcleo rítmico original dos membrafones de percussão (geralmente dois carimbós), idiofones sacudidos (caracaxá ou maracá) e raspados (reco-reco), os instrumentos de "pau-e-corda" típicos do choro carioca (violão, cavaquinho, flauta, clarineta, saxofone, etc.), tal batuque garantiria para a sua música uma variedade capaz não apenas de mantê-la sempre atual (e sua eletrificação na década de 1970 seria uma evidência disso), mas também aceitável por camadas cada vez mais amplas da gente urbana, até a classe média. E afinal, por abrigar tradicionalmente — graças a circunstâncias históricas locais — a reprodução de ritmos negro-caribenhos, como *la bamba*, *la cumbia*, *comanchera*, *mambo* e *merengue*, permitiria explicar, muitos anos depois, a criação da "novidade" da lambada, tornada internacional.

As rodas de batuque paraenses animadas pelo som dos carimbós não se distinguiriam muito, até fins do século XIX, das formadas em qualquer dos outros pontos do Brasil em que se explorava o trabalho de escravos africanos e seus descendentes crioulos.

Realmente, tal como atestaria a observação curiosa de vários visitantes estrangeiros no Brasil dos oitocentos, a dança obrigatória dessas rodas de batuque da gente negra e mestiça era, em todo o país, o lundu, ainda quando aparecesse às vezes sob

---

[2] Vicente Salles e Marena Isdebski Salles, "Carimbó: trabalho e lazer caboclo", *Revista Brasileira do Folclore*, Rio de Janeiro, ano IX, nº 25, set.--dez. 1969, pp. 274-5.

outras denominações, a encobrir variantes presas, no entanto, à constância do estribilho marcado por palmas. E era o que acontecia muito a propósito exatamente no Pará, onde, por volta de 1820, o alemão João Emanuel Pohl assistiria, em área próxima do Maranhão, a uma dança que se dizia chamar *bondurzi*, mas cuja descrição apontava para a espécie de lundu que no Rio de Janeiro da mesma época era conhecido como fado, e onde a vênia da umbigada era substituída às vezes pelo entrechoque da parte interna das coxas dos dançarinos — característica esta, aliás, que na Bahia receberia o nome de bate-baú e em outros pontos do país, a designação genérica de bate-coxa.[3] E o curioso é que, segundo informação pessoal de Vicente Salles, autor do livro *O negro no Pará*, o verso anotado pelo viajante Pohl como do estribilho cantado ao som de palmas — "Areia do mar!" — continua "presente em cânticos de terreiro do Pará".[4]

---

[3] Essa modalidade de vênia de dança de roda ou brincadeira de pernada dos batuques de negros no Brasil, que seria característica do lundu e genericamente incluída na categoria de samba de umbigada, chegaria no século XIX a Portugal com os escravos dançadores de fado levados pelas famílias portuguesas em seu retorno a Lisboa acompanhando D. João VI em 1821. Segundo o autor português Pinto de Carvalho, o Tinop, à página 252 de seu livro *História do fado*, havia em Lisboa de meados do século XIX duas modalidades de dança sob esse nome: "bater o fado e a dança do fado propriamente dita". Ao que acrescentava: "Bater o fado é uma dança ou meneio particular, em que entram duas pessoas ou três; uma que *apara* (duas às vezes) e que deve estar quieta e o mais firme possível, e outra que *bate* dando regularmente as pancadas com a parte inferior das coxas nas coxas do que apara, e meneando-se com requebros obscenos". Ver sobre o tema o capítulo "Os negros na origem do fado canção em Lisboa", em *Os negros em Portugal: uma presença silenciosa*, de José Ramos Tinhorão, editado em 1988 pela Editorial Caminho de Lisboa.

[4] Carta de Vicente Salles de 27/3/1990 ao autor, em que acrescenta: "A compositora baiana Babi de Oliveira publicou uma canção, com letra de Orádia de Oliveira, sobre o tema de uma cantiga de remeiros do rio Guamá, Pará, que banha a parte sul de Belém, com o estribilho: 'Areia do mar, areia; Areia do poço fundo, areia!'".

Quanto a Pohl (apesar do estranho nome de *bondurzi* atribuído à dança) ter na realidade assistido no Pará a um batuque do tipo que à época não dispensava as umbigadas do lundu, isso pode ser comprovado pelas observações de outro alemão, o cientista Von Martius, ante festa de terreiro urbano semelhante presenciada um ano antes, em 1819, na capital Belém de 24,5 mil habitantes, que comparava em tudo aos demais centros comerciais do país:

> "A disposição do espírito, formação social e os requisitos de educação do habitante branco são igualmente característicos do país, como nas cidades do sul do Brasil, populosas e animadas de mais vivo comércio. Os mulatos são os mesmos também aqui; é a mesma gente facilmente excitável, exuberante, pronta para qualquer partida [brincadeira, função], sem sossego [inquieta], visando a efeitos espalhafatosos. Para a música, o jogo e a dança, está o mulato sempre disposto, e agita-se insaciável nos prazeres, com a mesma leviandade [alegre disposição] dos seus congêneres do sul, aos sons monótonos, sussurrantes, do violão [viola], no lascivo lundu ou no desenfreado batuque."[5]

---

[5] C. F. P. Von Martius e J. B. Von Spix, *Viagem pelo Brasil*, tradução brasileira pelo Instituto Histórico e Geográfico Brasileiro, Rio de Janeiro. Imprensa Nacional, 1938, 3° vol., p. 22. As palavras entre colchetes são acrescentadas pelo autor deste livro como sugestão de leitura mais correta do que Martius terá querido significar. Quanto à citação do violão como instrumento acompanhador da dança do lundu, a substituição por viola não constitui mera variante, mas corrige erro comum a quase todos os tradutores de depoimentos de viajantes estrangeiros no Brasil, sempre traídos pelo uso da palavra *guitar*, em inglês, *guitare*, em francês, e *guitarre*, em alemão. O que os viajantes viram nas mãos dos músicos populares, até bem entrada a segunda metade do século XIX, foram sempre violas, e não violões, de uso mais recente.

Forma de diversão de escravos africanos, crioulos e mestiços das camadas baixas, esses genéricos batuques paraenses continuariam até meados do século XIX sem outra designação particular que indicasse quaisquer características locais, o que talvez se explicasse pela ausência de participação, ainda àquele tempo, dos demais moradores, mesmo das camadas mais humildes, como parecia indicar a postura municipal da Belém de 1851, que estabelecia:

"Art. 82. Os donos ou administradores de qualquer casa de venda, não consentirão aí ajuntamento de mais de dois escravos, nem batuques ou vozeria deles dentro da casa ou em frente dela. O infrator incorrerá na multa de dez mil réis, ou quatro dias de prisão."[6]

Já nesse mesmo ano de 1851, porém, o naturalista inglês Walter Henry Bates, que viveu três anos em Santarém, ao assistir a uma festa de Natal em Itacoatiara, anotaria que os negros passaram "a noite inteira cantando e dançando ao som de longo tambor (gambá) e do caracaxá", ao que acrescentou:

"A gambá era um tronco oco, com uma das extremidades coberta de couro e tocado com os nós dos dedos do músico, que se escanchava no tambor deitado; o caracaxá era um tubo de bambu cheio de cristas, produzindo um som áspero, ao esfregar-se um bastão duro sobre as cristas. Nada poderia exceder em horrível monotonia essa música, esse canto, essa dança."[7]

---

[6] Citado em Vicente Salles, *O negro no Pará*, Rio de Janeiro, Fundação Getúlio Vargas/Universidade Federal do Pará, 1971, pp. 144-5.

[7] Henry Walter Bates, *O naturalista no rio Amazonas*, São Paulo, Companhia Editora Nacional, 1944, vol. 1, p. 336.

A observação seria oportuna por apontar, através da referência expressa no nome do principal tambor do batuque, a tendência popular de estender a denominação do instrumento de maior destaque às danças e ao próprio conjunto músico responsável pela animação da festa. Tendência aliás comprovada pela preocupação do historiador de literatura José Veríssimo em não deixar também sem registro o nome do mesmo tambor gambá, ao descrever em um de seus *Estudos brasileiros* uma dança de índios maués da Amazônia.

Ora, conforme indica a descrição do instrumento pelo historiador, esse gambá era em tudo idêntico ao que, pela retumbância, iria receber na zona bragantina o nome de retumbão, e na área de Belém e da ilha de Marajó, o de carimbó, nomes destinados a passar (como acontecia no sul com os do angoma — versão paulista do jongo — e do caxambu mineiro-goiano-paulista-fluminense) a designação dos próprios conjuntos que os usavam e ainda das músicas que produziam.

A identificação dos até então genéricos "batuques" de negros segundo esses nomes particulares, tomados conforme a designação de seu principal instrumento em cada região, parece coincidir com a progressiva adesão, a esse tipo de baile popular, dos brancos e mestiços mais claros das camadas humildes da periferia das cidades e dos pequenos centros.

De fato, embora no "primeiro romance belenense", *Hortênsia*, de Marques de Carvalho, editado em Belém em 1888, o autor ainda descreva "um batuque, onde pretos entusiasmados arrastavam as chinelas com desenvoltura no solo de terra batido dos

---

[8] Marques de Carvalho, *Hortênsia*, Belém, Fundação Cultural do Pará Tancredo Neves/Secretaria do Estado da Cultura, 1989, p. 120. Desde logo curioso é o emprego pelo romancista do termo *afadistado*, que constituía designação portuguesa para o desocupado das camadas populares urbanas de Lisboa dado à vadiagem em rodas de fado onde, como se viu, dançava-se à maneira negro-mestiça brasileira, inclusive com a aplicação de pernadas em sua modalidade de "fado batido".

salões sem pintura", e em que "mulatas risonhas requebravam-se nos afadistados meneios do lundu",[8] o Código de Posturas de Belém já não se referia, em sua nova proibição a batuques, de 1880, exclusivamente a escravos, mas demonstrava, pela abrangência do texto, constituir o ruído e o vozerio das festas à base de corimbó ou carimbó um problema social, geral:

"Artigo 107. É proibido, sob pena de trinta mil réis de multa:
Parágrafo 1º. Fazer bulhas, vozerias e dar altos gritos sem necessidades;
Parágrafo 2º. Fazer batuques ou samba;
Parágrafo 3º. Tocar tambor, *corimbó* ou qualquer instrumento que perturbe o sossego durante a noite."[9]

O nome do instrumento permanecia, como se vê, impreciso aos ouvidos da sociedade branca das camadas dirigentes. Mas ainda nesse início da década de 1880 deveria fixar-se em definitivo a forma carimbó, como demonstrava, três anos depois, outra disposição oficial, já agora da Câmara Municipal de Vigia, ao proibir "tocar tambor, *carimbó*, ou outro qualquer instrumento de percussão que perturbe o sossego durante a noite".[10]

Transformados os antigos batuques de escravos e negros crioulos em carimbós destinados à diversão da gente humilde da periferia urbana do Pará, seria natural que neles se refletissem todas as vertentes culturais a que esse seu público tradicionalmente estivera exposto. E, entre elas, uma que durante mais de um século não deixaria de insinuar-se, por razões geo-histórico-sociais locais, seria a da influência dos ritmos aparentados dos negros do Caribe.

---

[9] Citado em Vicente Salles e Marena Isdebski Salles, "Carimbó: trabalho e lazer caboclo", cit., p. 260.
[10] *Ibid.*

De fato, desde o segundo século da colonização, ou, mais precisamente, desde a primeira metade dos seiscentos, a comunicação entre o norte-nordeste brasileiro e a região do mar do Caribe e o das Antilhas iria ser mais comum do que normalmente se imagina. Em primeiro lugar, um fenômeno decorrente de condições naturais, representado pelos ventos alísios de nordeste, soprados da África em direção à costa brasileira, fazia com que as embarcações a vela se dirigissem, na altura da boca do Amazonas, com muito mais força na direção das atuais Guianas e das ilhas caribenhas do que na direção sul, sujeita aos alísios do sudeste vindos em sentido norte. Uma condição natural por sinal tão evidente que levaria o oficial da marinha americana tenente Matthew Fontaine Maury a declarar, no auge do período de expansão imperialista dos Estados Unidos no século XIX, que "as comunicações entre o Pará e Nova York são mais fáceis e curtas do que entre o Pará e o Rio de Janeiro, e por consequência é mais fácil governar as regiões banhadas pelo rio Amazonas de Washington do que da Capital do Império do Brasil".[11]

O início dessas relações assim tão maquiavelicamente interpretadas pela geopolítica expansionista norte-americana remontava praticamente ao início do século XVII, quando o navio inglês *William and John*, saído da Bahia em 1627 com destino à Inglaterra, escalou por acaso em Barbados, descobrindo que um holandês financiado por um mercador inglês já aí estabelecera culturas que obrigariam a trazer trabalhadores escravos de

---

[11] A declaração do tenente Maury (aliás superintendente dos serviços hidrográficos dos Estados Unidos e astrônomo do Observatório Naval de Washington), então empenhado em obter a internacionalização da navegação pelo Amazonas, foi comunicada ao governo brasileiro pelo embaixador nos Estados Unidos Sérgio Teixeira de Macedo, através de informe reservado de 14 de novembro de 1850, que o historiador Arthur Cezar Ferreira Reis em boa hora transcreve em seu livro *A Amazônia e a cobiça internacional*, 5ª ed., Rio de Janeiro, Civilização Brasileira/Suframa, 1982, p. 70.

Essequibo, como então se chamava a depois denominada colônia holandesa Guiana. Pois foram também esses plantadores de Barbados que levaram, em 1637, de Pernambuco, as primeiras mudas de cana-de-açúcar para aquela ilha, aproveitando-se da tomada da capitania pela Companhia das Índias Ocidentais, ligada à Casa de Orange, da Holanda.[12]

Essas relações algo informais entre o Brasil e Barbados, via Guiana, envolvendo a obtenção de mão de obra escrava, iria talvez explicar por que ainda em inícios do século XVIII, segundo conta o alemão Henrique Handelmann em sua minuciosa *História do Brasil*, "o poderoso cacique Ajuricaba, da raça dos Manaus", descia o rio Negro levando "seus prisioneiros de guerra pelos rios Branco e Essequibo à Guiana, a fim de ali os vender como escravos aos holandeses".[13]

E se houvesse alguma dúvida da existência de comércio entre as ilhas do Caribe e o Brasil, bastaria para documentá-lo a notícia do viajante inglês John Mawe, que em 1810 — quando tropas enviadas do Pará ainda dominavam Caiena, a capital da Guiana Francesa, em represália à invasão de Portugal pelas tropas do general Junot em 1808 — dava conta da chegada a Belém de barcos com produtos ingleses de Barbados:

---

[12] Uma primeira investigação das relações entre o Brasil e o Caribe é procedida por Roy A. Glascow em seu trabalho "Brazilian commercial contacts with the Caribbean (1600-1930): a preliminary assessment", publicado nas páginas 154-64 do volume 3 da revista *Anales del Caribe*, do Centro de Estudios del Caribe, Havana, Cuba, 1983.

[13] G. Henrique Handelmann, *História do Brasil*, tradução brasileira pelo Instituto Histórico e Geográfico Brasileiro, Rio de Janeiro, Imprensa Nacional, 1931, segunda parte do vol. 162, tomo 108, da *Revista* daquele Instituto, p. 317. Como o cacique Ajuricaba não se restringia em seu negócio aos inimigos que transformava em escravos, mas eventualmente filhava catecúmenos dos padres carmelitas, foi atacado e preso pelos portugueses, preferindo pular com pés e mãos atados nas águas do Amazonas e morrer afogado, para não ser julgado em Belém.

A lambada dos carimbós

"Algumas pequenas embarcações foram enviadas de Barbados até aqui, depois da tomada de Caiena; mas o comércio deve ser mau, pois os habitantes são, na maioria, muito pobres para comprar produtos manufaturados ingleses, exceto os de primeira necessidade."[14]

Se a pobreza dos paraenses prejudicava, por esse início do século XIX, as relações comerciais com os vizinhos ao norte, o contato entre a gente dos dois lados não deixaria de render frutos (aliás, no bom sentido, pois o abieiro e a fruta-pão aclimados à Amazônia tinham vindo das Antilhas). E, assim, quando em 1853 o governo imperial iniciou a navegação a vapor, e a partir de 1867, cedendo à pressão internacional liderada pelos Estados Unidos, permitiu a navegação estrangeira pelo rio Amazonas, os trabalhadores trazidos de Barbados pela companhia inglesa Booth Line podiam responder ao canto de trabalho dos negros brasileiros da Companhia do Amazonas,

"Eh! Bumbah!
Eh! Bumbah!",

com seu

"Choo! Fly, don't bother me
Choo! Fly, don't bother me"

que, aos ouvidos brasileiros, soava como,

"Chô! Fly, don't body my!
Chô! Fly, don't body my!"[15]

---

[14] John Mawe, *Viagens ao interior do Brasil*, Rio de Janeiro, Zélio Valverde, 1944, p. 273.

[15] Citado em Vicente Salles, *O negro no Pará*, reproduzindo à página 187 informação de J. Eustachio de Azevedo no artigo "Literatura regional

O estabelecimento de linhas de navegação a vapor pelo Amazonas, por sinal, aprofundaria essas relações culturais não apenas com o Caribe, mas com os países mais ao norte, nas Antilhas, através das temporadas de companhias de teatro musicado e de circos. Em seu livro *Épocas do teatro no Grão-Pará*, o especialista em temas da história e da vida paraense, professor Vicente Salles, descreve ação, entre outros artistas, do cubano Máximo Gil — chegado por volta de 1875 a Belém, onde viria a morrer em 1907 —, cujo grupo de teatro mambembe, o Variedades, excursionava a partir de 1878 por Santarém, Óbidos e Manaus, com sua companheira Beatriz Rosália, ou Rosália Gil, cantando e apresentando-se para o povo miúdo em números de "dança cubana".[16]

Ao lado dessas companhias de teatro figuravam ainda os circos antilhanos, como o que Marques de Carvalho mostra em seu romance *Hortênsia*, de 1888, montado na praça Pedro II, de Belém (local do atual Teatro da Paz), com os artistas falando uma mistura de inglês, espanhol e português, entre as risadas do público de gente modesta. Tal como acontece no capítulo IV, quando o magro palhaço, batendo no ombro do "desempregado que desatava a corda de um trapézio", pergunta-lhe,

> "a berrar, numa linguagem impossível, nem inglês, nem português, incongruente salada de termos das duas línguas, temperada com abundantes palavras espanholas; apanhadas ao dente nas Antilhas, de onde viera a companhia:

---

amazônica: Francisco Gomes de Amorim", publicado no tomo 6 da *Revista do Instituto Histórico e Geográfico do Pará*, 1932, pp. 113-23. Vicente Salles declara, em nota de pé de página, ter entrevistado no Pará filha e neta de imigrantes barbadianos que ainda eram capazes de reproduzir cantando a variação fonética.

[16] Vicente Salles, *Épocas do teatro no Grão-Pará ou introdução ao teatro de época*, Belém, UFPA/Imprensa Universitária, 1994, 2 vols.

— Que faz you aí, hombre?
— Trabalho, compañero!
— Entoces give me trabalho.
— No teno.
— Porque pues?
— Porque no quiero.
— God save the bofetade!
E fingiu dar no servente em pleno rosto."[17]

A esses momentos de aproximação, por assim dizer, no plano artístico com a cultura popular do Caribe e das Antilhas, deveriam juntar-se os contatos diretos entre os dois povos, principalmente através das Guianas, então necessariamente ligados às demais possessões inglesas e francesas espalhadas pelo mar ao norte-noroeste da costa atlântica sul-americana.

Apenas quando da invasão de Caiena por ordem do príncipe D. João, em 1809, em represália à tomada de Portugal por ordem de Napoleão, nada menos de seiscentos soldados foram recrutados no Pará para efetivar a ocupação, que se estenderia até 1817, estabelecendo assim um intercâmbio de militares e escravos paraenses, muitos destes tentando a fuga atraídos pela notícia da rebelião dos negros locais contra os franceses. Essa corrente por assim dizer subterrânea de negros escravos do Pará à procura de liberdade na direção das Guianas, aliás, não ficaria nesse exemplo isolado, mas continuaria por todo o século XIX com o estabelecimento de quilombos que, a aceitar conjecturas de Gastão Cruls no livro *A Amazônia que eu vi*, teriam chegado a "estabelecer contato com os seus irmãos, os *negros da mata* (*bush-negros*) de Suriname, também escapos ao cativeiro".[18]

---

[17] Marques Carvalho, *Hortênsia*, cit., p. 72.

[18] Gastão Cruls, *A Amazônia que eu vi*, 4ª ed., São Paulo, Companhia Editora Nacional, Coleção Brasiliana, vol. 113, 1954, p. 16.

A todas essas oportunidades de contato do povo paraense e seus semelhantes das Guianas e do Caribe iriam somar-se, já no fim do século XIX, as decorrentes agora de uma decisão oficial: o estabelecimento de missões diplomáticas brasileiras na Guiana Holandesa e em Trinidad, Barbados, Santa Lúcia e Jamaica, com agentes encarregados de promover, desde 1897, a entrada até da cerveja Malzebier, da Brahma, no mercado da região.

Essa investida comercial brasileira resultou num período de ativo intercâmbio sobretudo com a colônia inglesa de Barbados (venda de cereais, café, queijos, cerveja e pomadas de cabelo), do qual muitos barbadianos se aproveitaram para disputar oportunidades de empregos e negócios no Pará — fato, aliás, praticamente ignorado pelos estudiosos brasileiros, como em seu livro *O negro no Pará* anotaria o historiador Vicente Salles:

> "Nos fins do século XIX e começos do atual, houve, porém, um interessante movimento migratório: negros *barbadianos*, isto é, originários da colônia inglesa de Barbados, no Caribe, imigraram sobretudo para Belém, onde ainda há numerosos remanescentes. Esses negros, ostentando nomes anglo-saxônicos e falando o idioma inglês, chegaram em condições bastante favoráveis e galgaram posição social em diferentes setores: arte, magistério, economia, etc. São geralmente industriosos. Não foram estudados devidamente. E certos cronistas, como Raimundo Moraes, a eles se referiram com lamentável desprezo."[19]

Paralelamente à iniciativa comercial brasileira, que resultaria, até a Primeira Grande Guerra, nessa inesperada consequência imigratória, companhias norte-americanas, atraídas pela riqueza da borracha, usavam a empresa de Chicago The Brazilian-

---

[19] Vicente Salles, *O negro no Pará*, cit., p. 59.

-American Colonizing Syndicate, especialista na exportação de força de trabalho negra dos Estados Unidos, para introduzir na Amazônia "até os anos 20 um número crescente de negros da América do Norte e do Caribe".[20] No caso particular do Pará, a onda imigratória chegaria a tal ponto que em 1923 o próprio governador do estado dirigiu telegrama alarmado ao cônsul brasileiro em Bridgetown, Aluísio Martins Torres, que imediatamente chamou a atenção do Itamaraty para as possíveis consequências político-sociais "com a entrada do elemento negro estrangeiro em grandes números ou individualmente em nosso território".[21]

O alarme do governador se tornava compreensível tendo em vista que, de 1903 a 1912, período brasileiro da construção da estrada de ferro Madeira-Mamoré, entre os 21.883 trabalhadores estrangeiros contratados, a maioria tinha vindo das Antilhas e de Barbados.

Ora, se a essa longa e constante série histórica de oportunidades de contato da gente humilde do Pará com seus iguais do Caribe juntar-se a corrente silenciosa paralelamente estabelecida pelas rotas de contrabando entre as duas áreas, via Paramaribo, já não parecerá tão "fantástica", afinal — antes, ganha novo argumento de convicção —, a hipótese do professor Vicente Salles segundo a qual a presença do merengue como dança comum entre o povo de Belém não seria produto da divulgação da música pelo rádio, na década de 1950, mas de data muito anterior:

> "Na década de 50, houve bastante difusão do merengue, seguindo a trilha dos ritmos antilhanos, mexicanos e centro-americanos. A popularidade no Pará parece ser anterior à desta década, e ignora-se como

---

[20] Roy A. Glascow, "Brazilian commercial contacts with the Caribbean (1600-1930)", cit., p. 161.

[21] Ofício nº 11, de 19/7/1923, citado em Roy A. Glascow, *op. cit.*

chegou a se aclimatar a Belém, tornando-se uma das danças mais apreciadas nos bailes suburbanos. Uma hipótese, talvez fantástica, mas não impossível, indica ter sido introduzida no Pará pela 'rota de contrabando', isto é, via Paramaribo."[22]

De qualquer forma, considerada essa realidade particular do processo cultural do povo paraense, pode-se compreender agora como os velhos batuques de terreiro à base da batida do carimbó dos negros do século XIX, tendo-se misturado ao instrumental básico do choro carioca para transformar-se na música típica de bailes das heterogêneas camadas urbanas desde inícios do século XX, conseguiram evoluir após a Segunda Guerra Mundial até atrair a atenção da classe média. Isso explicaria também os mais variados estilos que se desenvolveriam nessa trajetória, desde o antigo lundu do tempo dos batuques primitivos do carimbó, samba matuto ou retumbão, do bangulê e do siriá, até as criações de caráter comercial, como o sirimbó do ex-sargento de polícia Aurino Quirino Gonçalves, o Pinduca, do início da década de 1970, e, afinal, a própria lambada, herdeira do som aclimado do merengue caribenho com o bate-coxa nacional.

De fato, criado dentro dos bailes de carimbó eletrificado da década de 1970, já contando com a curiosidade da classe média de Belém, o ritmo amerengado que permitia à dançarina viradas de corpo capazes de aplicar lambadas com a barra da saia (de onde, talvez, o nome da dança, nunca definitivamente apurado) despertou o interesse dos músicos paraenses cultores do carimbó,

---

[22] Vicente Salles, "Folclore da região canavieira do Pará", *Revista Brasil Açucareiro*, ago. 1968, p. 14. O autor acrescenta que "depois de ganhar a capital paraense, especialmente os subúrbios, o merengue se irradiou, alcançando inclusive os meios rurais, como ocorre atualmente [década de 1960] em Abaetetuba, Igarapé-Miri, Barbacena, etc.". O segredo de tal penetração decorreria, pois, da intimidade dos paraenses em geral com a música do Caribe, via contatos históricos com a gente de tal região.

que procuraram comercializá-lo através do disco. E. assim, embora o músico Mestre Vieira reivindique o lançamento em disco da lambada para seu *Lambada das quebradas*, de 1978 — cujas músicas, segundo afirma, estariam gravadas desde 1976 na Continental —, o fato é que, naquele mesmo ano de 1976, o esperto Pinduca lançara como faixa 6 do lado B de seu quinto LP pela Copacabana (COELP, nº 410.042) a composição "Lambada", gênero ao qual voltaria no ano seguinte com a "Lambada nº 2", na faixa 5, lado A do LP Beverly (AMCLP, nº 5.466), para insistir ainda em 1978 (quando sai, finalmente, o LP do Mestre Vieira) com a "Lambada nº 3", na faixa 6, lado B de novo disco pela Copacabana (COELP, nº 41.172).

Transformada em mais um dos ritmos cultivados nos bailes de carimbó, a partir da década de 1980 animados com o som das "aparelhagens" (cerca de trezentos conjuntos de caixas acústicas, amplificadores e equalizadores, apenas em Belém), a lambada, beneficiada pela popularidade do próprio carimbó desde meados dos anos 1970 no eixo Rio-São Paulo, acabaria transformando-se, ao lado da música nordestina de forró, em gênero obrigatório dos bailes de periferia por todo o país. Pois seria exatamente em um desses pontos de exibição de música e dança de "sabor local" para turistas — no caso, os bares espalhados pelas praias de Porto Seguro e Trancoso, na Bahia — que o publicitário-cineasta francês Olivier Lorsac (na verdade, Lamotte d'Incamps) tomou conhecimento, em março de 1988, da "novidade" destinada a atração internacional a partir da França.

A história da explosão da lambada paraense no verão europeu de 1989 como ritmo da moda em todo o mundo serve para demonstrar, de maneira exemplar, o grau de manipulação que a indústria da música popular atingia na última década do século XX.

Impressionado com a desenvoltura dos dançarinos de lambada, cujos meneios mais característicos no entrelaçamento das pernas repetem de perto as ousadias coreográficas do velho maxixe carioca de um século antes, Olivier Lorsac procurou, em abril de 1988, na praia fluminense de Búzios, o conterrâneo Jean Karakos (francês filho de grego dono de uma Celluloid Records em Nova York e promotor de *tubes* — sucessos em discos — em Paris), propondo-lhe o lançamento da novidade na França. Com o estabelecimento da sociedade, Lorsac volta a Porto Seguro para a realização de um documentário de oito minutos sobre a dança, enquanto Karakos, conhecedor do mercado fonográfico do Rio de Janeiro e de São Paulo, e produtor de artistas brasileiros no exterior, iniciava a compra de direitos sobre todas as músicas de lambada disponíveis no mercado editorial.

De volta a Paris após essas providências, em fins de 1988 — quando, aliás, chamava a atenção nas emissoras francesas um anúncio de água mineral com fundo da música "Essa moça tá diferente", de Chico Buarque de Hollanda —, a dupla de sócios decide programar o lançamento da lambada para o verão de 1989, iniciando os trabalhos comerciais e de produção artística. Assim, após incluir no negócio o canal de televisão TF-1 (que conseguiu desde logo o patrocínio do refrigerante Orangina, rival francês da Coca-Cola), Lorsac e Karakos criam em Paris a BM Éditions para garantir seus direitos — até o termo *lambada* é registrado em seus nomes — e iniciam a busca de um conjunto de músicos-cantores-bailarinos capazes de efetivar o empreendimento no plano artístico.

A primeira tentativa foi feita usando o grupo Touré Kunda, formado por dois músicos das Antilhas e um do Quênia, logo acrescido de um argentino no acordeão e de um brasileiro no saxofone. Como, porém, as cantoras não foram aprovadas (a africana cantava com sotaque, a brasileira só servia para o coro), foi providenciada uma intérprete capaz de "puxar" a lambada — e apareceu Loalwa Braz. Residente em Paris desde 1985, quando o sumiço do empresário desfez o grupo Brasil em Festa de que participava, Loalwa (autora da sugestão do nome Kaoma para o conjunto, lembrando a forma carioca de pronunciar a palavra *calma*) começou a ensaiar. E a composição em que desde logo se destacou foi a intitulada "Chorando se foi", que aliás conhecia em gravação de 1986 da brasileira Márcia Ferreira, responsável, com José Ari, pela versão da letra de autoria dos irmãos bolivianos Gonzalo e Ulysses Hermoza. Aprovada nos testes, Loalwa gravaria essa música para os lançamentos da lambada em disco compacto de 45 rotações e em *clip* para televisão, rodado em junho de 1989 na praia espanhola de Ibiza, como se fosse a Bahia, e tendo como atração a dupla de crianças brasileiras Roberta e Uóston (o pai pensou em Washington), a fim de ligar a Orangina a um ritmo da juventude.

Gravada no compacto com o título de "Lambada", tendo como autor um suposto Chico de Oliveira (o próprio Olivier Lorsac, para fins de recebimento dos direitos autorais da Sacem), e logo como primeira faixa do LP *Worldbeat*, de estreia do grupo Kaoma em 12 polegadas, a dança saída dos humildes carimbós do Pará teve, afinal, seu lançamento internacional no dia 21 de junho de 1989 pela TF-1 de Paris diante da Torre Eiffel. E incluía como atração as brasileiras Gabriela e Mônica, contratadas em lambaterias de São Paulo para, de surpresa, tirar franceses para dançar encoxado. A promoção constituiu um sucesso fulminante, com o compacto *Lambada* vendendo setenta mil exemplares no primeiro dia, e os demais discos do gênero ultrapassando os quinze milhões de exemplares em 65 países pelos fins de 1990. Por ironia, no entanto, a lambada tornada o clássico internacional do gênero nada tinha que ver com seu criador, o povo do Pará. E não escapou ao escândalo: em pleno sucesso da gravação com a mistura de músicos e cantores brasileiros, antilhanos e africanos do grupo Kaoma, a canção dos irmãos bolivianos baseada nos versos "Chorando se foi quem um dia só me fez chorar/ Chorando estará ao lembrar de um amor que um dia não soube cuidar" — ampliados por outros da brasileira Lucy Barbosa de Oliveira, a Lua, e da própria Loalwa — foi parar na Justiça. Em fins do ano de 1990, quando a onda internacional em torno da lambada já começava a declinar, os irmãos Hermoza conformaram-se com o recebimento de uma soma por seus direitos, arbitrada pelo juiz num acordo de cavalheiros.

Alheia a tudo isso, porém, ao iniciar-se a última década do século XX, a lambada continuava firme nos bailes de carimbó paraense, porque, em sua vitalidade criativa, o povo não chora o que se foi, mas está sempre pronto a cantar o que virá.

BIBLIOGRAFIA

ABREU, Brício de. "O carnaval carioca, do entrudo ao desfile das grandes escolas", *O Globo*, 27/2/1965.

_____. "Propaganda de nossa música popular — Duque — história do maxixe na Europa", revista *Música & Disco*, nº 7-8, 1960.

ALENCAR, Edigar de. "O Zé Pereira no carnaval brasileiro", *Correio da Manhã*, 13/2/1969.

_____. *O carnaval carioca através da música*. Rio de Janeiro: Livraria Freitas Bastos, 1965. 3ª ed.: Rio de Janeiro: Francisco Alves, 1979.

ALMEIDA, Hamilton de. "Quem é Caretano? — O Caretano sou eu", revista *Bondinho*, São Paulo, 31/3 a 13/4/1972.

ALMEIDA, Manuel Antônio de. *Memórias de um sargento de milícias* [1854]. Rio de Janeiro: Instituto Nacional do Livro/Imprensa Nacional, 1944.

ALMEIDA, Renato de. *História da música brasileira*. Rio de Janeiro: F. Briguiet, 1942.

_____. *Diário de São Paulo*, 16/3/1958.

ALMIRANTE (Henrique Foreis Domingues). *No tempo de Noel Rosa*. Rio de Janeiro: Francisco Alves, 1977, 2ª ed.

ALVARENGA, Oneyda. *Música popular brasileira*. Porto Alegre: Globo, 1960.

ANDRADE, Ayres de. *Francisco Manuel da Silva e seu tempo, 1808-1865: uma fase do passado musical do Rio de Janeiro à luz de novos documentos*. Rio de Janeiro: Tempo Brasileiro, 1967.

ANDRADE, Mário de. *Pequena história da música*. São Paulo: Martins, s.d. [1944].

_____. "Cândido Inácio da Silva e o lundu", *Revista Brasileira de Música*, vol. X, 1944.

_____. *Ensaio sobre a música brasileira*. São Paulo: Martins, 1962.

_____. *Modinhas imperiais*. São Paulo: Martins, 1964.

_____. *Música doce música*. São Paulo: Martins, 1963.

ANDRADE, Oswald de. "Manifesto antropófago", *Revista de Antropofagia*, maio 1928.

ARAÚJO, Mozart de. *A modinha e o lundu no século XVIII*. São Paulo: Ricordi Brasileira, 1963.

_____. *Jornal do Comércio*, 28/2/1965.

ASSIS, Machado de. *Ressurreição*. Rio de Janeiro: Garnier, 1872.

_____. *Memórias póstumas de Brás Cubas*. Rio de Janeiro: Garnier, 1881.

_____. *Quincas Borba*. Rio de Janeiro: Garnier, 1892.

_____. *Várias histórias*. Rio de Janeiro: Garnier, 1896.

AZEVEDO, Artur. *O teatro de Artur Azevedo*. Rio de Janeiro: INACEN, 1987.

AZEVEDO, J. Eustachio de. "Literatura regional amazônica: Francisco Gomes de Amorim", *Revista do Instituto Histórico e Geográfico do Pará*, Belém do Pará, 1932.

BANDEIRA, Manuel. *Crônicas da Província do Brasil*. Rio de Janeiro: Civilização Brasileira, 1937.

BAR, Décio. "Acontece que ele é baiano", revista *Realidade*, São Paulo, dez. 1968.

BARBOSA, Domingos Caldas. *Viola de Lereno*. Rio de Janeiro: Instituto Nacional do Livro/Imprensa Nacional, 1944.

BARRETO FILHO, Melo. *Onde o mundo se diverte...* Rio de Janeiro: Casa dos Artistas, 1940.

BARRETO FILHO, Melo; LIMA, Hermeto. *História da polícia no Rio de Janeiro*. Rio de Janeiro: Editora A Noite, s.d.

BATES, Henry Walter. *O naturalista no rio Amazonas*. São Paulo: Companhia Editora Nacional, 1944.

BIARD, François. *Dois anos de Brasil*. São Paulo: Companhia Editora Nacional, 1945.

BRAGA, Teófilo. *Filinto Elisio e os dissidentes da Arcádia*. Porto: Livraria Chardron, 1901.

CAMPELO, Samuel. "Quem foi que inventou o frevo?", *Anuário do Carnaval Pernambucano*, Recife, 1938.

CAMPOS, Augusto de. "Boa palavra sobre a música popular", *Correio da Manhã*, 14/10/1966.

_____. *Balanço da bossa e outras bossas*. São Paulo: Perspectiva, 1974.

CARVALHO, Marques de. *Hortênsia*. Belém: Fundação Cultural do Pará Tancredo Neves/Secretaria do Estado da Cultura, 1989.

CEARENSE, Catulo da Paixão. *Florilégio dos cantores*. Rio de Janeiro: Livraria Quaresma Editora, 1915.

_____. *Mata iluminada*, Rio de Janeiro: Tupy, s.d.

CHAGAS, João. *De bond: alguns aspectos da civilização brasileira*. Lisboa: Livraria Moderna, 1897.

CHEVALIER, Maurice. *Ma route et mes chansons*. Paris: Julliard, 1950.

CORDEIRO, Cruz. "Folcmúsica e música popular brasileira", *Revista da Música Popular*, nº 7, maio-jun. 1955.

COSTA, Cássio. "O turfe de outrora", revista *Vida Turfística*, 1961.

COSTA, Pereira da. "Folclore pernambucano", *Revista do Instituto Histórico Brasileiro*, s.d.

CRULS, Gastão. *A Amazônia que eu vi*. São Paulo: Companhia Editora Nacional, 1954, 4ª ed.

DILETTANTI, O. "Xisto Bahia", *Gazeta de Piracicaba*, 31/5/1888, artigo reproduzido na *Revista de Teatro* da SBAT, nº 329, set.-out. 1962.

DUARTE, Ruy. *História social do frevo*. Rio de Janeiro: Leitura, s.d.

DUQUE (Antônio Lopes de Amorim Diniz). "O maxixe em Paris e Nova Iorque", revista *O Cruzeiro*, 7/7/1934.

EDMUNDO, Luís. "O Rio de Janeiro do meu tempo", *Correio da Manhã*, 27/6/1937.

_____. *O Rio de Janeiro do meu tempo*. Rio de Janeiro: Conquista, 1957, 2ª ed.

ENEIDA. *História do carnaval carioca*. Rio de Janeiro: Civilização Brasileira, 1958.

FERREIRA, Procópio. *O ator Vasques: o homem e a obra*. São Paulo: Oficina de José Magalhães, 1939.

FRANÇA JÚNIOR. *Folhetins*. Rio de Janeiro: Jacinto Ribeiro Santos Editor, 1926, 4ª ed.

GALLET, Luciano. *Estudos de folclore*. Rio de Janeiro: Carlos Wehrs & Cia., 1934, edição póstuma com introdução de Mário de Andrade.

GIL, Gilberto. Depoimento ao repórter Hamilton Almeida, revista *Bondinho*, nº 3, 16/2/1972.

GLASCOW, Roy A. "Brazilian commercial contacts with the Caribbean (1600-1930): a preliminary assessment", *Anales del Caribe*, vol. 3, Havana: Centro de Estudios del Caribe, 1983.

GONZAGA, Luís. "Luís Gonzaga falando de sua volta", revista *Veja*, 15/3/1972.

_____. "O eterno rei do baião", revista *Veja*, 15/3/1972.

GONZAGA, Tomás Antônio. *Cartas chilenas*. Rio de Janeiro: Imprensa Nacional, 1940.

GUSTAVO, Miguel. "Sou um autor de segunda", entrevista concedida no Rio de Janeiro à repórter Maria Helena Dutra, revista *Veja*, n° 100, 5/8/1970.

HANDELMANN, G. Henrique. *História do Brasil*, Revista do Instituto Histórico e Geográfico Brasileiro, vol. 162, Rio de Janeiro: Imprensa Nacional, 1931.

ITIBERÊ, Brasílio. *Mangueira, Montmartre e outras favelas*. Rio de Janeiro: Livraria São José, 1970.

JÓRIO, Amaury; ARAÚJO, Hiran. *Escolas de samba em desfile: vida, paixão e sorte*. Rio de Janeiro: Edição dos autores, 1969.

JOTA EFEGÊ (João Ferreira Gomes). "Tolosa, autêntico campeão do maxixe", *O Jornal*, 10/3/1963.

_____. "Geraldo Magalhães, terna relíquia dos velhos cafés-cantantes", *O Jornal*, 25/10/1964.

_____. *Ameno Resedá: o rancho que foi escola*. Rio de Janeiro: Letras e Artes, 1965.

_____. "Anacleto de Medeiros entrou no carnaval carioca com trezentas mulatas maxixeiras", *O Jornal*, Rio de Janeiro, 17/12/1967.

LÉAUTAUD, Paul. *Journal Littéraire*. Paris: Mercure de France, vol. I, 1893-1906, edição de 1950.

LINDLEY, Thomas. *Narrativa de uma viagem ao Brasil*. São Paulo: Companhia Editora Nacional, 1969.

LINS E BARROS, Nelson. *Revista da União Nacional dos Estudantes*, n° 6, out. 1962.

LIRA, Mariza. Artigo da série "Relíquias cariocas", revista *Vamos Ler*, 9/2/1939.

_____. "Serestas e seresteiros I", *Diário de Notícias*, 1/12/1957, Suplemento Literário.

_____. "Baião I", artigo da série "Brasil sonoro", *Diário de Notícias*, 1/3/1958.

_____. "Maxixe", *Diário de Notícias*, 30/11/1958, Suplemento Literário.

_____. "Maxixe II", *Diário de Notícias*, 30/12/1958.

_____. "Samba: alterações e modificações no ritmo", *Diário de Notícias*, 22/11/1959, Suplemento Literário.

_____. *Brasil sonoro*. Rio de Janeiro: Editora A Noite, s.d.

_____. *Chiquinha Gonzaga: grande compositora popular brasileira*. Rio de Janeiro: Livraria Jacintho Editora, 1939.

LOBATO, Monteiro. *Urupês*. São Paulo: Brasiliense, 1983, 29ª ed.

LOPES NETO, João Simões. *Contos gauchescos e lendas do sul*. Porto Alegre: Globo, 1926.

MACEDO, Osvaldo. "Escolas de disciplina as escolas de samba", *O Jornal*, 4/3/1951.

MARIZ, Vasco. *A canção brasileira*. Rio de Janeiro: Ministério da Educação, 1959.

MAUL, Carlos. *Catulo: sua vida, sua obra, seu romance*. Guanabara: Livraria São José, 1971.

MAWE, John. *Viagens ao interior do Brasil*. Rio de Janeiro: Zélio Valverde, 1944.

MELO, Guilherme de. *A música no Brasil*. Rio de Janeiro: Imprensa Nacional, 1947.

MELO, Mário. "Origem e significado do frevo", *Anuário do Carnaval Pernambucano*, Recife, 1938.

MENDES, Gilberto. "De como a MPB perdeu a direção e continuou na vanguarda", *O Estado de S. Paulo*, 11/11/1967, Suplemento Literário.

MORAES FILHO, Mello. *Artistas do meu tempo*. Rio de Janeiro: H. Garnier, Livreiro e Editor, 1904.

MOTTA, Nelson. *Música humana música*. Rio de Janeiro: Salamandra, 1980.

MURICI, Andrade. *Jornal do Comércio*, 17/3/1963.

_____. *Jornal do Comércio*, 5/2/1967.

NEVES, Eduardo das. *Mistérios do violão*. Rio de Janeiro: Livraria Quaresma Editora, 1905.

_____. *Trovador da malandragem*. Rio de Janeiro: Livraria Quaresma Editora, 1926.

NOGUEIRA GALVÃO, Walnice. "MMPB: uma análise ideológica", *Aparte*, nº 2, maio-jun. 1968.

NUNES, Mario. *40 anos de teatro*. Rio de Janeiro: Serviço Nacional de Teatro, 1956-1959, 3 vols.

OITICICA, Hélio. "O sentido de vanguarda do grupo baiano", *Correio da Manhã*, 24/11/1968.

OLIVEIRA, Valdemar de. "Frevo acrobata", *Revista Esso*, n° 1, 1960.

_____. "O frevo e o passo de Pernambuco", *Boletim Latino-Americano de Música*, abr. 1946, tomo VI, Instituto Interamericano de Musicologia.

PEIXE, Guerra. "Variações sobre o baião", *Revista da Música Popular*, n° 5, fev. 1955.

_____. "Variações sobre o maxixe", *O Tempo*, 26/9/1954.

_____. *História da música popular brasileira*. São Paulo: Abril Cultural, 1972, fascículo n° 44.

PEIXOTO, Afrânio. *Maria Bonita*. Rio de Janeiro: Francisco Alves, 1914.

PENA, Martins. *Teatro de Martins Pena*. Rio de Janeiro: Instituto Nacional do Livro/Ministério da Educação e Cultura, 1956.

PENNAFORT, Onestaldo de. *Um rei da valsa*. Rio de Janeiro: Livraria São José, 1958.

PEREGRINO, Umberto. *Vocação de Euclides da Cunha: interpretação das suas experiências na carreira militar*. Rio de Janeiro: Serviço de Documentação do Ministério da Educação e Cultura, 1954.

PEREIRA, Carlos Alberto M.; HOLLANDA, Heloisa Buarque de (orgs.). *Patrulhas ideológicas*. São Paulo: Brasiliense, 1980.

PEREIRA, Nuno Marques. *Compêndio narrativo do peregrino da América, em que se tratam vários discursos espirituais, e morais, com muitas advertências e documentos contra os abusos, que se acham introduzidos pela malícia diabólica no Estado do Brasil*. Rio de Janeiro: Publicações da Academia Brasileira, 1939, 6ª ed.

PINHO, Vanderlei. *Salões e damas do Segundo Reinado*. São Paulo: Martins, 1942.

PINTO, Alexandre Gonçalves. *O choro: reminiscências dos chorões antigos*. Rio de Janeiro: Edição do autor, 1936.

PIRES, Cornélio. *Musa caipira*. São Paulo: Monteiro Lobato Editor, 1921.

REIS, Arthur Cezar Ferreira. *A Amazônia e a cobiça internacional*. Rio de Janeiro: Civilização Brasileira/Suframa, 1982, 5ª ed.

RIO, João do. *A Gazeta*, 5/4/1913.

ROMERO, Sílvio. *Cantos populares do Brasil*. Rio de Janeiro: Livraria Clássica de Alves & Cia., 1883.

_____. *História da literatura brasileira*. Rio de Janeiro: José Olympio, 1949.

RUI, Afonso. *Boêmios e seresteiros do passado*. Salvador: Livraria Progresso, 1954.

SALLES, Vicente. "Folclore da região canavieira do Pará", *Revista Brasil Açucareiro*, ago. 1968.

_____. "José Veríssimo e o folclore", *Revista Brasileira de Folclore*, n° 29, jan.-abr. 1971.

_____. *O negro no Pará*. Rio de Janeiro: Fundação Getúlio Vargas/ Universidade Federal do Pará, 1971.

_____. *Épocas do teatro no Grão-Pará ou introdução ao teatro de época*. Belém: UFPA/Imprensa Universitária, 1994, 2 vols.

SALLES, Vicente; ISDEBSKI SALLES, Marena. "Carimbó: trabalho e lazer caboclo", *Revista Brasileira do Folclore*, n° 25, ano IX, set.-dez. 1969.

SANT'ANNA, Affonso Romano de. "Tropicalismo! Tropicalismo! Abre as asas sobre nós", *Jornal do Brasil*, 2/3/1968.

SANTOS, José Maria dos. "Este tropicalismo histórico", *Folha de S. Paulo*, 30/10/1968.

SIMPLES, Antônio (José do Patrocínio Filho). *Gazeta de Notícias*, 12/7/1913.

SIQUEIRA, Batista. *Ernesto Nazareth na música brasileira*. Guanabara: Edição do autor, 1967.

_____. "O maxixe da Cidade Nova", *Guanabara em Revista*, n° 13, 1968.

_____. *Três vultos históricos: Mesquita, Calado e Anacleto*. Guanabara: Edição do autor, 1969.

_____. "Lundum e lundu: dois termos, duas ideias", *Revista CBM*, n° 53-56, 1968-9, publicado em um só volume em 1970.

TABORDA, Tato. "Samba-enredo é tabu que vai cair", *Última Hora*, 18/1/ 1969.

VALE, Flausino Rodrigues do. *Elementos de folclore musical brasileiro*. São Paulo: Companhia Editora Nacional, 1936.

VÁRIOS AUTORES. "A retórica do samba-enredo", *Revista do Livro*, Ministério da Educação e Cultura, ano XIII, 3° trimestre, 1970.

VASCONCELOS, Ary. *Panorama da música popular brasileira*. São Paulo: Martins, 1964, 2 vols.

VELOSO, Caetano. "Que caminho seguir na música popular brasileira", *Revista Civilização Brasileira*, n° 7, maio 1968.

_____. "Caetano Veloso — Quando riram dos meus requebros eu vi que o Brasil tinha mudado", revista *Manchete*, n° 1.109, 7/7/1972.

_____. "Caetano mistério", *City News*, São Paulo, 17/9/1972.

_____. Entrevista a Simon Khouri, da Rádio Jornal do Brasil do Rio de Janeiro, série Especial, cujo resumo foi publicado no Caderno B do *Jornal do Brasil*, de 22/8/1974.

_____. Entrevista à jornalista Ana Maria Bahiana, transcrita por Waly Salomão, sem indicação de fonte e data, na coletânea *Alegria, alegria*. Rio de Janeiro: Pedra Q. Ronca, s.d. [1977].

_____. "Caetano Veloso — A luta permanente contra os rótulos", *Jornal do Brasil*, 22/8/1974.

Veríssimo, José. *Estudos brasileiros*. Belém, s.e., 1889.

Vicente, Gil. *Antologia do teatro de Gil Vicente*. Rio de Janeiro: Grifo/ Instituto Nacional do Livro, 1971.

Von Martius, C. F. P.; Spix, J. B. Von. *Viagem pelo Brasil*. Rio de Janeiro: Imprensa Nacional, 1938.

Folhetos, almanaques e coleções de letras de canções

Arte da dança de sociedade ou Completa e novíssima explicação ilustrada dos passos, marcas, compassos e figuras das principais quadrilhas francesas, contradanças brasileiras e estrangeiras, valsas, mazurcas, schottisches, habaneras e outras danças figuradas e o cotilhão com setenta e duas marcas escolhidas com o capricho por um professor de dança. Rio de Janeiro/São Paulo: Laemmert & Cia. Editores-Proprietários, s.d.

Jornal de Modinhas, editado em Lisboa entre 1792 e 1795.

Mistérios do violão. Rio de Janeiro: Livraria do Povo/Quaresma & Cia./ Livreiros Editores, 1905 (assinado por Quaresma & Cia.).

Lira do trovador: coleção de modinhas, recitativos, lundus, canções, etc. Rio de Janeiro: Livraria de J. G. de Azevedo, 1896, 3ª ed., dois volumes em um.

Trovador de esquina ou Repertório do capadócio, contendo canções populares, fandangos, sambas, fadinhos e desafios; cantigas que prendem as raparigas, cantatas que deleitam as mulatas, modinhas que chocam as criulinhas, colecionadas por João de Souza Conegundes. Rio de Janeiro: Livraria do Povo/Quaresma & Cia., 1901, 15ª ed.

SOBRE O AUTOR

José Ramos Tinhorão nasceu em 1928 em Santos, São Paulo, mas criou-se no bairro de Botafogo, no Rio de Janeiro, onde teve suas primeiras impressões de coisas populares assistindo a rodas de pernada e sambas de improviso, na esquina da Rua São Clemente com a Praia de Botafogo, em frente ao Bar Sport Carioca.

Da primeira turma de Jornalismo do país, já colaborava no primeiro ano com a *Revista da Semana*, do Rio de Janeiro, e a *Revista Guaíra*, do Paraná, entre outros veículos, até ingressar no *Diário Carioca* em 1953, ano de sua formatura, onde permanece até 1958.

De 1958 a 1963 escreve para o *Jornal do Brasil*, começando em 1961 as famosas "Primeiras Lições de Samba". Na década de 1960, Tinhorão passa pela televisão — Excelsior (despedido em 1º de abril de 1964, quando da tomada do poder pelos militares no Brasil), TV Rio e Globo (quando a programação era local) — e pela Rádio Nacional, antes de mudar-se, em maio de 1968, para a cidade de São Paulo. Em 1966, estreia em livro com duas obras: *Música popular: um tema em debate* e *A província e o naturalismo*.

Morando em São Paulo, Tinhorão escreve para a revista *Veja* até 1973, passando então para a revista *Nova*, e em 1975, já como autônomo, envia da sucursal paulista suas duas colunas semanais para o *Jornal do Brasil*. Tais colunas, que durarão até 1981, granjearam ao pesquisador a pecha de "temido crítico musical".

Em 1980 Tinhorão vai a Portugal investigar a presença dos negros na metrópole. Desde então, seus livros passam a ser publicados também nesse país. Em 1999, prosseguindo em sua pesquisa de jornais carnavalescos no Brasil, solicita pela primeira vez em sua carreira uma bolsa: para o mestrado em História Social na Universidade de São Paulo. A tese dá origem ao livro *Imprensa carnavalesca no Brasil: um panorama da linguagem cômica*.

Grande pesquisador de sebos no Brasil e alfarrabistas em Lisboa, Porto e Braga, o autor reuniu importante coleção de discos, partituras, periódicos, livros e imagens sobre a cultura brasileira, cujo acervo passou, em 2000, ao Instituto Moreira Salles, de São Paulo. Criado em 2001, o Acervo Tinhorão se encontra atualmente disponível a pesquisadores e interessados.

OBRAS DO AUTOR

Música popular: um tema em debate. Rio de Janeiro: Saga, 1966; 2ª ed., Rio de Janeiro: JCM, 1969; 3ª ed., São Paulo: Editora 34, 1997; 1ª reimpressão, 1998; 2ª reimpr., 1999; 3ª reimpr., 2002; 4ª reimpr., 2003; 4ª ed., revista e aumentada, 2012.

A província e o naturalismo. Rio de Janeiro: Civilização Brasileira, 1966.

O samba agora vai... A farsa da música popular no exterior. Rio de Janeiro: JCM, 1969; 2ª ed., revista e aumentada, São Paulo: Editora 34, 2015.

Música popular: de índios, negros e mestiços. Petrópolis: Vozes, 1972; 2ª ed., 1975.

Música popular: teatro & cinema. Petrópolis: Vozes, 1972.

Pequena história da música popular brasileira: da modinha à canção de protesto. Petrópolis: Vozes, 1974; 2ª ed., 1975; 3ª ed., 1978; 4ª ed., São Paulo: Círculo do Livro, 1978; 5ª ed., revista e aumentada, com o título *Pequena história da música popular: da modinha ao tropicalismo*, São Paulo: Art Editora, 1986; 6ª ed., revista e aumentada, com o título *Pequena história da música popular: da modinha à lambada*, 1991; 7ª ed., revista, com o título *Pequena história da música popular segundo seus gêneros*, São Paulo: Editora 34, 2013.

Música popular: os sons que vêm da rua. São Paulo: Tinhorão, 1976; 2ª ed., revista e aumentada, com o título *Os sons que vêm da rua*, São Paulo: Editora 34, 2005.

Música popular: do gramofone ao rádio e TV. São Paulo: Ática, 1981; 2ª ed., revista, São Paulo: Editora 34, 2014.

Música popular: mulher & trabalho (plaqueta). São Paulo: Senac, 1982.

Vida, tempo e obra de Manuel de Oliveira Paiva (uma contribuição). Fortaleza: Secretaria de Cultura e Desporto, 1986.

Os negros em Portugal: uma presença silenciosa. Lisboa: Editorial Caminho, 1988; 2ª ed., 1997.

Os sons dos negros no Brasil. Cantos, danças, folguedos: origens. São Paulo: Art Editora, 1988; 2ª ed., São Paulo: Editora 34, 2008; 3ª ed., 2012.

História social da música popular brasileira. Lisboa: Editorial Caminho, 1990. São Paulo: Editora 34, 1998; 1ª reimpr., 1999; 2ª reimpr., 2002; 3ª reimpr., 2004; 4ª reimpr., 2005; 2ª ed., 2010; 1ª reimpr., 2013.

Os sons do Brasil: trajetória da música instrumental (plaqueta). São Paulo: SESC, 1991.

A música popular no romance brasileiro — Vol. I, séculos XVIII e XIX. Belo Horizonte: Oficina de Livros, 1992; 2ª ed., São Paulo: Editora 34, 2000. — Vol. II, *século XX (1ª parte)*. São Paulo: Editora 34, 2000. — Vol. III, *século XX (2ª parte)*. São Paulo: Editora 34, 2002.

Fado: dança do Brasil, cantar de Lisboa. O fim de um mito. Lisboa: Editorial Caminho, 1994.

Os romances em folhetins no Brasil (de 1830 à atualidade). São Paulo: Duas Cidades, 1994.

As origens da canção urbana. Lisboa: Editorial Caminho, 1997. São Paulo: Editora 34, 2011.

A imprensa carnavalesca no Brasil: um panorama da linguagem cômica. São Paulo: Hedra, 2000 (originalmente Dissertação de Mestrado em História Social apresentada ao Curso de Pós-Graduação da Universidade de São Paulo em 1999).

As festas no Brasil colonial. São Paulo: Editora 34, 2000; 1ª reimpr., 2000.

Cultura popular: temas e questões. São Paulo: Editora 34, 2001; 2ª ed., revista e aumentada, 2006.

Música popular: o ensaio é no jornal. Rio de Janeiro: MIS Editorial, 2001.

Domingos Caldas Barbosa: o poeta da viola, da modinha e do lundu (1740-1800). São Paulo: Editora 34, 2004. Lisboa: Editorial Caminho, 2004.

O rasga: uma dança negro-portuguesa. São Paulo: Editora 34, 2006. Lisboa: Editorial Caminho, 2007.

A música popular que surge na Era da Revolução. São Paulo: Editora 34, 2009.

Crítica cheia de graça. São Paulo: Empório do Livro, 2010.

Festa de negro em devoção de branco: do carnaval na procissão ao teatro no círio. São Paulo: Editora Unesp, 2012.

A sair:

Rei do Congo: a mentira histórica que virou folclore

Música e cultura popular: vários escritos sobre um tema em comum

Este livro foi composto em Sabon pela Bracher & Malta, com CTP e impressão da Edições Loyola em papel Alta Alvura 75 g/m² da Cia. Suzano de Papel e Celulose para a Editora 34, em novembro de 2015.